徐州城市建设和管理的实践与探索——建设篇

主　编：王　昊

副主编：陈　刚　张　军

中国建筑工业出版社

图书在版编目（CIP）数据

徐州城市建设和管理的实践与探索——建设篇／王昊主编．—北京：中国建筑工业出版社，2017.1
ISBN 978-7-112-20264-5

Ⅰ.①徐… Ⅱ.①王… Ⅲ.①城市建设-研究-徐州②城市管理-研究-徐州 Ⅳ.①F299.275.33

中国版本图书馆CIP数据核字（2016）第322133号

责任编辑：郦锁林　王　治
责任校对：李欣慰　关　健

徐州城市建设和管理的实践与探索——建设篇
主　编：王　昊
副主编：陈　刚　张　军

*

中国建筑工业出版社出版、发行（北京海淀三里河路9号）
各地新华书店、建筑书店经销
北京锋尚制版有限公司制版
北京顺诚彩色印刷有限公司印刷

*

开本：880×1230毫米　1/16　印张：11¼　字数：286千字
2017年7月第一版　2017年7月第一次印刷
定价：148.00元
ISBN 978-7-112-20264-5
（29592）

版权所有　翻印必究
如有印装质量问题，可寄本社退换
（邮政编码100037）

《徐州城市建设和管理的实践与探索》丛书

编 著 委 员 会

顾　　问：周铁根　曹新平

主　　编：王　昊

副 主 编：陈　辉　李靖华　陈　刚　张安永

　　　　　张　军　李　勇　徐　建　周宣东

编　　委（按姓氏笔画排列）：

　　　　　邓德芳　厉金富　田　原　白潇潇　吕茂松　朱宏森　任明忠

　　　　　刘晓春　孙　强　李光耀　李　伟　李　玲　杨兆峰　杨　波

　　　　　杨学民　何树川　张元岭　张　宁　周生光　周　旭　姜露露

　　　　　姚行平　秦　飞　徐　品　梁红超　韩　蓓　蔡　枫

序一

值淮海经济区中心城市建设深入推进之际,《徐州城市建设和管理的实践与探索》系列丛书出版发行了,这是我市城市建设管理工作成果的集中展现,反映了改革开放以来徐州人民意气风发、勠力同心建设美好家园的生动实践。

楚韵汉风古彭城,南秀北雄新徐州。徐州是一座拥有5000多年文明史和2600多年建城史的文化名城,五省通衢、兵家必争,戏马台、燕子楼、黄楼、放鹤亭等历史古迹见证了这座城市的厚重与荣耀。新中国成立后特别是改革开放以来,徐州建设发展日新月异,江苏老工业基地、华东煤炭能源基地、全国综合交通枢纽成为城市的鲜明时代印记。近年来,我市坚持以新发展理念引领城市发展,紧紧围绕建设淮海经济区中心城市目标,着力推进城市、产业、生态和社会转型,充分释放现代交通枢纽、富集科教资源、双向开放平台、良好生态环境、城市服务功能等比较优势,持续提升城市综合实力和集聚辐射能力,徐州在淮海经济区的领军地位和带动作用日益凸显,一座富有活力、美丽宜居、和谐文明的中心城市正崛起于淮海大地。

党的十八大以来,习近平总书记就做好城市工作作出一系列重要指示,深刻回答了"怎样认识城市"、"建设什么样的城市"、"怎样建设城市"三个重大问题,明确提出了"一尊重、五统筹"的城市工作基本思路,强调"城市是我国经济、政治、文化、社会等方面活动的中心","坚持以人民为中心的发展思想,坚持人民城市为人民",为我们加强城市建设和管理提供了根本遵循。学习贯彻总书记重要指示精神,就要牢牢抓住发展经济、改善民生、构建平台这个城市建设管理的最根本目的,更加注重促进产城融合、塑造特色风貌、提升环境质量、加强社会建设,努力走出一条具有徐州特点的城市发展路子。

文以载道,书以立言。《徐州城市建设和管理的实践与探索》系列丛书,从规划、建设、园林和城管四个板块,全面系统地总结了我市城市建设管理的创新探索、显著成效和宝贵经验,并在理论层面上进行了概括和阐述,是一部兼具研究性和实践性的著作。《徐州规划》将以人为本、尊重自然等理念有机融入,注重在规划中留住城市特有的地域环境、文化特色、建筑风格等"基因";《徐州建设》集中呈现了我市建设现代化、高品质城市的探索历程,在棚户区改造、大枢纽建设、多元化融资等难题上给出了"徐州版"回答;《徐州园林》提炼总结了我市生态园林城市建设经验,对展示绿色振兴成就、传播生态文明理念具有独特价值和意义;《徐州城管》立足打造"精致、细腻、整洁、有序"的宜居环境,记录了"大城管委"体制构建、"城管+公安"综合执法、数字化城市管理等创新举措,提供了破解现代城市管理难题的"徐州模式"。

建设淮海经济区中心城市,是带动徐州全局发展的战略举措和牵引抓手。顺应省委、省政府支持淮海经济区建设的难得机遇,我市积极推动淮海经济区中心城市建设纳入国家战略,坚持新型工业化、新型城镇化、信息化互动融合,打造淮海经济区经济、商贸物流、金融服务、科教文化"四个中心",建设极具实力、令人信服的中心城市,在淮海经济区崛起中更好发挥龙头作用。着力增强区域辐射带动力,加快建设区域性"一中心、一基地、一高地",积极拓展开放合作新空间,打造区域发展核心增长极;着力增强高端要素集聚力,完善区域创新体系,搭建一流载体平台,形成集聚高端资源要素的"强磁场";着力增强城市功能承载力,优化"2+6+15"中心城市空间布局,推进成片开发、混合开发、融合开发,强化重大基础设施互联互通,提升中心城市首位度;着力增强生态环境竞争力,积极参与江淮生态大走廊建设,加快创成国家生态市和联合国人居环境奖,持续打造"一城青山半城湖"的金名片;着力增强公共服务供给力,加快构建社会建设"十二大体系",提升基本公共服务标准化均等化水平,全力创成全国文明城市,打造社会建设"徐州样板"。

城市,让生活更美好。建设淮海经济区中心城市,必须始终践行以人民为中心的发展思想,"见物"更"见人",时刻关注市民生活、感知百姓冷暖、满足大众需求,把徐州建设得更加繁荣、更具品质、更有温度,让人民群众在城市生活得更方便、更舒心、更美好,使徐州成为区域首善之城,成为一座令人向往的城市。

是为序。

中共徐州市委书记

序二

城市是国家经济、政治、文化、社会的重要载体和活动中心，是国家现代化建设的重要引擎。城市承载了经济社会发展脉络和历史记忆，也展示着时代特征和发展前景。这套丛书，通过规划、建设、城管和园林四个篇章，对徐州城市发展实践进行梳理和凝练，着重反映徐州城市转型发展的历史过程和经验。作为曾经在徐州市政府和政府部门工作过的我们感到十分欣慰，对徐州市日新月异发展和城市面貌的深刻变化感到由衷地高兴。

城市发展的历史阶段有其特有的历史规律。徐州作为计划经济时期的资源型城市，曾面临煤炭资源枯竭带来的城市、经济和环境等诸多困难和问题。面对城市转型的需要，徐州市坚持以规划为引领，以提高城市宜居性为目标，努力统筹生产、生活、生态三大布局，经过多年来持之以恒的努力，下大力气进行系统科学规划和生态修复建设，使城市建设面貌和生态环境品质发生了显著变化，形成了具有历史文脉传承和地域风光特点的城市新貌，获得"国家生态园林城市"和"中国人居环境奖"佳誉，在资源型城市转型上进行了积极有益探索和实践。

党的十八大以来，习近平总书记系列重要讲话精神阐述了治国理政新理念新思想新战略。中央相继召开了新型城镇化工作会议和城市工作会议，2014年2月习近平总书记在北京市考察工作时强调，建设和管理好首都，是国家治理体系和治理能力现代化的重要内容。他指出，城市规划在城市发展中起着重要引领作用，考察一个城市首先看规划，规划科学是最大的效益，规划失误是最大的浪费，规划折腾是最大的忌讳。他强调，规划务必坚持以人为本，坚持可持续发展，坚持一切从实际出发，贯通历史现状未来，统筹人口资源环境，让历史文化与自然生态永续利用、与现代化建设交相辉映。习近平总书记明确指出我国面向两个一百年，城市发展要体现时代发展新形势和新要求。城市是一个有生命的有机体，要顺应发展需要不断地进行自我更新。坚持创新、协调、绿色、开放、共享的发展理念，坚持以人为本、科学发展、改革创新、依法治市，转变城市发展方式，完善城市治理体系，提高城市治理能力，着力解决城市病等突出问题，不断提升城市环境质量、人民生活质量、城市竞争力，建设和谐宜居、富有活力、具有特色的现代化城市是城市建设和管理者们努力的方向。

期盼徐州市委、市政府坚持"四个意识"，人民同心协力、苦干实干，统筹推进"五位一体"总体布局和协调推动"四个全面"战略布局，推动全面深化改革，各项工作取得新进展，徐州城市建设发展不断取得新成果！

汪光焘*

王静霞**

* 汪光焘：曾任徐州市人民政府副市长，建设部原部长，全国人大十一届人大常委、环资委主任委员。

** 王静霞：曾任徐州市规划局局长，中国城市规划设计研究院原院长、书记，国务院原参事，国务院参事室特约研究员。

目 录

0 绪章 ·· 001
1 聚力打造区域性中心城市 ·· 004
    1.1 老城区改造更新 ·· 004
    1.2 城市空间拓展优化 ·· 017
    1.3 功能性设施完善提升 ··· 022
2 加快推进基础设施建设 ·· 025
    2.1 铁路建设 ··· 025
    2.2 公路建设 ··· 028
    2.3 机场与口岸建设 ·· 030
    2.4 港口与航道建设 ·· 032
    2.5 轨道交通建设 ··· 034
    2.6 城市快速路网建设 ·· 038
    2.7 供排水设施建设 ·· 040
    2.8 电力设施建设 ··· 042
    2.9 供气设施建设 ··· 044
    2.10 综合管廊建设 ··· 046
3 大力实施棚户区改造工程 ·· 048
    3.1 棚户区改造的启动 ·· 048
    3.2 棚户区改造的历程 ·· 050
    3.3 棚户区改造的创新 ·· 052
    3.4 棚改定销商品房的建设 ·· 055
4 扎实推进新型城镇化 ··· 060
    4.1 新型城镇化发展状况 ··· 060
    4.2 新型城镇化实践探索 ··· 062
    4.3 构建新型城镇化发展新格局 ·· 064
    4.4 重点中心镇创建 ·· 065
    4.5 整治改善村庄环境 ·· 073
5 建设生态宜居城市 ·· 082
    5.1 人居环境建设 ··· 082

5.2	海绵城市建设	087
5.3	建筑节能和绿色建筑发展	090

6 全面实施民生幸福工程 … 100

6.1	中小学校建设	100
6.2	医疗服务设施建设	103
6.3	农贸市场（街坊中心）建设	106
6.4	公共自行车服务系统建设	108
6.5	公厕与环卫设施提升改造	109
6.6	保障性住房建设	111

7 创新完善城市建设机制 … 113

7.1	城建资金的市场化运作	113
7.2	重点工程推进机制的创新	118
7.3	工程建设项目代建制的实施	122

8 健全行业监管与改善行政服务 … 127

8.1	完善建筑行业监管	127
8.2	推进建筑业快速崛起	138
8.3	深化行政审批制度改革	144
8.4	实施百姓办事"零障碍"工程	147

9 全力构筑城建精品工程 … 151

9.1	徐州奥体中心	151
9.2	徐州新城区行政中心	153
9.3	苏宁广场	154
9.4	回龙窝街区	155
9.5	潘安古镇	157
9.6	云龙书院	159
9.7	徐州音乐厅	160
9.8	徐州美术馆	162
9.9	徐州名人馆	163
9.10	徐州城市规划馆	164
9.11	李可染艺术馆（新馆）	166
9.12	徐州市儿童福利院（社会福利院）	167
9.13	云龙区养老服务中心	168
9.14	骆马湖水源地及徐庄水厂	169

后记 … 170

0 绪章

  这是一片古老的土地。

  徐州，古称彭城。5000年的文明史，浸润着深厚的文化底蕴。谁不知"北国锁钥、南国门户"？谁不知"自古彭城列九州，龙争虎斗几千秋"？谁不知"千古龙飞地，一代帝王乡"？谁不知"大风起兮云飞扬，威加海内兮归故乡，……"？

  这是一块悲壮的土地！

  曾几何时，"5000年文明"的历史积淀成了徐州的骄傲，然而，"5000年文明"又何其悲壮！5000年的徐州历史实际上也是5000年狼烟滚滚的历史，5000年流血漂橹的历史。在这块血染的土地上，除了生于斯长于斯的徐州人，好像没有谁真正爱过这块土地，尤其是那些个你方唱罢我登场的王侯将相，忽儿定都，忽儿屠城，忽儿被当作礼物赠送，牺牲的是百姓的安居乐业，漠视的是万民的幸福安康。历史，赋予了徐州的是坚毅的悲壮！

  曾几何时，"五省通衢"的得天独厚也成了徐州的骄傲，然而，"五省通衢"又何尝不悲壮？从地理位置上讲，徐州处于中国南北分界的中轴线上，北方人认为它是南方，南方人认为它是北方。一条桀骜不驯的黄河不知曾经肆虐过多少淫威，带给徐州百姓的绝不是福祉，而是创伤。于是，徐州城淹没了再建，建成了再淹。五色土，三叠城成了世界文明史上少有的奇观。江南寻芳的天子路过这里；海上求仙的帝王走过这里。每一次的幸临对徐州来说都不是什么福气，而是民脂民膏的遭殃。地理，赋予徐州的是悲壮的坚毅！

  在金戈铁马的厮杀中，历史无法留存，文化不能延续；在黄河的暴虐中，历史被切断，文化回归地下。徐州的人文历史，就是一部反反复复被毁灭，居民疏散又重聚的悲壮的血泪史。悲壮，铸成了徐州人的精神底色，酿成了徐州人的磅礴气度。

  也正是在一次次的战争角逐中，徐州人民踉跄着站起，站成一座雄性的徐州。所谓"走马扬鞭翻山过河，轻生死重大义男儿本色。"

  也正是在一次次的毁灭和重建中，徐州人民练就了忍辱负重、大气包容的品格。所谓"旧日宫墙，寻常巷陌，是谁把英雄的故事一说再说。"

  这是一座崛起的城池！

新中国成立之后，多灾多难的徐州医治好战争的创伤、自然的侵袭迅速地崛起。如今已经成为一座幅员11258km^2、人口866.9万（市区面积3040km^2，人口326余万）的大城市。

改革开放之后，特别是21世纪以来，凤凰涅槃、脱胎换骨、破茧成蝶，徐州经历了历史上最深刻的蜕变。

看自然之美：七十二峰，峰峰争雄；十大湖泊，汩汩荡漾。

看形象之靓：街宽场阔，川流不息；机场高铁，迎来送往。

看气质之雅：南秀新饰，"杏花飞帘散余春"；北雄依旧，"大风起兮云飞扬"。

生态之美、现代之新、文化之蕴……"中国人居环境奖"、"江苏省优秀管理城市"、"国家环保模范城市"、"全国园林城市"、"国家卫生城市"、"国家生态园林城市"……一顶顶桂冠，纷至沓来。

搜尽奇峰打草稿，书成天地丹青。

踏遍青山研浓墨，绘就绝代风华。

是谁？拥有如此之胸襟，采江南之珠玉镶新徐州之伟躯？

是谁？拥有如此之气魄，网天下之奇珍扬故黄河之雄波？

是谁？拥有如此之巨臂，借现代之斧凿疏通历史之江河？

是党和政府带领下的800多万徐州人民！

"高标准、现代化、强辐射、生态型"这是徐州市"十一五"规划的蓝图。

"城市功能大幅提升，基本建成区域性交通、商贸、教育、医疗、金融、旅游、物流、文化八大中心，初步形成徐州都市圈和淮海经济区核心区，把徐州建成充满活力的创新型城市、充满魅力的山水园林城市和充满竞争力的特大型区域性中心城市。"这是徐州"十二五"规划发出的愿景。

"围绕人的城镇化核心任务，突出区域性中心城市引领作用，推动城镇化进入以提高质量为主的转型发展新阶段，逐步实现城乡居民基本权益平等化、基本公共服务均等化、生产要素配置合理化，进一步完善新型城乡体系，构建城乡一体化发展新格局。"这是徐州"十三五"规划的动员令。

蓝图、愿景、动员令，彰显着徐州市委市政府作为决策者对徐州建设的顶层设计、理性抉择和战略坚守，也看到了他们对徐州建设的深刻诠释、创新实践与责任担当。细读这本由徐州市城乡建设局牵头编纂的书稿，字里行间仿佛听到了建设系统认真落实市委市政府部署，齐心合力演奏的一曲落实与创新、继承与发扬、开拓与创造、务实与担当的嘹亮时代之歌。择其要者，四大特点值得浓墨重彩：

"五大统筹"的"科学发展观"堪称执政理念的重要升华。十年来，徐州市委市政府始终坚持科学发展观，按照统筹城乡发展、统筹区域发展、统筹经济社会发展、统筹人与自然和谐发展、统筹国内发展和对外开放的"五大统筹"要求，不断推进徐州的改革发展事业。全市人民紧紧围绕"全面奔小康、建设新徐州"的总目标，全面贯彻落实科学发展观，积极顺应国家宏观经济政策变化，主动应对国际金融危机冲击，全力推进"三重一大"，经济社会发展取得了又好又快的历史性成就，经济、社会、城市和生态"四个转型"明显加快，老工业基地振兴和全面小康社会建设硕果累累，"迈上新台阶，建设新徐州"实现良好开局，为"十三五"时期发展打下了坚实基础。

"八大中心"的关键抓手堪称顶层设计的高瞻远瞩。市委市政府在规划建设"1530"城镇体系、优化城镇结构、构筑布局合理的新型城镇化发展格局的基础上，将打造"八大中心"作为巩固提高区域性中心城市地位与功能的关键抓手，形成了全市城乡发展、环境友好、人民幸福的繁荣景象。建设"八大中心"，完善了区域性中心城市的功能，提升了城市综合承载力和竞争力。音乐厅、美术馆、奥体中心、淮海文博园等一批文化类重点项目的建成使用，为历史文化名城增添了富有时代气息的现代元素；中心商圈、新城区商圈、高铁站区商圈以及彭城壹号、老东门、老街坊、创意68、南湖水街等一批商贸类重点项目的竣工运营，进一步彰显了区域性商贸中心的优势；京沪高铁、徐济高速、徐贾快速通道、郑徐客运专线的建成通车，三环高架、轨道交通等"十大工程"的顺利推进，进一步提高了全国综合交通枢纽的地位；新城区徐州中心医院分院、徐医附院开发区分院等一批重点医疗卫生类项目的相继落成，进一步增强了区域性医疗卫生中心的辐射带动力；徐州生物职业技术学院、徐州幼儿师范专科学校及江苏安全技术职业学院的陆续成立，使徐州高等院校数量达到14所（本科高校6所、独立学院2所、专科学校6所），成为淮海经济区高校最多的城市；汉文化、彭祖文化、军事文化的挖掘，进一步提升了区域性旅游中心的知名度和影响力。

"一枝一叶总关情"堪称党和政府民生情怀的坚毅执着。10年来，市委市政府坚持以顺民意、惠民生为出发点，大力实施城市现代化和农村城镇化，优先发展和完善城乡基础设施，从市民普遍关心的交通出行、生活设施、公共绿化、就医入学等实际问题入手，每年有计划地实施一批城乡建设与民生重点工程，有计划、高质量地建设一批大项目，城乡基础设施水平明显提高，城市功能得到较大改善，城市承载能力持续提升。在创建绿色民生方面，加大棚户区改造力度，建立健全住房保障体系，不断完善社区配套设施和社会保障制度，进一步提升养老服务水平，不断改善社会管理秩序，不断增长服务业投资，逐年提升可再生能源利用比例，稳步提高水资源循环利用率，人民幸福指数明显提高。值得一提的是，3000余万平方米的棚户区拆迁及安置工作，大大改善了棚户区居民的居住条件和生活环境，实现了人民生活从蜗居安居到宜居乐居的重大转变，体现了党委政府一心为民的浓浓情怀。

"五大行动计划"堪称建设者们化拙为巧的创新手笔。近年来，徐州把生态文明建设摆上更加突出的位置，深入推进"天更蓝"、"水更清"、"地更绿"、"路更畅"、"城更靓"美丽徐州"五大行动计划"，实施了"显山露水"、"进军荒山"、"蓝天碧水"、"精品园林"、"退城入园"、"塌陷地治理"等一系列重大生态文明建设工程，使徐州实现了由"一城煤灰半城土"到"一城青山半城湖"的华丽蝶变。目前，全市森林覆盖率达32.5%、居全省第一，市区建成区绿化覆盖率达43.6%、居全省第2位，主城区300亩以上开放园林超过20个，水环境功能区三类以上水体占比达76%。美丽景观源于创新建设。徐州建设者们坚持主观能动性与客观规律性的辩证统一，对一些看似不能利用、只能显丑弃之的残山、塌地、废塘等，本着因地制宜、扬长避短的基本原则，对其进行变废为用、化拙为巧的创新建设，摇身变为秀色可餐的美丽公园、逍遥憧憬的休闲佳地。高标准建成的小南湖景区、珠山宕口公园、吕梁山风景区以及九里湖、潘安湖等生态修复示范工程，都是生动的实践案例。

十年辛苦不寻常。不仅使徐州建设面貌焕然一新，更为难能可贵的是徐州建设者探索到一条城市发展与乡村建设协调同步、产业转型与生态保护相得益彰、社会民生与经济增长良性互动的好路子。在党和国家积极推进"五位一体"、"五化同步"以及全面建成小康社会的战略部署中，徐州建设的样本与昭示意义不言而喻。

五省通衢，千年积淀。浩荡汉魂熔铸着一个崛起的信念。

云龙山青，故黄河蓝。锦绣山河萦绕着一座美丽的故园。

愿旌旗猎猎、狼烟滚滚、流血漂橹的兵火岁月永远过去！

愿饿殍遍地、水旱不收、盗贼蜂起的饥馑年代永不再来！

1 聚力打造区域性中心城市

2006年以来，徐州市确立了保持苏北领先、保持淮海经济区领先、争做江北"两个率先"领头羊的总体目标定位，明确了"突出中心城市建设"的具体目标。全市按照"优化布局、配套成网、提升功能、适度超前"的原则，努力提高城市规划与建设水平，加大基础设施建设投入，强化全国重要的综合交通枢纽城市地位，区域性中心城市建设取得重大突破。老城区空间梳理加快推进，新城区、高铁商务区等建设初具规模，铜山撤县设区，城建投入和城建重点工程数量年年创历史新高，区域性中心城市的现代化功能大幅提升，基本建成区域性交通、商贸、教育、医疗、金融、旅游、物流、文化八大中心，实现了"十二五"规划明确的"建成充满活力的创新型城市、充满魅力的山水园林城市和充满竞争力的特大型区域性中心城市"的奋斗目标。

1.1 老城区改造更新

新中国成立以来，徐州作为重要的资源型城市和工业基地，为江苏乃至全国发展大局作出了重大贡献。但因产业结构偏重、环境面貌偏脏、交通秩序偏乱、人居条件偏差等问题，使徐州背上了沉重的发展包袱。为此，徐州市委、市政府转变发展观念，坚持以人为本的科学发展观，以壮士断腕的勇气和大刀阔斧的魄力，以优化城市功能、完善基础设施、营造宜居环境、彰显人文特色为目标，加快老城区建设，强化城市服务功能，开启了转型发展、创新发展、绿色发展的新征程。

1.1.1 城市转型演绎蝶变之美

作为矿产资源枯竭城市和重工业基地城市，徐州濒临重工业城市发展的环境承载极限。为此，徐州巧把包袱变财富，始终坚持战略性和适应性调整相结合，认真做好"加减"法，着力构建具有特色优势、体现生态文明要求的现代产业体系。

1. 拓展空间做加法

徐州一改过去以煤化工为"招牌"的工作思路，努力集聚面向未来的战略性新兴产业，加快转型，大力拓展新的经济增长空间，发展徐州具有比较优势的文化创意、休闲旅游、生物医药和新能源等高新技术产业及现代服务业。新能源、新材料、新医药等九大新兴产业迅速崛起，成为徐州新的经济增长点。在行业排名世界前五强的徐工集团引领下，国资、民资、外资齐头并进，卡特彼勒、利勃海尔、罗特艾德等数十家外商独资、合资工程机械企业密集落户徐州，"引进来发展，走出去竞争"的格局，让徐州成为中国乃至世界装备制造业的产业高地。以徐工集团为首的装备制造业、维维集团带动的食品及农副产品加工业以及能源、商贸、物流、煤盐化工、建筑等七大产业在近五年时间规模均超千亿元。徐州在转变经济发展方式的过程中，积极发展循环经济。近年来，相继建设了十大旅游景区：楚王陵两汉文化景区、淮海战役红色旅游景区、云龙湖风景区（图1-1）、珠山佛教文化景区、龟山汉墓二期扩建工程、新沂马陵山景区、丰县百里生态旅游观光带、军事文化大观园、古运河文化旅游观光带、故黄河风光带（图1-2），有力促进了旅游循环经济的发展。徐州还大力推进现代服务业集聚区建设，集中力量打造中心商圈、国家级大学科技园、软件园等现代服务业集聚区，建成了彭城一号、创意68产业园、滨湖新天地、南湖水街、老东门时尚街区等30多个特色功能片区，精心打造了淮海文博园、师大文化创意产业园、老徐州历史文化片区、奥体中心、彭城欢乐世界、龟山博物馆等文化产业集聚区。主城区工业企业基本完成"退城入园"，50个市级以上服务业集聚区入驻企业超过7600家，进一步增强了经济发展活力。

图1-1　云龙湖风景区

图1-2　故黄河风光带

2. 壮士断腕做减法

十多年来，徐州依法关闭小煤窑、小水泥、小造纸、小化工企业计400多家，拆除市区燃煤锅炉790多台，拔掉中心区烟囱740多根，关停小火电发电机组150多万千瓦。同时，引进海螺集团等大型企业进行行业整合，全市水泥企业由146家减少到不足10家，并在江苏率先淘汰立窑产能，粉尘排放量减少了60%。7年关停小型机组近30个，新建大容量机组近600万千瓦，全市各大电厂发电量增加了150多亿千瓦时以上，新建机组全部同步安装脱硫脱硝装置，配备污染排放实时监测仪器，二氧化硫排放则减少了25%。虽然面临巨大的经济诱惑，但还是坚决先后否决了20多个总投资约60亿元的焦化、钢铁等重大项目。

通过这"一加一减"，徐州的产业结构发生了质的变化（图1-3），城市生态环境得到了显著改善，城市功能不断完善，实现了从老工业基地到现代化区域性中心城市和生态园林城市、环保模范城市、环境宜居城市的靓丽转型。

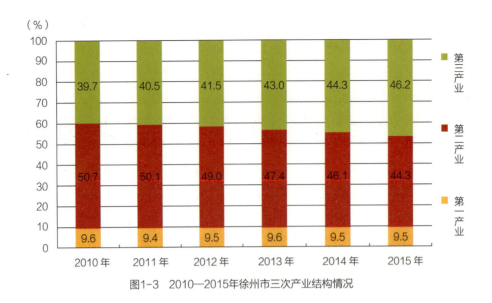

图1-3 2010—2015年徐州市三次产业结构情况

1.1.2 老城更新谱写华美篇章

自古以来，徐州一直是兵家必争之地；新中国成立后，又成为全国重要的煤炭基地。在悠久煊赫的声名和突出的经济贡献背后，是战乱和采矿导致的严重植被破坏，以及35万亩采煤塌陷地和大量的棚户区。灰雾蒙蒙的天、坑坑洼洼的地、浑浊不清的水、低矮脏乱的住房……这是老徐州留给人们的灰色记忆。

2006年开始，徐州市委、市政府积极顺应广大干部群众"求快、求变、求富、求绿"的迫切愿望，紧紧抓住振兴徐州老工业基地的发展机遇，把转型发展的出发点和落脚点指向改善民生，把群众的需求变成政府的工作目标，将"以民为先"的理念融入项目建设之中，既调动了人民群众齐心协力改变徐州的积极性与信心，又增强了百姓对政府工作的认同感与支持率。

1．大力改善人居环境

十年来，徐州市以建设绿色生态宜居宜业城市为目标，大力改善人居环境，实施生态再造、绿化美化，推进"天更蓝、地更绿、水更清、路更畅、城更靓"五大行动计划，累计投资2482亿元，实施了1075项城建重点工程项目。建成了艺术馆、音乐厅、规划馆、奥体中心等一批全国一流水准的功能性标志工程；改造拓宽淮海路、中山路等市区主次干道100多条；三环路高架、轨道交通、棚户区改造、骆马湖水源地和第二地面水厂建设工程和医院、社区卫生服务中心、街坊中心、养老机构、中小学新建迁建等一大批与民生有关的城建重点项目也相继建设或落成。

2．全面实施生态修复和重建工程

把最美的风景留给百姓、把最好的资源留给后代——徐州市秉承着这一理念，大力实施显山露水、为民造绿、让绿于民等生态修复和重建工程，使得城市的环境面貌和生态水平明显提升。

徐州山多。云龙山、九里山、凤凰山、白云山、拖龙山……一座座山峦环伺全城。但徐州的山多为石灰岩，绿化难度巨大。新中国成立初期，徐州市森林覆盖率不足1%。1952年10月，毛泽东主席登上云龙山，向全国发出了"绿化荒山，发动群众上山造林"的号召。历届徐州市委、市政府响应号召，高度重视绿化造林和生态建设，带领全市群众持续改善城乡环境面貌。但由于徐州地区多荒山秃岭，到2006年全市仍有15多万亩荒山未被绿化。2007年以来，徐州先后实施"向荒山进军""第二次向荒山进军"的绿色行动计划（图1-4），累计投入资金7亿多元，完成徐州市区、铜山北部、贾汪邳州接壤区、新沂东部、邳睢铜接壤区四大片丘陵山区绿化，对马陵山、艾山、大洞山等地结合历史人文景观，"依山造景"，建设了7万亩各具特色的风景林。通过几年的不懈努力，全市绿化荒山400余座、15万亩，实现了全市荒山绿化全覆盖，在全国开创了"石头缝里种出绿色森林"的成功范例。植被面积的扩大，使近年来全市降水量保持在1100mm左右，接近淮河以南平均水平，用国家气候中心专家的话来说，"等于将徐州南迁了800里"。

徐州水多。云龙湖、大龙湖、九龙湖、金龙湖、九里湖、潘安湖、微山湖、骆马湖，如涟漪般从市中心区向市郊扩散，故黄河、京杭大运河如两条玉带，或穿城而过，或绕城而行。谁也想不到，其中的很多湖泊，却是徐州人治理采煤塌陷地、修复"地球伤疤"的杰作。徐州采用综合治理手段，把各类塌陷区建设成了湖荡优美的景观区、涵养生态的修复区、高效农业的标杆区。

徐州园多。云龙公园、云龙湖风景区、彭祖园、奎山公园、珠山景区、徐州植物园、汉文化景区、泉山森林公园、快哉亭公园、奥体公园、楚园、龟山汉墓景区、劳武港防灾公园、百果园……这些公园，或新建，或重装，一个个次第绽放。它们是点，是近年来徐州生态环境建设的亮点；它们成线，连成了徐州宜居乐居的风景线；它们成片，把整个城市拼成了一个绿色的大花园。这些公园建成之后，全部免费向市民和游人开放，"让绿于民"落到了实处！

2008年，徐州市委、市政府提出基本农田整理、采煤塌陷区治理、生态环境修复、湿地景观开发"四位一体"的奋斗目标，努力将各类塌陷区建设成为涵养生态功能区、环境优美景观区、高效农业标杆区。对较浅的塌陷地，经削高补低、修复整平，或进行复垦耕种，或利用地形搭建温室建设高效农业；对塌陷深度大于2m、无法耕种的地块，则因地制宜挖湖引水造景，建设美丽乡村湿地。昔日的权台矿和旗山矿采煤塌陷区，变身为潘安湖湿地公园（图1-5），昔日的夹河煤矿塌陷地，变身为九里湖生态湿地公园；昔日的韩桥煤矿深度塌陷地，变身为南湖湿地公园……采煤塌陷地治理，使徐州新添大小上百个湖泊、湿地和景观区。自2008年徐州市大规模实施生态修复工程以来，累计复垦利用采煤塌陷地和工矿废弃地18万亩、新增耕地近8万亩，一大批生态再造工程，使历史包袱变成了发展资源。

图1-4　向荒山进军

图1-5　潘安湖湿地公园

在塌陷地摇身变为城市公园的同时，徐州因曾经开采山石留下的宕口遗址也焕发了新的生机（图1-6）。2011年，占地150亩的珠山宕口遗址公园免费向市民开放。峰谷跌宕、飞瀑叠流、绿树成荫、鸟语花香的自然景色，为徐州市民又提供了一处流连忘返的美地佳境。而这种把昔日废弃的采石宕口修建成新的景观公园的尝试，成为全国首例宕口遗址公园和国内城市矿山治理的典范。

图1-6 珠山宕口公园今昔对比

十年间，徐州对原有的内港、水库、荒地等进行改造，建成了九龙湖（图1-7）、金龙湖、大龙湖、玉潭湖、植物园、百果园等集城市景观、市民休闲娱乐为一体的广场公园，并对云龙山、彭祖园、泉山森林公园、云龙公园、奎山公园等进行敞园改造（图1-8）。强力推进拆违增绿、破墙透绿、见缝插绿，新建市区游园绿地300多处，新增绿地面积1227公顷，人均公园绿地超过17m^2，实现了500m街头绿地全覆盖。城区近30个300亩以上大型园林绿地，全部免费向市民和游人开放。徐州克服土地商业价值的诱惑，"让绿于民"，把最美的风景留给徐州百姓，对云龙湖周边改造腾出的土地，建设了滨湖公园、西珠山等公园绿地，并禁止在景区内建设住宅，把城市建设的成果让百姓共享，城市生态环境的改善深受群众的欢迎，"诗意的栖居"在徐州已成为现实。

3．全面推进环保行动计划

2013年起，徐州全面推进了天更蓝、水更清、地更绿、路更畅、城更靓行动计划，美化、亮化、绿化、净化徐州，成功创建了国家环保模范城市、国家森林城市、国家园林城市、全国造林绿化先进市、国家生态园林城市、中国人居环境奖，实现了生态环境由灰到绿的转变。

"天更蓝"行动计划，重点实施了"七大工程"。一是产业结构调整及转型升级工程。实施市区产业结构调整及转型升级工作，明确铜山、贾汪等重点区域不再批准新（扩）建火电、钢铁、煤化工、水泥等重化工业项目，徐州工业园化工产业园不再批准新（扩）建各类化工项目。二是主城区工业企业退城入园工程。实施市区工业企业退城入园，全面完成了主城区化工企业关停转迁。开展市区热电企业整合工作，完成了市区5家热电企业的整合，由市区周边的华鑫、华润、华美和华润潘塘电厂替代供热。三是工地道路扬尘管理工程。修订了《徐州市市区扬尘污染防治办法》，实施城区施工扬尘治理工作，对城区扬尘治理进行专项考核。建筑施工扬尘管控方面，实施"千人进工地、一对一服务"。建设了建筑工地出入口红外摄像头、渣土运输车辆GPS系统和市区道路视频"三位一体"监控平台，渣土车辆密闭化改装已开展试点（图1-9）。对《徐州市市级文明工地评审标准》进

图1-7 九龙湖公园

图1-8 云龙山敞园改造工程

图1-9 治理施工扬尘污染，让徐州天更蓝

行了进一步的量化。道路扬尘管控方面，道路清扫机械化作业实现全覆盖，二环内主要道路严格按照标准进行夜间机扫和冲刷作业。拆迁工地扬尘管控方面，实行围挡、出入口硬化、施工雾化、平整覆盖。开山采石扬尘管控方面，所有矿山企业均编制了矿山地质环境保护与治理恢复方案，并按照方案要求履行地质环境治理义务，实施边开采边治理。四是机动车污染防治工程。全面推进机动车环保检验机构计量认证工作，实现全市所有环检机构的联网监控。黄标车和无标车限行范围已覆盖主城区各主要干道。五是公交优先工程。落实公交优先战略，制定市区大公交建设推进方案，出台了《徐州市公交优先发展专项资金管理办法（试行）》《徐州市公交优先发展奖励考核办法》，打造了"城乡一体、惠民便民、绿色智能、文明和谐"的大公交。加快推进轨道交通建设，扩大公交车辆以及公共自行车覆盖范围，构建了"轨道交通、公交车辆、公共自行车"三位一体的大公交网络体系，降低市民出行成本，鼓励引导市民低碳环保出行。完善改造了公交候车亭、港湾式停靠站，实现财政科学补贴，扶持公交行业优先发展。加大环保车型更新力度，1200余台绿色能源公交车投入运营。六是监测能力建设工程。在对市区7个空气监测站点进行维护建设的基础上，各县（市）空气监测站点均建成投运，省级2个质控自动监测站和市区及重点地区21个降尘监测点于2013年4月底建成投入运行。七是餐饮油烟控制、禁煤、秸秆禁烧及综合利用工程。发布了《徐州市人民政府关于划定市区高污染燃料禁燃区的通告》，印发实施《徐州市市区禁止燃煤实施方案》和《徐州市市区清理整治散货堆场实施方案》，实施了市区78台锅炉拆除（改燃）和53个堆场关闭搬迁整治任务。

"水更清"行动计划，重点实施五大工程。一是控源截污工程。沿线企业、养殖污染点源一律关闭搬迁；加强市区河湖沿线排查，排放口逐个核实，污水一律接管处理，面源一律口门控制；排查黄河、奎河等沿线老管网，进一步提升截污能力，实现全线截污目标。二是清淤贯通工程。以云龙湖、故黄河为市区水环境提升的中心和枢纽，对上下游沿线以及新城区共19条河道进行清淤贯通、定期轮浚，实现水系相连、多源互济。三是水质提升工程。在市区补水源头建设预处理厂，增加水质透明度；全面提标改造市区一级B标准污水处理厂，扩建部分污水处理厂。四是生态修复工程。根据河道边坡条件和污染特征，在河道内种植生态沉水、挺水植物，布设生态浮床、悬床，在市区调水入口处及重点监测断面建设生态净化工程。同时，禁止在市区河湖人工养殖。五是尾水资源化利用及导流工程。加快建设和完善污水处理尾水资源化利用工程和尾水专线接入导流工程。三年来，徐州全面推进"水更清"行动计划，完成投资14亿元，实施了五大类42个项目，市区主要河湖水环境质量明显改善，"七湖"有"四湖"水质稳定在Ⅲ类水体以上，"九河"有"六河"水质提升了一个级次，市区水体流动能力由原来20万m^3/日提高到50万m^3/日，市区丁万河、贾汪凤凰泉、凤鸣溥被评为省级水利风景区；邳州市引沂润城工程实现了城市河道互联互通，丰县丰城闸、邳州沂河橡胶坝、新沂市沭河等工程打造了精品水景观，优美水环境在全市创卫中起到了重要的"添彩"作用。突出引水活水特色，组织实施水系贯通工程。创造性贯通沂沭泗、故黄河、奎河水系，先后实施了市区补水线路丁万河、郑集河、官庄引河的综合整治。市区以云龙湖和故黄河为重点，贯通了北区的徐运新河、荆马河，东区的三八河、老房亭河，南区的奎河、藕河。各县市区也相继实施了引清入城、水系连通工程。市区9条河道、各县区21条城市河道实现水系贯通、清水畅流。在对市区河道治理的同时，徐州还进一步拓展治理范围，对城乡结合部的93条沟河逐一排查摸底，组织编制了专项治理规划方案。2014年治理完成的10条已通过验收并投入使用，实现了"变清、变活"的目标，2015年又有6条黑臭河道纳入年度治理计划，即将开工实施。对剩余未治理的77条黑臭河道，进行综合系统治理，主要治理措施为清淤、截污、贯通和配以适当的水景观，计划分为3个年度实施完成，彻底消除徐州黑臭河道。突出循环利用特色，推广利用矿井水等非常规水。相继组织实施10多项矿井水利用工程，新河矿每年向云龙湖补水1400多万t，开创了国内闭坑矿井水利用与治理的成功范例。全市矿井水年利用率达43%，远高于全国22%的平均水平。积极开展再生水资源开发利用，建成了奎河、丁万河、龙亭污水处理厂中水回用工程，主要用于电厂循环冷却、环境用水等，中能硅业公司工业冷却循环用水达3万t/日。徐州市截污导流工程全面建成，丰、沛、睢、新四县（市）尾水资源化利用及导流工程建设积极推进，实现了"尾水归槽、清水绕城"（图1-10）。

图1-10 蓝天碧水新徐州

"地更绿"行动计划，将构建生态园林体系、加强绿地建设和管理作为三大主要任务。根据城乡一体原则和"1530"城乡发展战略，完善并发布实施了《徐州市城市绿地系统规划》，合理布局各类城市绿地，指导城市绿地建设，严格实施了城市绿线、蓝线管理制度，打造完善城市绿化生态系统，着力加强了城市生态片区、生态环、生态圈和生态廊道保护和建设。实施了社区公园和街头游园建设和提升工程，新建、改建了30个服务于社区的公园和街头游园，进一步为市民营造了更便捷、完善的游憩空间。实施绿道工程建设完成了鼓楼生态园西路等13条道路行道树栽植，二环北路等68条道路行道树补植和道路绿地改造完善，市区建成区道路绿化率达到100%（图1-11）。徐州充分利用城区空闲地覆绿，对开发商取得土地使用权满2年未开工建设的，或已动工开发建设、但开发建设面积占应动工总面积不足三分之一的闲置地块，经市政府批准后实施临时绿化。与此同时，徐州还实施了"地更绿"生态林业行动计划，开展了荒山绿化和景观提升工程，全面完成了"二次进军荒山"行动计划，完成荒山造林9.5万亩，景观提升面积8370亩。实施了"环、点、带"生态防护林工程，造林面积12万亩，其中微山湖、骆马湖两个生态圈新造林1.8万亩，云龙湖、大龙湖、九里湖、潘安湖、吕梁湖、庆安水库、高塘水库等七个生态点新造林2万亩，大运河、大沙河、沂河、沭河、四环高速、连徐高速、徐宁高速、京沪高铁等生态防护林带，新造林8.2万亩。实施沿黄河故道沿线防护林工程，黄河故道两侧各建设50～100m宽的生态景观廊道，绿化面积2.23万亩，完善沿线农田林网、道路林网、水系林网、特色经济林基地，折合造林面积7.8万亩。

图1-11 黄河西路街头绿地

"路更畅"行动计划，着力完善城市路网，提高设施承载能力，构建"三环十三放射"道路交通骨架。在现有绕城高速公路外，规划建设了一条开放式的外环公路，所有区域对外的9条国省道均与之相连接，拓展城市发展空间；分流过境交通，缓解城区交通压力；加强城市组团片区滨湖新城、贾汪新城、陇海新城、铜山新区以及微山湖、潘安湖、大洞山、吕梁风景区之间的沟通联系；引导和带动沿线工业、旅游业及社会经济发展；增强徐州在淮海经济区的辐射力和集聚力。建成了东三环、西三环高架快速路，北三环高架正在加快推进。依托徐沛快速通道、微山湖环湖西路、徐贾快速通道南延和北延等工程的建设，进一步缩短沛县、丰县和贾汪区与主城区的"距离"，推动城市各组团在快速贯通中实现融合发展。近年来，徐州市加大了交通基础设施建设力度，连续多年将道路畅通工程列入城建重点工程计划，对淮海路、中山路、解放路、复兴路、和平路、金山路东延等多条道路陆续实施改扩建或已列入近期实施计划，结合拥堵治理和示范路创建，基本建成了"九纵十横"的城区主干路网，城市交通面貌和出行条件得到显著改善。在加强城市干道系统建设的同时，徐州还特别注重微循环系统的同步建设，进而与干线主循环一起构成畅通的城市交通循环体系，提高路网稳定度和整体通行能力。针对市区路网结构不合理、部分道路破损的现状，徐州近年来安排了新淮海西路、中山南路南延、和平路东延、泰山路北延、二环北路西延、苏堤路北延、下淀立交桥扩容及铜山路、荆马河路、湖东路、解放路等100余条道路新建和改扩建工程，以构建"贯通路"、打通"断头路"、改造"老旧路"的系统举措，进一步提升城市道路的通行能力。和平大桥见图1-12，秦虹高架桥见图1-13。徐州逐步对淮海路、中山路、建国路、民主路、苏堤路等城市干道实施综合整治，对沿街建筑物外立面、门头字号、环卫和市政设施、绿化带等进行综合整治和改造，先后取缔了富国街、徐州会堂夜市和丰财小区、镇河小区、瑞丰小区等多处影响市容环境和居民出行的马路市场。

图1-12　和平大桥

图1-13　秦虹高架桥

"城更靓"行动计划，以"九整治""三规范""三提升""两创建"为主要内容。对老旧小区、背街小巷，违规养犬和饲养家禽家畜行为，各类建筑屋顶和楼道环境秩序，城中村、城郊结合部和棚户区，建筑工地，建筑外立面、夜景亮化，违法建设，低洼易淹易涝片区、城市河道，农贸市场等专业市场进行了大整治、大清理、大提升；规范了占道经营，停洗车场，户外广告和店招标牌；深入幸福家园创建，提升了小区物业管理水平，强化示范路创建，提升了道路容貌景观水平，完善了大城管体制，提升了城市长效化管理水平。

"天更蓝、地更绿、水更清、路更畅、城更靓"五大行动计划，不仅是提升市民生活质量的民生之举，也是倒逼转变发展方式的经济之策和提升城市建设与管理水平的社会创新之举。"五大行动计划"的出台与实施，受到了全市干部群众的欢迎和支持，全市生态环境建设高潮迭起、亮点频现，一个宜居乐居的新徐州正呈现在人们面前。

1.1.3 "八大中心"提升城市综合功能

徐州地处苏、鲁、豫、皖四省交界，"东襟黄海，西接中原，南屏江淮，北连齐鲁"，距南京、济南、郑州、合肥皆为300余公里。在我国对外开放和生产力布局中，具有东靠西移、南北对接、双向开放、梯度推移的战略区位特征。国家"十二五"规划纲要中，把东陇海地区纳入12个重点开发的国家主体功能区之一，并列为国家"两横三纵"城市化战略格局中21个主要城市化地区之一。江苏省第十二次党代会也明确提出,要充分发挥徐州都市圈在淮海经济区中的带动作用。在这一战略思想引领下,徐州市委、市政府又适时提出建设淮海经济区产业、交通、商贸物流、教育、医疗、文化、金融、旅游"八大中心"的重大决策,举全市之力高水平建设淮海经济区中心城市,进一步增强徐州的吸纳集聚功能和辐射带动能力。

1. 打造产业中心,新兴产业快速发展

"十二五"期间,徐州积极打造全国领军地位的工程机械产业集群(图1-14),并重点培育了装备制造业、能源产业、食品加工业、煤盐化工业、冶金业和建材业等六大千亿元产业。截至2015年底,徐州市工业总产值超过1万亿元,六大产业分别完成产值3313.97亿元、709.23亿元、3049.38亿元、2210.61亿元、1085.99亿元和620.40亿元,占全市规模以上工业产值比重达88.2%。此外,徐州还积极发展以光伏光电、风力发电、节能环保为代表的新能源产业集群,促进战略性新兴产业跨

图1-14 打造工程机械之都

越式发展,以新材料产业、高端装备制造业、生物医药制造业为代表的高新技术产业2015年实现总产值4505.26亿元。目前,徐州已成为全球最重要的光伏材料基地,矿山物联网产业在全国也形成先发优势。

2. 打造交通中心,交通综合能力日益增强

徐州是全国重要的综合交通枢纽,国家高快速路网重要节点城市。"十一五"以来重大基础设施建设取得突破性进展。2011年6月京沪高铁正式通车,使徐州融入了北京、上海"3小时经济圈";2013年5月徐州亿吨内河大港顺堤河作业区一期竣工,打通了北煤南运的新通道;2014年2月徐州轨道交通1号线试验段开工建设、轨道交通2号、3号线建设同步推进;2014年5月、2015年10月三环东路、三环西路高架快速路相继正式通车,标志着徐州迈入了立体交通时代;2016年9月,郑徐客运专线也将通车运营,徐州高铁将形成T字枢纽,徐州将与南京、郑州、济南、合肥4个省会城市构成"1小时城市圈"。徐州积极建立健全现代交通服务体系,完善现代交通发展的配套措施,基本实现了交通基础设施全市联网、全城贯通、城际畅通,为实现淮海经济区交通一体化做出了积极贡献。截至2015年底,全市高速公路交通网络全面建成,高速公路通车里程达458.57km,所有县(市)均连通高速公路,各行政村均通达客运班车。2015年完成公路货运量16909万t,完成公路旅客运输量13347万人次,公路旅客周转量79.66亿人公里。2015年完成港口吞吐量9030.26万t,"十二五"期间,年均增长7%左右,基本形成了以徐州为中心、以淮海经济区为腹地,与长三角、环渤海和大陆桥西部地区合理分工、紧密协作的综合性交通枢纽(图1-15、图1-16)。

3. 打造商贸物流中心,城市品质不断提升

徐州市积极打造淮海经济圈商贸物流中心,大力推进物流基地建设。对中心商圈、高铁生态商务区二期、新城区"四轴一片"等重点片区进行开发,打造了世贸商业步行街、中华老字号商业街区、雨润农副产业采购中心、月星商业中心、万达广场、大龙湖沁水湾等现代商贸重点项目,扎实

推进了苏宁广场、雨润广场、鼓楼广场、八里家具博览中心、淮海文博园二期、铜山万达广场、徐州保税物流中心等项目。位于贾汪的淮海经济区现代物流服务枢纽项目正式开工。徐州积极提高中心商圈的整体档次和消费环境，集聚力和辐射力进一步增强，已发展成为淮海经济区第一商圈，其核心辐射半径已达150km，日均客流近30万人次，其中来自周边城市的消费者占到30%以上；节假日日均客流高达50万人次，周边城市消费者占到一半以上。见图1-17。

图1-15　徐州市综合交通网络骨架图

图1-16　徐州铁路枢纽

图1-17　福星宝邸二期工程

4. 打造旅游中心，城市景观特色凸显

徐州历史文化悠久，文化底蕴深厚，这也为其提供了丰富的旅游资源。近年来徐州市努力提升旅游城市品牌，打造中国汉文化旅游名城、军事文化旅游名城、山水生态旅游名城、商务休闲旅游名城等独具特色的"城市名片"，形成了以汉文化为主体，云龙湖旅游集聚区、贾汪旅游集聚区为两翼"一体两翼"的城市旅游格局。为打造文化环境旅游精品公共景区，2007年开工建设了总投资约1.3亿元的徐州汉文化景区二期工程。2009年投资700万元建设了汉文化景区三期工程。近年来，云龙湖景区先后实施了湖东路拓宽改造、水上世界改造工程，新建了珠山景区，对云龙山、云龙公园实施了敞园改造。潘安湖景区、吕梁景区、督公湖景区、夏桥煤矿主题公园等在采煤塌陷地上崛起的新兴旅游景点，形成了徐州独特的煤矿旅游基地。截至2015年底，全市共有A级景区73家，其中4A级景区20家，3A级景区29家，A级景区总量居江苏省和淮海经济区第一。2016年8月3日，云龙湖风景区获批5A级景区，填补了徐州5A级景区的空白（图1-18）。

图1-18 云龙湖夜色

5. 打造医疗中心，公共医疗网络日趋完善

徐州市在"十二五"期间进一步健全城乡基层卫生服务网络，优化医疗资源布局。徐州医科大学附属医院开发区分院、市中心医院新城区分院和北区股份制医院建设，以及第一人民医院迁建，徐州医科大学附属医院和中心医院扩建使徐州的优质医疗资源得到均衡发展（图1-19）。与此同时，徐州市完成新一轮社区卫生服务机构提档升级，城乡基本卫生服务网络更加健全，乡镇卫生院达159个，床位9998张，卫生技术人员1.08万人，新型农村合作医疗保险实现全覆盖。2015年末全市

图1-19 江苏淮海建设集团有限公司承建的徐州仁慈手外伤专科医院病房楼

共有各类卫生机构4601个，其中，医院、卫生院283个，三级医院达到16家，卫生防疫防治机构13个，妇幼保健机构12个。各类卫生机构拥有病床4.79万张，其中，医院、卫生院床位4.46万张，每千人拥有病床数5.56张。

6. 打造文化中心，文化设施日益健全

徐州努力打造文化强市，促进文化要素集聚，繁荣文化事业，发展文化产业。近年来，徐州相

继建成了音乐厅、美术馆、科技馆、张立辰艺术馆、云龙书院、户部山历史文化街区，改扩建了淮海文博园（图1-20）博物馆、淮海战役纪念馆、中山堂、李可染故居等文化场馆。截至2015底，全市共有公办文化馆（站）156个、博物馆21个、美术馆1个、公共图书馆8个，公共图书馆总藏量316.28万册、电子图书藏量594.78万册。共有电影放映单位28家、广播电台8座、电视台8座，广播和电视综合人口覆盖率均达到100%。有线电视用户264.79万户，有线电视入户率95.3%。"市有四馆一院（文化馆、艺术馆、图书馆、博物馆、书画院）、县（市）有两馆（图书馆、文化馆）、镇（街道）有一站、村（社区）有一室"的四级公共文化服务体系已经形成，基本实现了城乡居民看书有去处、演戏有舞台、活动有场所。公共文化服务网络覆盖率达90%以上，文化产业增加值占GDP的比重比"十一五"末提高1.2个百分点。

7. 打造教育中心，"教育高地"地位不断巩固

近年来，徐州积极打造基础教育优势资源高地、技能型人才培养高地、高等教育集聚高地和教育人才培养高地，使得徐州的教育科研、教育质量、教育投入、教育贡献度在江北和淮海经济区领先。徐州高等教育发展迅速，办学层次不断提升，办学规模不断扩大，师资力量进一步加强，教育设施逐步完善。目前，徐州高校共有9所（不含军事院校），其中普通高校7所，分别为中国矿业大学、江苏师范大学、徐州医科大学、徐州工程学院、徐州建筑职业技术学院、徐州工业职业技术学院和九州职业技术学院（民办），另有高等职业学校5所。2010年开始，随着校安工程和中小学布局调整工作的陆续推进，全市中小学布局优化工作进入了新的阶段，在完成校安工程三年规划工作后，各县（市）、区政府按照"机制不变、队伍不散、力度不减"的原则，又开始了新三年规划，全市2012年新（改、扩）建中小学121所，2013年新（改、扩）建中小学62所，2014年新（改、扩）建中小学40所，2015年新（改、扩）建中小学35所。中国矿业大学科技园、江苏师范大学文化创意产业园、中国矿业大学南湖校区（图1-21）、徐州医科大学城东校区、徐州工程学院新城区校区的相继建成，使徐州淮海经济区"教育高地"的地位更加巩固。徐州正向着淮海经济区优质教育资源中心、创新型人才培养中心、科技研发转化中心和全国大学生创业就业中心的方向阔步前进。

8. 打造金融中心，金融生态环境持续优化

徐州不断完善金融设施和布局规划，优化提升老城区金融聚集效应，加快建设以集聚金融机构总部、新型金融机构和金融业态为重点的新城区金融集聚区，全面提升了金融集聚区的服务功能。继续加大了"引银入徐"、"引金入徐"力度，创造条件引入境内金融机构入驻徐州，鼓励和吸引股

图1-20　淮海文博园

图1-21　中国矿业大学南湖校区

份制银行和外资银行、创投企业、基金公司等机构来徐州设立总部或分支机构，设立村镇银行、小额贷款公司、财务公司、金融租赁公司等新型金融机构和功能性金融机构，形成以银行业为主体、保险证券业共同繁荣，各类金融机构竞相发展、具有较强创新和服务功能的金融组织体系。

1.2 城市空间拓展优化

进入21世纪，徐州市迎来了城市化加速发展和城市扩容提质的历史性机遇。伴随着新城区、高铁生态商务区的建设以及铜山撤县设区，城市发展空间不断拓展，做强做大了区域性中心城市规模。"十五"期间，徐州市区城建投资累计投入242亿元，市区面积由原来的110km²左右扩大到540km²左右，城市化水平年均递增2个百分点。"十一五"时期城市总体规划通过国务院审批，部分行政区划调整顺利实施，市区面积扩大到3037.3km²，居全国第八位、全省第三位。城市化水平进一步提高，2010年城市化水平达到53%，2015年达到61%，居苏北第一。建成区面积达255.2km²、比2006年扩张近一倍，一座现代化特大型区域性中心城市在淮海大地迅速崛起。

1.2.1 新城区：崛起中的政务商务创新区

徐州是一座具有2600多年建城史的古城，在发展过程中一直采取"摊大饼"的方式，形成了"单核心、圈层式"的空间结构。主城区人口密度大、建筑密度高、交通比较拥挤，城市发展空间一直受到限制。按照江苏省委、省政府提出的"三圈、五轴、五个特大城市"的发展战略，徐州市于2002年4月开始修编城市总体规划，确立了"双核心、五组团"的城市空间布局结构，即将城市新的行政中心、商务中心选址在城市东南部潘塘境内，作为重点建设的新城区。

新城区的建设正是为了解决徐州市由"单核心、摊大饼"式的发展向"双核心、五组团"城市空间结构转变，满足特大城市发展所做出的重大决定。新城区总规划面积60km²，可容纳50万人生活居住。发展新的城市中心，对于提高徐州的区域服务功能、塑造现代化城市形象、加快城市化进程、实现跨越式发展发挥了重要作用。

新城区的功能定位为徐州市的商务政务创新区，形成"一心、一环、四带、五区、十组团"的布局结构，即"以大龙湖为中心的行政办公、商务、文化区，西南生活物流区，东南文教区，东部生态居住区"的总体格局，其中起步区以大龙湖为中心，以顺堤河为界自然划分为南北两个区域，是新城区的核心部分。北侧：分为行政办公区、中央活力区、市级综合文化区三大片区。周围分布有档案馆、科技馆、城市规划馆，集中布置商务办公、购物、餐饮、文化娱乐、旅游休闲等综合组团，是徐州对外开放交流的新平台。南侧：规划大型居住区，配套城市综合商业服务区，是区域性商业服务中心，集中金融、教育、医疗等机构，形成居住与生活共生的和谐构架。新城区在徐州都市圈中交通便捷，观音机场、京福高速、连霍高速以及京沪高速铁路环绕新城区，2小时左右进京入沪。

新城区启动建设以来，已累计完成建设投资约700亿元，建成道路总长约110km、桥梁57座，实施绿化面积约780万m²，建成商品房居住区500余万平方米。行政办公区全面建成，60多家市级党政机关单位入驻集中办公。市档案馆、规划馆、政务服务中心向市民提供相关服务。撷秀中学、新元大道中学、华顿国际学校、青年路小学、徐师附小、幼师幼儿园、伊顿幼儿园、大地幼儿园等优质教育资源在新城区开班办学，吉田商务广场、绿地皇冠假日酒店、大龙湖接待中心、下沉式商业广场等公共服务设施也投入运营，市级机关医院、三甲医院市中心医院新城区分院一期工程、徐州工程学院新校区投入使用。奥体中心成功举办省"第十八届运动会"并正式向市民开放使用。中铁人才家园、绿地国际花都、国信龙湖世家、汉源国际华城等20个住宅小区竣工交付使用，柏林公馆、维维龙湖湾、碧桂园等住宅项目正加快建设。

新城区以加快项目推进为重点，积极搭建各具特色的产业发展平台。生活物流园进驻企业11家，苏宁电器、恩华医药、淮海医药、国家网架检测中心等项目投入使用。进口汽车经营企业10家，沃尔沃、进口现代、宝马、讴歌、雷克萨斯、捷豹路虎、奔驰、福特、进口大众等进口汽车品牌物流项目集聚发展。物流园2015年实现营业额约60亿元。新城区商务中心入驻企业600多家，办公面积近50万m^2，主要包括金融、房地产、信息咨询、技术服务等行业类别；现代商务服务示范区公共服务平台已经建成开放。莱商银行、江苏银行、淮海商业银行、永旭置业、天裕集团、东方黎明集团等总部办公项目进驻总部经济园。以老年健康、颐养养老、特色医学创客空间为主题的大健康产业园和以婚庆文化为主题的婚博园已经启动。文化创意园依托广电传媒中心、徐州日报社新闻中心等平台，积极打造集文化创意、艺术展示、休闲娱乐为一体的综合文化休闲集聚区。

随着新城区的进一步开发建设和城市功能的不断提升，在不远的将来这里将会成为一座配套完善、环境优美、经济繁荣、社会和谐、宜商宜居的生态型城市新中心和现代化新徐州的样板区。按照新城区发展目标，至2020年，新城区将成为以现代区域交通为依托，以商贸、金融、文化、信息、会展、教育、居住、高新产业为支撑的设施完备、环境良好、风景优美的城市新区，是徐州市新的"门户"和"窗口"，是徐州市对外联系的口岸，是徐州市作为区域型中心城市对外服务的主要城市组团。

1.2.2 高铁生态商务区：牵动城市东部发展的新引擎

为迎接高铁新时代，抓住高铁经济机遇，以高铁经济推动振兴徐州老工业基地步伐，提升城市形象，徐州市委、市政府决定以高铁客站为核心建设高铁生态商务区，促进徐州市在更广泛的空间上集聚资源、完善城市功能、提升城市品位、打造淮海经济区中心城市。高铁国际生态商务区是徐州经济技术开发区为放大高铁效应、加快产业转型升级而重点建设的全新平台。徐州新一轮《城市总体规划》以"多核心多极发展"为目标，形成三足鼎立的城市格局，其中老城区仍是全市的商业、金融和旅游中心区；新城区是规划的行政、商务中心区，市级功能转移的接纳地；高铁新城（徐州高铁生态商务区）作为重要的商贸、交通和总部经济基地，是徐州市未来重要的经济增长点。

高铁生态商务区核心区由"一轴三心五片区"组成。"一轴"即站区东西主轴线中央大道；"三心"为东部高铁枢纽核心、中部商务中心、西部金龙湖公共服务中心；"五片区"为高铁枢纽服务区、中部商务集聚区、南部居住生活区、金龙湖综合区、总部基地经济区。在高铁商务区发展现代服务业集聚区和物流园区，有着得天独厚的区位优势，并可发展多元包容的生产性服务业，包括商务商业服务区、房地产业和旅游开发业等。高铁国际生态商务区规划总面积52km^2，分二期实施，一期占地16km^2。高铁站区及周边的功能性设施和商业配套设施快速完善，重点布局企业总部、现代商贸物流及配套的人才公寓等。自2007年开工建设以来，一期核心区以及高铁站区建设初具规模。4km^2的核心区相继建成了全国首家生态修复宕口公园、一流的金龙湖景区以及科技大厦等8个项目。一期核心区金龙湖周边的瑞隆、博汇等企业总部相继进驻，美的城、保利鑫城、金山福地等高端地产项目竣工上房，高铁时代广场、公安信息大楼、软件园、博顿准五星级酒店等功能性项目竣工投入使用，月星环球商业中心正在建设。

为抢抓高铁发展机遇，缓解城区交通压力，有效带动新城区、铜山新区、贾汪区和规划中的陇海新城、滨湖新城等城市组团加速融入主城区，助推徐州城市化建设，徐州于2010年进行国际招标，编制了徐州经济技术开发区高铁商务区二期概念性规划，立足徐州、服务淮海、辐射中原、连接全球。高铁生态商务区二期位于京福高速公路以东，陇海铁路以南，西接京沪高铁站区和新城区，南临吕梁山风景区，规划用地面积34km^2，是徐州市开发区"三重一大"工程，也是开发区新一轮发展的战略纵深。高铁生态商务区二期的功能定位是：集研发、商务、商业、居住、游憩等功能于一体的高端服务业聚合区、生态宜居聚集地。高铁商务区开发区域规划为"两轴、六区"的空间结构。两轴分别为贯穿南北的综合发展轴和贯穿东西的滨水休闲轴；六区分别为生态研发公园、亲水研发街区、生态研发中心、生态商业商务区、生态宜居居住区、生态休闲度假区。2011年1月18日，徐州市规划委员会第29次会议审查了高铁生态商务区二期概念规划；1月25日，徐州通过的"十二五"规划中提到，高铁生态商务区将成为交通枢纽、生态、商务、居住"四位一体"的城市副中心。高铁生态商务区二期建设，主要吸引科技研发中心、企业地区销售中心等高成长型产业。高铁商务区的发展目标是将其打造成为依托高铁，连接京沪、汇聚高端服务业和高科技企业的一流载体，具有显著交通优势、成本优势、市场优势的创业福地。

2014年6月12日，连接徐州新城区和徐州经济技术开发区以及贾汪区的昆仑大道东延、贯通东西，横跨京台高速公路的彭祖大道东延、南北向跨越陇海铁路的高新路南延3条主干道路正式建成通车，为商务区二期下一轮开发建设拉开了框架，使区域更快捷的连接老城区，加强徐州老城区、新城区、开发区之间的联系，彻底改变人们对高铁商务区偏、远的传统认识。随着政府对板块的支持、交通的不断通畅，绿地、美的两大房企相继入驻高铁商务区二期，分别建设开发楼盘绿地高铁东城、美的时代城。绿地高铁东城作为高铁商务区二期首先入驻的楼盘，满足了周边大黄山、大庙、金山桥等地购房者的需求，填补了该区域住宅市场的空缺，开启了高铁商务区二期建设时代（图1-22）。

图1-22 徐州老城区、新城区和高铁新城空间结构

1.2.3 铜山区：构筑城市南部发展的新框架

原铜山县环抱徐州市，与主城经济社会联系最为密切。因为距离主城区较近，为城市空间拓展的主要区域，在接受主城辐射和城市功能转移时具有"先天优势"，具有特殊的发展动力。为了构筑城市南部发展的新框架，保证郊区化的发展能够在统一规划的指导下进行，增强各个城市功能定位和产业布局安排的协调性和整体性，实现区域内各项资源自由流通，从而提高经济资源的使用效率，城市拓展的新空间——铜山区诞生了。

1. 行政区划调整

经国务院和省政府批复同意，徐州市部分行政区划做出调整：撤销九里区和铜山县，同时设立徐州市铜山区。其中，原九里区所辖10多个街道办事处，分别并入铜山、鼓楼和泉山3个区。

2010年9月28日零时起，徐州市九里区行政管辖权和司法管辖责任全部移交给铜山区、鼓楼区和泉山区，标志着徐州市部分行政区划调整工作迈出关键一步。此次行政区划调整后，徐州市管辖的6个县（市）5个区将变为5个县（市）5个区。至此，徐州都市圈的核心城市面积从1159.9km^{2}增至3037.3km^2，市区人口从184.3万增为306.4万，徐州市区行政区域从江苏省第10位上升到第3位，面积和人口分别达到调整前的2.6倍和1.7倍。铜山撤县设区是继成功晋升国家级开发区之后又一历史性里程碑式重大战略突破，为徐州实现跨越式发展创造了宝贵的机遇。

2. 撤县设区意义重大

撤县设区，不仅仅是行政区划的简单变化，它更是一个城市经济和区域经济发展达到一定程度的必然结果：铜山和徐州是典型的市县同城，尤其是铜山新区，与主城区已经连接在一起。撤县设区提高了铜山城区的规划建设档次和规模，徐州主城和铜山城区实现双赢。其次是加速了徐州城市化进程。铜山撤县设区后，增加新的区级开发区域，这必然可以加速城市化进程、提升城市开发档次，有利于招商引资等等。徐州城区将直接与五县接壤，在减少一个县级城市之后，徐州可以相对更加集中力量发展剩下五个。中心城市加强了，县域减少了，这一反一正，对徐州地区发展产生了积极的良性促进。撤县设区也是徐州特大区域中心城市发展的需要。徐州与苏南等城市不同，徐州地区及周边都没有重量级城市，徐州走的就是区域中心的路子，这就需要徐州自身做大做强，形成强大的辐射和集聚功能。两地合二为一后，徐州的资源与铜山实现整合，可以更加合理地规划和建设发展，并大力合理发展第二第三产业，为徐州谋划200万人甚至300万人主城人口的特大区域中心城市奠定基础。徐州分量的加强将增加国家和外界资本的关注度，从而对徐州的区域地位、影响力、经济发展等产生积极的战略影响。撤县设区使徐州成为濒临微山湖的生态型中心城市。世界上的重要城市，都离不开大江大河或湖海等重要水体。濒临大型水体的城市，生态好，水运交通发达，可形成丰富的旅游资源，这对城市经济发展大有益处。铜山撤县设区，极大地拓展城市发展空间，夯实特大型区域性中心城市建设的基础；彻底解决了"市县同城"矛盾，大幅度提高城市建设和管理效益；将加快推进城区资源优化组合，进一步增强城市整体发展活力；将有力提升城带乡水平，显著加快城乡统筹化步伐。不仅符合经济发展和城市化发展规律，而且符合广大人民群众的愿望和要求，对徐州市当前和长远的发展具有十分重要的战略意义。

3. 铜山融入主城区

为实现由发展县域经济向发展城区经济的转变，按照建设区域性中心城市的要求，把铜山作为主城区的一个功能区来规划建设，牢固树立"一盘棋"的思想，融入大市区发展规划。铜山撤县设区后，主动融入主城区，重点加强产业布局、基础设施建设、功能性项目、环保生态工程等重要规划的调整与对接，形成了新的强劲发展动力。

铜山经济开发区在铜山撤县改区后成功获批江苏省高新技术开发区，结合整个撤县设区新形势，以铜山经济开发区为基础，集聚全市创新资源，开启了国家高新区建设和创建工作。目前，孵化器建设、矿山物联网产业发展作为高新区建设和国家高新区创建工作的一项重要内容，已取得了阶段性成果。铜山区全面促进现代智能装备制造业、矿山安全物联网产业和以大学生创业为主体的创新型小型企业集群三大主导产业壮大和升级，全力建设中国安全科技之谷，引领和推动徐州实现传统产业的快速升级和战略性新兴产业的迅速崛起。

伴随着铜山撤县设区，相关基础设施建设步伐加快，密切了主城区与铜山区的关系。结合徐州都市圈建设，铜山响亮地提出了"主动融入，全面开放，抓住契机，乘势而上"的口号，决心把铜山打造成为徐州都市圈的核心要地。为把蓝图变成现实，铜山二次创业启动了12项重点项目，在基础设施建设上与中心城区全面接轨的同时，为策应都市圈发展，铜山的新一轮规划将核心区由现在的52km^{2}拓展到100km^2，控制区180km^2。同时，中山路南延、泉新路和玉带路的拓宽、东风路的北连南进，加上原有的北京路，五路并进，加快打通融入中心城区的通道，使铜山成为徐州主城区不可分割的组成部分。

按照撤县设区后的铜山区发展规划，铜山坚持以龙头企业、优势产业和特色产品为重点，以产业集聚发展为方向，以科技进步和自主创新为支撑，以"一区三园"为主阵地，加快做大做强优势主导产业。加快发展装备制造业，突破生产关键技术，延伸产业链，2015年产业规模突破千亿元，巩固徐州高新区"中国工程机械之都"地位。加快发展食品加工业，建成全国重要的食品及农副产品加工业基地。加快发展能源产业，建设一批大型发电机组，建成华东地区最大的能源产业基地。加快发展电子信息产业，加强新技术引进和改造，加快新产品研制和开发，建成国家级医疗电子、汽车电子、称重电子等特种电子生产基地。加速提升传统产业。切实巩固和提高传统产业在铜山工业经济中的重要地位，用高新技术改造传统产业，用产业链延伸提升传统产业。加快发展冶金产业，支持引导钢铁企业向大型化、集团化、现代化发展，提高深加工能力，建成华东重要的钢铁生产基地。加快发展玻璃产业，通过技术改造、技术引进实现技术升级和产品更新换代，建成全国重要的日用玻璃生产基地。

铜山区围绕现代服务业发展，主动向城市靠拢、融入，编制了北京路商务街、中央商务圈、南洋国际城商务圈、高速公路出入口物流商圈等"一街四圈"的规划和铜山现代服务业发展规划，优化整合城乡资源和要素，有序调控和引导城镇服务业发展的空间布局。"城南"变成了"南城"，区域布局中，铜山定位为城南商业副中心、物流园区、商业街区和旅游景区，形成特色鲜明、优势明显的现代服务业集群。大力推进工业与服务业协调并进，引进一批大中型综合超市、城市综合体等商贸流通企业入驻铜山，打造徐州南部总部经济中心和标志性商务办公中心。制定现代物流业发展规划，加快铜山物流产业园建设，大力发展农产品等各类物流业。加快吕梁风景区休闲旅游与居住带、沿微山湖湿地和水上休闲观光度假带、玉带河休闲旅游观光带、维维产业园生态景区等现代服务业集聚区建设，着力培育沿京杭运河"港口经济"和高速公路出入口"道口型"服务经济发展，加快"亿吨大港"及其配套工程建设步伐，着力打造特色鲜明、优势明显、发展有力的铜山现代服务业集群。加快房地产业发展，建立规范完善的房地产市场体系和运行机制，建立合理的住房供给保障体系。以高等教育集聚区为依托，大力发展广告设计等文化创意产业。

1.3 功能性设施完善提升

城市功能性设施如同城市的血肉，只有具备了完善的功能性设施，城市才能鲜活，才能凝聚人气和商机。2006年以来，徐州定位于服务淮海经济区，更加注重城市功能性设施的建设，让徐州百姓生活得更加舒心惬意。

1.3.1 宜居生态注入城市魅力元素

"和风徐来地，山水宜居州"，这是以往徐州人用自己家乡的名称和亲身感受提炼出来的城市形象。如今，仅仅"宜居"二字已经不能够概括这座苏北重镇的发展状况了。徐州在完善生态环境的基础上，大手笔推进城市功能性设施建设，通过综合服务能力提升，带动城市集聚辐射能力。山水资源开发与功能服务能力建设齐头并进，促进徐州走上从"宜居"到"乐业"的城市品位升级之路。

为打破有着数千年历史的徐州主城区狭窄逼仄格局，从2007年开始，徐州实施了云龙公园、云龙山敞园改造，打造了黄河旅游风光带、小南湖、云龙山东坡运动广场、九里湖西湖、大龙湖西部生态湿地等一批精品园林绿地，形成了以山体为骨架、以河流道路为网络、以公园广场为点缀，"点、线、片、面、网、圈"相连，"楚韵汉风、山水相依"的城市绿化特色。

2009年10月，坐落在徐州市中心的大马路三角地露出的芳容让众多市民会心一笑——这块城市核心区交通要道边的"黄金宝地"，并没有如许多人在动迁之初猜测的那样建高档楼盘，取而代之的是一块生机盎然的公共绿地。此前，已经有多处由商业区拆迁改造成的绿地建成向公众开放。她们都是徐州实行的"城市松动"计划的一部分。

国际上的实践证明，一个大城市发展到一定阶段，在城市中有意识地留下一块块小绿地和游园，随着时间的推移越来越重要，也越来越难得，更能够凸显这个城市的品位。

1.3.2 提升功能贯穿科学美学互动

凸显城市品位的园林绿地并不是只可远观的图画，她们宛如围棋中的"气眼"，在城市格局中起到了自然分界的功能，极大地调节了城市的气候环境，更成了老百姓们体验生态和谐的所在。始建于1958年的云龙公园在2008年敞园改造开放后（图1-23），节假日的人流量每天都在5万人以上；而以运动休闲为主要功能的云龙山东坡广场，6个休闲区域的70多套运动器械从早晨5点开始一直到晚上10点都有人在使用。

近几年徐州城市生态环境改造总计投入超过500亿元，全市建成11个自然保护区和风景名胜区以及4个国家级生态示范区，市区建成区绿化覆盖率达43%以上，市区人均公共绿地达到了15.29m^2/人，城市道路绿化普及率达100%。这些生态项目所发挥的功能更令人欣慰：全市空气质量二级以上天数达238天；全市呼吸系统疾病住院病人明显减少，因呼吸道疾病死亡的人数显著下降；徐州市民对城市环境的满意率不断提高。

图1-23 实施敞园改造后的云龙公园

1.3.3 完善设施增强集聚辐射能力

让功能性设施完善起来,就是让城市元素丰满起来。根据区域性中心城市的发展定位,徐州坚持按照国际惯例思考城市应该具备的功能,把功能性项目建设和改造放在城市建设最重要的位置。一批对徐州城市发展具有重要作用的功能性项目相继开工,包括音乐厅、美术馆、规划馆、科技馆、档案馆、地方文化馆、文体中心、体育公园等等在内的诸多文化设施如雨后春笋般喷薄而出。

依托国家级的交通枢纽优势,徐州把商贸物流旅游业作为四个千亿元产业之一重点发展。目前,中央商圈和中央商务区成为徐州功能性项目的核心。继1989年交通银行进入徐州后时隔20年,商业银行又进驻徐州。此外,人力资源市场、中介市场、各类投资公司等也已作为引进培育的重点,徐州打造区域性商务金融中心取得了显著成绩。

1.3.4 方便生活解决重要民生问题

为了解决上学难问题,让市民生活得更加便利,徐州市按照校园分布均匀、服务半径不超过500m的要求,制定了学校布局方案,实施义务教育布局优化工程。2008年新城区青年路小学分校等2所小学开始兴建,2011年机关二幼、潘塘中学建设,2012年绿地商务城小学、潇湘路九年制学校、经十路小学、商聚路小学相继展开,2014年新元大道中学、新城区双语学校一期、小韩小学、一中迁建、二中迁建、华润小学、高铁九年制学校、矿大附中迁建,2015年经适房三四期配套九年制学校、经适房五六期配套小学、响山北路小学、华润小学、云苑路小学、世茂东都小学、姚庄第二小学、新泰山小学、西苑第三小学、少华街小学、雨润新城分校、彭祖大道小学、小韩小学、太行路小学相继开工建设。市区中小学向着布局合理化、学校规模化、条件均衡化方向发展,呈现出了良好态势。

2009年,雁山、城东惠民农贸市场、孤山农贸市场建设,则拉开了农贸市场(街坊中心)建设的大幕。2010年以来,共有新开明市场、塘坊邻里中心、高铁站区街坊中心等60家街坊中心(农贸市场）建设项目列入市政府重点工程和为民办实事工程，其中新建街坊中心（农贸市场）36个，17个建成并投入使用；改造提升农贸市场24个，24个完成改造并启动正常运营。回购农贸市场3个。2010年以来，市、区两级财政共对35个农贸市场（街坊中心）项目投资2.5亿元，其中市级财政投资1.5亿余元。目前市区共有街坊中心（农贸市场）72家（包括贾汪区、铜山区各办事处农贸市场），总面积35.3万m²，其中投入使用的53家，正在建设或建成后未启用的19家。

为了解决市民的就医难题，徐州均衡分布优秀医疗资源，2012年中心医院新城区分院、徐州医科大学附属医院开发区分院、北区股份制医院、精神病院迁建相继启动。此外，为了让群众在家门口就能享受到快捷的医疗服务，2009年开始了社区医疗服务中心的建设，潘塘社区、黄山社区、丰财社区、九里社区、金山桥社区、大庙社区卫生服务中心相继开工建设。2012年开始，市委、市政府连续三年实施了社区卫生服务中心提档升级工程，新建和迁建了6个政府办社区卫生服务中心，实施社区卫生服务中心装修改造35个（包含贾汪区和铜山区），共新建机构面积19326m²，扩建功能区域4816m²，外立面及功能区域装修改造79957m²，投入建设资金11759.74万元。徐州社区卫生服务中心面貌焕然一新，机构环境和条件明显改观，服务设施和功能更加完善，社区卫生特色日益彰显。2014年市财政投入995.24万元采购的12台DR、29辆医疗救护用车已投放到社区卫生服务中心，进一步增强了社区卫生服务中心服务能力。

随着老龄化社会的来临，老有所养成为越来越迫切的社会问题。近年来，徐州大力发展养老服务机构。在环境适宜，周边有医疗、商业、文化、绿地等服务设施、交通便利、用地充足的区域选址建设综合型养老院，涵盖养老、医疗、教育、服务等多项功能，2012年以来，相继建设了市级老年公寓、慈善总会老年公寓、鼓楼区社会福利中心、云龙区社会福利中心、泉山区社会福利中心、贾汪养老中心等养老服务机构（图1-24）。不仅如此，徐

图1-24　养老机构日渐完善

州还采取"大分散、小集中"的布局方式，在主城区范围内规划养老服务机构59处，提供养老床位23844张，每千名老人约合57张床位。其中现状保留和扩建养老机构31处，近期建设19处，远期建设9处。

2 加快推进基础设施建设

城市基础设施是城市正常运行和健康发展的物质基础。近年来，徐州立足于稳增长、促改革、调结构、惠民生、防风险，遵循城市发展规律，结合自然环境特点和经济社会发展状况，大力推进城市基础设施建设。坚持先规划、后建设，规划编制与规划实施并重；坚持绿色、低碳、集约、智能，提升城市生态环境质量；坚持机制创新，采取多元化投融资方式建设和运营城市基础设施；坚持建设和管理并进，提高城市基础设施运行效率。在铁路建设、公路建设、机场口岸建设、港口与航道建设、轨道交通建设、城市快速路网建设、供排水设施建设、电力设施建设、供气设施建设、综合管廊建设等方面皆取得了显著成绩。

2.1 铁路建设

"徐州通，则全国通"。徐州是东西、南北交通联系的重要"十字路口"，京沪、陇海两大纵横双亿吨国家铁路动脉在此交汇，为全国第二大铁路枢纽。目前已经建成运营的京沪高铁和郑徐客运专线，使徐州铁路运营总里程达396km。正在建设之中的徐宿淮盐高铁将使徐州市域基本形成"三纵一横两联"干线铁路网，届时徐州高铁将通达全国181个城市，为全国高铁通达城市最多的地级城市之一。

2.1.1 京沪高铁建设

"十一五"期间，按照市委、市政府"举全市之力支持京沪高铁工程建设"的要求，徐州全力以赴做好京沪高铁征地拆迁、地方关系协调和各项服务保障工作，保证了京沪高铁建设的快速推进。京沪高铁徐州段作为全线工程的先导线，于2010年11月率先进入列车运行的联调联试和综合试验阶段。2011年6月30日，京沪高铁正式开通运营。京沪高铁的建成运营和航空式优质服务，不仅使旅客的乘坐舒适度大幅提高，而且使出行时间大为压缩。徐州至上海、北京的时间分别由过去的9小时、11小时，缩短为目前的3小时左右，从而大大压缩了徐州都市圈与长三角、环渤海两大经济圈的时空距离，加快了相互之间的融合与对接，使徐州承东接西、沟通南北的战略区位优势和全国交通枢纽的地位更加突显（图2-1）。

图2-1　京沪高铁开通

2.1.2　郑徐客运专线建设

郑徐客运专线是《国家中长期铁路网规划》中"四纵四横"之一徐兰客运专线的重要组成部分。郑徐客运专线西起郑州东站，东至徐州东站，线路全长361.937km，其中河南省252.826km、安徽省73.436km、江苏省35.675km。2011年3月，郑徐高铁可研报告获国家发展改革委批复。2012年12月26日，郑徐高铁项目正式开工，2015年10月底，全面完成铺轨。2016年3月进行联调联试，7月试运行，9月10日正式并网运营。郑徐客运专线的开通，大大缩短徐州与中西部地区的时空距离，加强了与中西部地区全面合作交流，对于进一步提升徐州交通枢纽地位，促进徐州融入"一带一路"建设具有重大意义。

2.1.3　徐宿淮盐城际铁路建设

徐宿淮盐铁路，是国家规划建设的京沪铁路大通道的重要组成部分，也是江苏省"三纵四横"快速铁路网的重要"一横"，西起徐州东站，经睢宁县、宿迁市、泗阳县、淮安市、阜宁县、建湖县，终至盐城站。加快该铁路建设，对于服务国家和全省发展大局、加快苏北振兴、促进长三角一体化发展，具有重要意义。

徐宿淮盐城际铁路已于2015年12月开工建设（图2-2），自京沪高铁徐州东站引出，路经后马庄、双沟、睢宁、新宿迁、洋河、泗阳、新淮安东、朱桥、阜宁、建湖、盐城北后抵达盐城站，正线全长314km，技术标准为高速铁路、双线电力牵引，估算投资415亿元，计划于2019年初竣工通车。

图2-2　徐宿盐淮城际铁路建设规划图

徐宿淮盐铁路与京沪铁路、陇海铁路、京沪高铁、连淮扬镇铁路、沪通铁路、沿海铁路相连，形成徐宿淮扬镇铁路通道，具有京沪高铁第二通道的重要功能。工程竣工后苏北乃至全省的铁路交通网络将得到进一步优化，不仅可以促进城际间要素资源配置，推动区域城市功能重组和城市间的竞争与合作发展,而且使苏北更加完整地融入长三角经济圈,形成与上海、南京等核心城市的"同城效应",从而进一步促进苏北、苏中、苏南优势互补、各展所长、共同发展,更好地满足区域经济及环境可持续发展的需要。

2.1.4 徐连客运专线规划

徐连客运专线,是江苏省最北端的东西高铁大通道,是国家"一带一路"战略互联互通和国家"十三五"规划纲要中连云港至乌鲁木齐高铁的重要组成部分,是沿海高铁通道和新亚欧大陆桥高铁通道相交的T形高速铁路网的关键区段,直接影响连云港作为上合组织成员国出海口和物流基地作用的发挥,并将缩短徐州地区与胶东半岛的时空距离。

徐连客运专线东起连云港站,西至徐州东站。正线全长180.385km,设计速度350km/h。全线设连云港站、东海县站、新沂南站、邳州东站、大许南站(预留)、后马庄站、徐州东站7个车站。其中徐州东站为既有车站,后马庄站为越行车站,连云港站为原站改造,东海县站为原站扩建高速场,其余3站为新建车站。

2009年初,徐连客运专线项目启动,由中铁第四勘察设计院负责设计。2011年2月,工程可行性研究报告完成并通过原铁道部审查。后因铁道部改革,项目停滞。2014年初,徐连客运专线项目再次启动。2015年7月,徐连客运专线报批方案获中国铁路总公司签批。2015年10月16日,工程可行性研究报告再次通过中国铁路总公司行业审查。徐连客运专线项目将于2017年初开工建设,2020年完工并投入运营。

徐连客运专线建成后,陇海客运专线将全线贯通,并与京沪高铁在徐州交会,徐州作为国家客运专线网枢纽城市和全国性综合交通枢纽的地位将更加突出,徐州和沿线城市居民出行将更加便捷。

2.1.5 高铁徐州东站建设

高铁徐州东站是国家"四纵四横"高铁骨干网京沪高铁与徐兰客专交会的枢纽站,规划徐连客专、徐宿淮盐铁路接入本站。徐州东站将成为四条高速铁路交会、连接五个方向的特大型综合客运枢纽站,具有沟通南北、承东接西的战略优势,是国家重要的铁路交通枢纽。目前徐州东站有西站房京沪场7台15线,并预留东站房。全部完工后将达到15台28线。

2008年4月18日,徐州东站打下了第一根桩,吹响了高铁徐州站区建设号角。2011年6月26日,京沪高铁徐州站区正式投入使用,标志着徐州正式迈进高铁时代。徐州东站西侧站房采用"线侧平式"站房,结合车站进、出站流线模式设进站天桥1座和出站地道1条。站房主体为两层,两侧局部为三层,总站房面积为14984m^2。站房立面造型采用大面积的玻璃幕墙和两侧辅以穿孔铝板相结合的形式,简洁明快,站房屋面犹如鲲鹏展翅,在波形雨棚屋面衬托下,给人以搏击浪潮、跃跃向上的感觉,象征着徐州人民自强不息的拼搏精神,寓意徐州经济文化腾飞的美好愿景。站房外立面采用中空玻璃起到隔热保暖的良好效果,站房建设采用地源热泵的处理方式,共打井243眼,深度达120m,根据水循环和地下100m内土壤温度,按季节进行加温和降温的热冷交换,冬季用于采暖,夏季用于制冷,充分体现节能环保。

徐州高铁站区节能环保的设计理念及建设在京沪全线独树一帜,西广场上12个人行出口装有太阳能光伏板,利用太阳能发电满足西广场景观用电照明;广场内设置了雨水回收系统,将雨水汇集到收集池里，通过专业设备过滤，用于广场绿化区域浇灌。站区精心设计了多处道路及广场游园，设置了人性化的城市家居及必要市政设施，在美化环境的同时为旅客提供良好的休憩场所。西广场地下一层设有大型地下停车场，拥有各类车位1816个，其中社会车位1655个，其余为出租车车位，为到站旅客的出行提供方便（图2-3）。

图2-3　徐州高铁站区

2.2　公路建设

公路是国民经济的重要组成部分，具有门到门直达运输的灵活性，对区域经济发展起着举足轻重的作用。多年来，徐州紧紧围绕构建国家级综合交通枢纽、打造区域性中心城市和促进城乡一体化发展，推进实施了一批重大公路交通基础设施项目。2006年以来的十年间，全市交通累计完成投资568.7亿元，使市域公路网总里程达16175km、乡村道路实现全面通达。

2.2.1　干线公路建设

干线公路是除高速公路以外的国、省公路，其主要功能是连接省、市、县、主要城镇、旅游景点、港口、码头、机场和车站等交通主要集散地，是沟通高速公路与农村公路之间的纽带，其好坏直接影响高速公路与农村公路功能的发挥。十年来，徐州市干线公路建设成绩斐然。

"十一五"期间，京福高速绕城西段和徐济高速江苏段顺利建成通车，宿新高速公路开工建设，全市新增高速公路113km，总里程突破410km。支撑徐州特大城市建设发展的高速四环的顺利完工，使市域内所有县级节点城市半小时可以通达高速公路，从而形成了连接国内主要城市和周边地级以上城市的高速公路网络（图2-4）。新改建普通国省干线公路441km，新增一级公路174km，104国道山东交界至睢宁段改扩建工程、205国道新沂段改扩建工程、250省道邳州至宿迁段、252省道塔双公路等一批对区

图2-4　徐州高速公路互通枢纽

域经济社会发展具有重要意义的高等级公路项目相继建成通车，使干线公路铺装水平、安保通行能力和服务水平显著提升，路网整体水平处于全省前列。同时，积极争取省政策支持，开展路网连接公路建设，五年间累计安排建设路网重点连接公路174km、一般连接公路80km，其中一级公路106km，较好地服务了经济开发区、风景旅游区等重要经济区域和民航机场、重点港区等交通节点。

"十二五"期间，建成了宿新高速公路和济徐高速公路江苏段，以及连霍、京福、京沪、淮徐

四条国家高速公路主干线的四通连接工程，高速公路通车里程达459km（新增47km，居全省第三位），覆盖市域全部县级节点。新改建普通国省干线公路248km，市到县、县到县全部实现一级公路连接，普通国省干线公路覆盖全市89%的乡镇。

"畅安舒美"示范路创建和引领效果显著，圆满完成205国道和104国道共3143.6km"畅安舒美"示范路工程建设，引领了未来全省普通干线公路新的转型发展方向。

2.2.2 城乡道路建设

近年来，徐州市委、市政府高度重视城乡交通健康发展，充分认识并注重解决交通出行难问题，制订了《徐州市"路更畅"行动计划实施方案》，将"道路畅通工程"建设项目列入年度城建重点工程计划并加以实施，市民出行环境得到显著改善。

一是完善城市交通发展规划编制。为统筹徐州城市交通发展各项工作，组织编制了《徐州市城市交通白皮书》（城市交通发展战略规划），为城市交通的长远发展提供战略政策和纲领性指引。深化城市规划与道路交通规划的衔接，在强化完善组团内部功能的同时，落实配套交通设施，推进城市组团之间的快速交通联系。优化城市空间与用地布局，控制中心城区建设总量增量，强化交通影响评估对项目建设报批的决策影响力。

二是着力完善城市路网，提高设施承载能力。以提高路网承载能力和运行效率为中心，以改造道路微循环系统为重点，建成功能完善的综合交通设施网络，使道路交通设施总体承载能力与服务水平明显提升。在近年全市城建重点工程计划中，每年都安排道路畅通工程，其中2011年安排了44项，2012年安排了41项，2013年安排了44项，2014年安排了39项，2015年安排了33项。建成了三环东路高架快速路、三环西路高架快速路。完成了徐贾快速通道、珠江路快速通道、新104国道等多条区域性道路。拓宽、改造市区主次干道100多条，基本形成了"九纵十横"的城区主干路网。注重微循环系统的同步建设，对街巷进行了整治改造。三环北路高架快速路、金山东路东延、二环北路西延等快速道路正在快速推进中，轨道交通1号线、2号线建设已全面启动。

三是完善绿色慢行交通系统。结合城区交通改善和人性化的出行需求，增加公共自行车布点网络和投放量，并针对公交线网覆盖情况，配套增设一批公共自行车换乘站点，发挥慢行交通短距离出行和接驳公交的功能。截至2016年5月，徐州市总共投放自行车16400辆、设置站点489个、安装锁车器19360个，中心城区保持300m一个站点，一般区域保持500m一个站点，市区三环内覆盖率达到70%以上，已为市民办卡38.5万张，日最高借车12万人次，高峰期一小时借车辆达8000人次，每辆车日均使用8～10次，使用率在全国处于领先水平。公共自行车对徐州市的交通分担率达到2.5%以上，基本能够满足市民借还车需求，有效缓解了城市道路交通拥堵状况。

"十一五"期间，农村公路建设深入推进，提前一年完成第一轮农路规划建设任务，并在全省率先开展第二轮农路建设。五年间新改建农村公路大中桥梁435座，建成农村公路3948km，农村公路总里程累计达8500余公里，在全面实现县、镇和行政村通达目标的基础上，路网规模和通达深度进一步提升。"十一五"规划确定的"高速公路布局成网、干线公路优化升级、农村公路全面通达"的总体目标顺利实现。

"十二五"期间，全市建成农村公路2259km、桥梁629座，县到镇、镇到镇及镇到行政村、新型经济节点均通达标准化等级公路。农村公路提档升级工程列入市"三重一大"重点工程，完成农村公路新改建1679km，桥梁612座。全市二级以上公路里程占比相对"十一五"末提高0.9个百分点。普通干线公路快速化改造加快进行，已建成徐贾快速通道、三环东路、三环西路高架快速路，三环北路高架快速路将于2016年底建成通车。徐沛快速通道已开工建设，为加强市县交通联系和助推县域经济加快发展搭建了高效的公路交通平台。

2.3 机场与口岸建设

徐州虽然陆路、水路交通运输发达，但长期以来在以徐州为中心、300km为半径的淮海经济区范围内，却没有能起降大型客机的民用机场，直接制约着徐州作为区域性中心城市功能作用的发挥，影响着淮海经济区的经济发展和对外交往。徐州观音机场的建成使用，彻底改变了这种状况，特别是观音机场晋升为国家级对外开放一类口岸，不仅结束了徐州没有"开放"的历史，而且架起了淮海经济区直通海外的"空中桥梁"，成为淮海经济区唯一一个开放口岸的机场，进一步奠定了徐州作为全国性综合交通枢纽的地位，大大增强了城市的辐射能力。

2.3.1 观音机场一、二期建设工程

徐州观音机场是由徐州地方筹资6.91亿元兴建的大型民用机场。观音机场位于睢宁县双沟镇境内，紧临104国道，距离徐州市区45km，淮北市区90km，枣庄市区110km，宿迁市区70km。

1992年底，徐州市委、市政府决定在距市区40km的睢宁县双沟镇境内筹建大型民用机场。1993年8月17日，观音机场工程经国务院、中央军委批准立项。1995年下半年，开工建设。1997年11月8日，观音机场正式通航。观音机场的建成通航，形成了江苏省南有禄口、北有观音的空运格局，有力支撑了徐州作为苏北和淮海经济区交通中心的地位，使徐州在更高层次、更广阔领域进一步扩大对外开放，对促进徐州、苏北和淮海经济区的经济与社会发展产生了积极而重要的作用。

观音机场一期工程占地面积3800亩，场内外各类房屋总建筑面积57254m^2，其中航站楼面积2.4万m^2，登机桥3座，可满足年旅客吞吐量100万人次，高峰小时旅客流量800人次，年货邮及行李量1.3万t的需求。机场跑道长3400m，停机坪6.3万m^2，停机位9个，机场飞行技术等级为4D级，配备先进的双向I类盲降系统、助航灯光设施和通信导航设备，可满足A300-600等大型飞机全重起降和波音737及以下各类型飞机起降，具备全天候开放的条件。

为了提高观音机场航空运输保障能力和服务质量，发挥徐州综合交通运输城市的作用，更好地促进徐州市及淮海经济区社会经济发展，按照"一次规划、分期建设"的总体思路，2015年开工建设了观音机场二期扩建工程。按照满足2025年旅客吞吐量460万人次、货邮吞吐量5万t的目标设计，二期扩建工程建设内容包括：新建约3.4万m^2航站楼，设6座登机桥，楼前设高架桥并扩建站坪；新建一条长3400m的平行滑行道、1条快速出口滑行道和3条垂直联络道；建设飞行区围界、巡场路、给排水、消防救援、供电和业务管理用房等相关设施。此外，还包括公用设施工程、总图工程和供油改造工程等配套设施工程。目前，观音国际机场二期扩建工程稳步推进，主体基本完工，预计2017年T2航站楼投入使用。

2.3.2 航空口岸对外开放进程

徐州观音机场是苏鲁豫皖接壤地区唯一的大型民用机场（图2-5）。近年来，随着徐州及周边地区对外贸易和文化交流的日益扩大，观音机场作为对外交流通道和枢纽的重要作用日益显现，尽快开放徐州航空口岸，有利于提升徐州开放水平，有利于加快新亚欧大陆桥中国段的对外开放步伐，有利于加快淮海经济区和徐州都市圈发展，有利于加快苏北振兴和沿东陇海线经济带建设。因此，为满足徐州及周边地区经济社会发展的需求，观音机场加快了口岸开放步伐，于2010年顺利通过验收，晋升为国家级对外开放航空口岸，从而成为真正的"国际机场"。

图2-5 徐州观音国际机场

2007年12月18日，徐州观音机场开放了临时口岸，并开通了徐州至香港客运包机航线。该航线的开通不仅架起了徐州到香港的空中桥梁，而且拉近了徐州与世界的距离，有力促进了区域经济国际化进程。

2008年，徐州观音机场一类航空口岸被国务院批准对外开放。2010年，通过了国家一类口岸验收。观音机场晋升为国家级对外开放一类口岸，标志着徐州对外开放进入新阶段，标志着区域性中心城市建设迈出新步伐，标志着徐州投资环境有了新优化，是"三重一大"建设取得的重大突破，对徐州当前和今后发展将产生十分重要的作用。

2011年3月28日，徐州观音机场正式开通了台湾地区航线。徐州至台北航线，是观音机场开放一类航空口岸之后开通的第一条地区航线，标志着徐州市对外开放与交流迈上了一个新台阶，也标志着观音机场建设区域性中心国际航空港的步伐进一步加快。

2012年4月27日，徐州观音机场开通国际货运业务。国际货运业务的开通，打开了徐州市对外开放物流的窗口，使徐州物流直接与国际接轨。

2012年7月日，徐州观音机场开通泰国曼谷航线。徐州—泰国曼谷航线是观音机场开通的第一条国际航线，这条航线的成功开通，满足了徐州及周边地区居民赴泰国旅游的需求，对推动徐州及周边地区与泰国在经贸、文化等各方面的深入交流合作起到了积极的作用。

2013年5月30日,徐州观音机场直飞韩国首尔的航线正式开通。徐州成为淮海经济区首家,省内继南京、盐城后第3个直飞韩国的城市。

2016年1月29日,徐州观音国际机场举行徐州至日本(大阪)国际航线首航仪式,这是观音机场继香港、台湾台北、高雄、泰国、韩国之后,开通的第6条国家(地区)航线。市长周铁根在出席首航仪式致辞时说,加快徐州观音国际机场的建设是市委、市政府的一项重要任务,此次徐州至日本(大阪)航线的开通,是徐州航空事业的又一重要里程碑,对徐州经济发展,特别是旅游业的发展,加强徐州与国际城市的沟通与交流,加快徐州国际化进程,进一步奠定徐州区域性中心城市的地位具有十分重要的意义。

目前,观音机场在宿迁、宿州、淮北、枣庄等4个地级城市设立了城市异地候机楼,淮海城市群内主要城市出港旅客已占机场总出港客流量的40%。观音机场已成为徐州及周边地区对外开放的重要窗口。

2.3.3 大郭庄军用机场搬迁工程

空军徐州机场(大郭庄机场)始建于1939年,占地366.67公顷,位于徐州主城区、新城区、徐州经济技术开发区三大板块交汇处,严重制约了徐州城市的发展和部队现代化建设。2007年12月,市委、市政府动议迁建空军徐州机场。2008年8月,军方同意迁建空军徐州机场。从2010年起,列入全市"三重一大"工程进行推进,"十二五"时期被市委、市政府列为影响全市长远发展的"十大战略性工程"之一。新机场选址在铜山区黄集镇,占地6201亩,工程总投资44.68亿元(包括拆迁安置、征用土地、新机场建设、配套设施建设等),机场搬迁后,老机场的4076亩土地移交地方政府。新机场建设项目分为前期准备、报批立项和施工建设三个阶段。

2008年8月省政府致函济南空军协商启动机场迁建工作以来,先后完成了新机场的预选址、选址、立项、预可研、可研(环评、安评、稳评、地质灾害评估、节能评估)、协议、初步设计、征地拆迁、移民安置等工作。其中:2010年6月,总参谋部和空军确定了位于铜山区黄集镇的新机场场址;2012年5月,国务院、中央军委批准"空军徐州机场迁建工程立项";2014年1月,国家发展改革委员会、总参谋部批准了该项目的可行性研究报告;2015年初,济南空军审查通过了新机场总体规划,根据军方提供的用地红线启动了征地工作;2015年9月18日,市政府与济南空军签署了"迁建空军徐州机场协议书",机场迁建由此进入实质性操作阶段;2015年11月20日,济南空军成功举行了新机场开工奠基仪式,机场迁建工程拉开了施工建设的大幕。

大郭庄机场搬迁完成后,能够释放出大郭庄机场及周边约4km^{2}的土地。机场原址将规划成为以商务、商业、办公功能为主,复合会展、餐饮、休闲、娱乐、居住等功能的中央活力区。结合地块内地铁2号线站点,强化商务服务功能及标志性空间的塑造,同时考虑故黄河水系的渗透,延续地区的历史与生态脉络,强调功能的混合性,提升地区活力。

2.4 港口与航道建设

徐州历史上就是十分重要的交通枢纽,但当时的交通功能主要体现在京杭大运河的水上运输方面。进入20世纪以后,随着铁路、公路等现代交通方式的出现,大运河的运输作用大大弱化,其港口与航道建设也一度被忽视。进入21世纪以后，徐州作为淮海经济区中心城市和江苏省三大都市圈核心城市之一的地位凸显，其已有的交通运输能力已不能满足城市发展和人们生产生活的需要。为此，徐州市委、市政府为进一步巩固和扩大徐州交通枢纽的地位与作用，决定扩大释放大运河徐州段的运输功能，适时提出了"打造亿吨大港，发展物流基地，开放二类口岸"的战略目标。

2.4.1 亿吨大港建设

徐州港是全国28个内河主要港口之一，是我国"北煤南运"的重要中转枢纽。为进一步扩大港口储存转运能力，徐州市依托京杭运河水运主通道，将徐州港分为徐州、邳州、丰县、沛县、新沂、睢宁六大港区，14个作业区，规划货物吞吐量1亿t，规划港口岸线65.63km，其中公用码头岸线56.73km。徐州市先后投资近7亿元，整治了市区66个小码头，配套建设了疏港公路、航道和桥梁。为加紧开展"亿吨大港"项目申报审批工作，针对项目前期工作审批环节多、审批层面高的特点，组织联合攻关，安排专人跟踪，使项目在较短时间内获得批复并顺利开工建设。徐州港区的顺堤河作业区是徐州港区规划建设的重点工程，也是"亿吨大港"工程第一个启动建设的作业区。2010年9月28日，全市瞩目的"亿吨大港"顺堤河作业区一期工程正式开工。经过建设者三年多的艰苦施工，2013年11月年吞吐量1300万t的京杭运河第一大港——徐州港顺堤河作业区一期正式启动运行。

徐州港区顺堤河作业区煤炭码头一期工程，以及相继完成的万寨作业区国家煤炭储备基地工程、戴圩作业区一期工程等重大项目，使港口吞吐能力得到明显提升。港口货物通过能力现已达8456万t，较"十一五"末增加41%。港口转运枢纽功能逐渐凸显，大宗物资内河水运转运量已占总量的94%，其中，煤炭中转2000～3000万t/年，矿建材料中转4000万t/年以上。

除顺堤河作业区外，还有双楼作业区、金山桥作业区、新沂港头作业区等，它们共同组成徐州港区。双楼作业区锚地工程，建设3个待泊锚位，锚地长度234m，总投资1860万元。双楼作业区通用码头工程，建设11个2000t级泊位，设计年通过能力879万t，总投资12.2亿元，2016年计划完成投资2亿元。邳州作业区搬迁工程，建设13个2000t级泊位，设计年通过能力997万t，总投资10.7亿元，2016年计划完成投资2亿元。金山桥作业区中能硅业码头工程，建设2个1000t级泊位，设计年通过能力180万t，总投资8000万元，2016年计划完成2000万元。金山桥作业区鑫凤港码头工程，建设6个1000～2000t级泊位，总投资2亿元，2016年计划完成3000万元。新沂港头作业区二期工程，建设500t级泊位19个，设计年通过能力544.6万t，总投资5.1亿元，2016年计划完成投资5000万元。此外，还将开工建设顺堤河作业区铁路专用线和邳州作业区搬迁工程铁路专用线等工程。

"亿吨大港"建设是一项复杂的系统工程，徐州全市上下牢固树立一盘棋的思想，主动服从服务于项目建设大局，全面实施绿色循环低碳港口主题性项目，采取了积极有效的措施：节约使用、集约利用港口岸线资源，提高老港区岸线资源利用效率；加强老港区技术改造工作，提高老港区生产能力、技术水平；发展集约化、专业化、现代化港区，调整优化运力结构，大力推广应用节能环保型运输设备，加快淘汰高能耗、高排放、低效率的老旧设备，引导轻型、高效、电能驱动、变频控制和使用替代能源的港口装卸设备发展。

2.4.2 航道建设整治

"十一五"期间，徐州累计建设、改善航道里程155km。京杭运河徐州段"三改二"、湖西航道八一大桥改建、城区段综合整治等重点工程，使运河主通道通行能力显著改善，蔺家坝以下全部达二级航道标准。徐洪河刘集东船闸建设完成，实现了徐洪河与运河主通道的连通，改变了徐洪河只能区间通航的历史。对徐州水运发展具有重大意义的湖西航道建设工程顺利开工建设。新戴运河"六改四"、徐沙河"六改五"等重要支线航道建设取得突破，为实现市域县级城市全部通达较高等级航道的规划目标发挥了重要作用。

"十二五"期间，全市航道初步形成了"一干多支"的网络布局，航道总里程达1033km。京杭运河湖西航道一期和徐州城区段二级航道整治、徐洪河"五改三"、复新河"六改五"等航道建设项目，以及建成的顺堤河作业区疏港航道（图2-6）、金山桥作业区疏港航道，为"亿吨大港"建设奠定了坚实的基础。

图2-6　建设中的顺堤河作业码头

2.5　轨道交通建设

实施轨道交通建设，是徐州市委、市政府统筹全市经济社会发展做出的重大决策部署，事关全市广大人民群众切身利益，对于徐州经济社会发展和城市建设意义重大。轨道交通是徐州城建史上投资规模最大、建设周期最长、专业系统最为复杂、社会关联度最高的城市交通基础设施工程，从2002年提出动议至今历时14年，凝聚了多届市委、市政府的智慧、心血。徐州市委、市政府高度关注轨道交通建设，举全市之力推进项目报批、工程建设、征地拆迁、投融资、PPP合作、资源开发等方面工作，目前，1、2、3号线一期工程已顺利开工，轨道交通工程全面进入建设高峰期，各项工作都取得了显著成绩。

2.5.1　轨道交通建设发展历程

早在2002年，江苏省发展改革委即与德国斯图加特大学合作开展了"徐州综合住居和交通规划"研究，着手编制轨道交通线网规划。2006年12月，南京市城市与交通规划设计研究院完成《徐州市主城区轨道线网规划（中间报告）》，并由市规划局组织专家进行了论证。2007年6月19日，省建设厅组织专家对《徐州市主城区轨道线网规划》进行论证。2009年6月，徐州市轨道办委托中铁第四勘察设计院进行《徐州市城市快速轨道交通建设规划（2012—2020）》以及相关专题的编制工作。2010年1月20日，徐州轨道交通1号线预留通道工程主体施工完成。同年6月，徐州市委、市政府成立了市轨道交通建设领导小组。11月开始，徐州委托南京市城市与交通规划设计研究院根据新的城市总体规划对《徐州市主城区轨道线网规划》进行编修。2011年3月26日，市政府批准经省住房城乡建设厅评审通过的《徐州市主城区轨道线网规划》。10月17日，市发展改革委向省发展改革委上报《关于转报徐州市城市快速轨道交通建设规划（2012—2018）的请示》。11月28日，省发展改革委向国家发展改革委上报《江苏省发展改革委关于上报徐州市城市快速轨道交通建设规划（2012—2018）的请示》。2011年5月，徐州市轨道交通建设规划编制完成。2012年3月8日，环境保护部环境影响评价司在徐州主持召开《徐州市城市轨道交通建设及线网规划环境影响报告》审查会，6月22日出具审查意见并予以通过。4月15、16日，受国家发展改革委委托，中咨公司在徐州召开《徐州市城市快速轨道交通建设规划（2012—2018）》评估会，9月10日出具评审报告并送达国家发展改革委。7月30日，徐州市城市轨道交通有限责任公司正式注册成立。2013年1月16日，《徐州市城市快速轨道交通1号线一期工程地下市政工程工可行性研究报告》评审会由市发展改革委主持召开，会议对地下市政工程可行性报告进行了审查。1月25日，《徐州市城市快速轨道交通1号线一期工程地下市政工程详勘报告》通过专家审查。2013年2月，徐州市轨道交通工程建设指挥部成立。2月22日，经国务院同意，国家发展改革委正式批复了《徐州市城市轨道交通近期建设规划》，徐州成为苏北第1个、江苏第5个、全国第35个获批轨道交通的城市。2014年8月13日，徐州市轨道交通1号线一期工程可行性研究报告获省发展改革委批准。徐州轨道交通建设项目用时13个月取得国家发展改革委批复，用时4个月完成与中铁建设集团、中国建筑工程总公司等6家央企合作谈判，用时6个月完成运作主体轨道公司筹备。通过将轨道交通工程纳入市重点工程现行体系进行扎口管理，实行指挥部领导下的轨道公司业务负责制，有效保障了轨道建设工作规范高效推进。

2.5.2 轨道交通线网规划

2006年9月，徐州市正式启动线网规划工作，2007年6月完成省住房和城乡建设厅专家论证，2011年2月市政府正式批复。主城区远期构建"放射状+半环形"的轨道交通线网，由5条线路组成，总长151.9km，设站112座，覆盖面积573.19km^2，主城区线网密度0.36km/km^2，核心区0.75km/km^2。

按照规划，徐州轨道交通近期建设项目3个，包括1、2、3号线一期工程，总长度67km，总投资443.28亿元，其中资本金占比40%。2009年6月启动，2011年6月通过环境保护部环评，9月通过中咨公司评审，2012年11月通过住房和城乡建设部审查，2013年2月经国务院批准正式取得国家发展改革委批复到2020年形成连接徐州老城区至新城区、铜山新区、坝山片区、城东新区的轨道交通骨干线路。其中1号线一期工程覆盖城市东西主轴客流走廊，一期工程联系老城区、坝山片区和高铁商务区，衔接京沪高铁徐州东站、徐州火车站，是沿城市发展主轴的东西向骨架线路；2号线一期工程是连接老城区和徐州新区的快速通道；3号线一期工程连接老城区和铜山新区两个片区中心。

1号线一期工程全长21.89km，总投资约162.78亿元（资本金占比40%），设站18座（其中地下站17座，高架站1座），设换乘站5座（图2-7）。

2号线一期工程全长24.25km，总投资约169.56亿元（资本金占比40%），设站20座（全部为地下站），设换乘站6座（图2-8）。

3号线一期工程全长18.13km，总投资约135.26亿元（资本金占比20%），设站16座（全部为地下站），设换乘站4座（图2-9）。

2.5.3 轨道交通工程施工进展

1号线一期工程于2014年2月13日开工，2号线一期工程于2016年2月22日开工，3号线一期工程于8月26日开工。截至2016年8月，累计完成投资43.97亿元（含拆迁），各项工作正在按计划有序推进。

1号线一期工程完成投资37.02亿元，已全面进入土建施工阶段（图2-10）。振兴路站主体结构已封顶，韩山站等10个车站已进入围护结构施工阶段（完成80%），杏山子站等7个车站已进入基坑

图2-7　轨道交通1号线示意图　　　　　　　图2-8　轨道交通2号线示意图

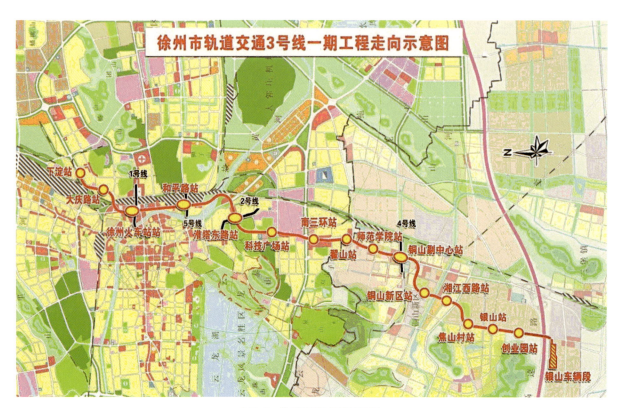

图2-9　轨道交通3号线示意图

图2-10　徐州市轨道交通1号线施工现场

开挖（完成36%）及主体结构施工（完成16%）阶段，预计年底进入附属结构及回填施工阶段；5个矿山法区间全部进入正线施工阶段（完成50%），10个盾构区间首台盾构已于2015年度始发掘进，其余盾构区间自今年下半年起陆续掘进，2个复合工法区间已实现贯通。

2号线一期工程完成投资6.75亿元，部分工点已进场施工。二环北路站等5个车站已进场进行征地拆迁、管线迁改、绿化迁移等前期工作，姚庄站等8个车站正在进行围护结构施工（完成18%）；2个矿山法区间均已进场开展实质性施工，15个盾构区间计划于2017～2018年陆续开始掘进，计划年底实现首台盾构始发；2个复合工法区间中的1个已开始横通道施工。

2016年8月29日10点58分，随着徐州市委书记张国华一声令下，徐州轨道交通3号线一期工程正式开工，徐州地铁建设正式进入三线共进时代。3号线的正式开工，标志着徐州市城市轨道交通工程建设全面拉开序幕，徐州将迎来轨道交通建设的高峰期。

2.5.4　轨道交通的PPP合作及融资工作

国家出台推广政府与社会资本合作（PPP）政策以来，徐州市积极抢抓政策机遇，1号线一期工程被列入国家首批示范项目范围，2、3号线一期工程被列入省试点项目库。另外，通过拓宽融资渠道，发挥专项资金杠杆作用，综合运作多种政策工具，将尽可能降低政府出资，减轻当期财政支出压力。

1. PPP模式合作

经徐州市委、市政府批准，轨道交通融资工作创新提出以PPP为主线的轨道交通"网运分离"建设运营总体方案，引入"持续经营、融资延续"理念，创设绩效考核传导机制、票务收入分配机制、社会资本出资额度动态调节机制，以及税收筹划等一系列创新做法，将传统建设运营模式下的前10年融资还款高峰向后期逐年延续，有效缓解财政支付压力，平滑财政支出的不均衡性。根据市政府于2015年11月18日批准的1、2、3号线一期设计建设及组合运营PPP实施方案，3条线均已按PPP政策规范完成PPP合作招标采购工作，明确中标社会资本中国建筑股份公司、中国铁建股份公司承担共计117亿元的项目资本金出资额度，徐州成为国内首个轨道交通项目PPP模式合作的落地城市。

2．积极开展融资工作

在当前国家相对宽松的货币政策下，徐州市轨道建设积极借助PPP政策导向，努力争取国家相关扶持政策。目前已获得20年期国开基金11亿元（中央财政贴息、年投资回报率为1.2%），10年期省PPP融资支持基金计划投资12亿元（基准利率水平，现已到位4亿元）。已获国家开发银行授信306亿元银行贷款（均为基准利率的25年期长期贷款），其中1号线银团贷款97亿元合同已签订，2号线银团贷款101亿元正在组团，3号线银团贷款108亿元已获授信批复。

2.5.5　轨道交通沿线资源开发

轨道交通沿线资源是随轨道交通建设形成的新型城市经济增长点，系统、科学、合理的开发是推动轨道交通事业可持续性发展的重要支撑，徐州市在轨道交通项目论证、设计、建设各阶段同步开展了相关资源开发工作。

1．沿线土地资源综合开发

启动了《轨道交通场站及周边土地综合开发利用规划》和《轨道交通站点周边地下空间综合利用规划》研究，共梳理可开发利用土地2.8万亩。其中与地铁站点直接相联，具有一定开发规模的轨道交通配套上盖开发地块、地下空间综合利用地块、轨道交通配套停车设施地块、车站出入口配套开发地块4种核心土地资源共35处（不含车站出入口配套开发），用地面积约900亩，可建设规模约134万平方米。

2．轨道交通主体资源开发

主要包括地铁商贸资源、地铁广告资源、地铁通信资源、通道接口资源等，具有价值高、投入少、赢利能力强等优点，目前已对各类资源经营进行提前策划，以充分发挥轨道交通主体资源对运营和轨道交通可持续发展的反哺作用。

2.6　城市快速路网建设

近年来，徐州市区交通拥堵现象日益严重，交通环境日趋恶化。随着城市规模扩大和交通需求增长，路网承载能力凸显不足，尤其是跨通道、城市出入口等关键区段交通拥堵问题较为突出，过境交通与城市内部交通、长距离交通与短距离交通相互干扰，交通系统运行效率下降。在此背景下，徐州市大力开展了一系列道路交通扩容整治工作，逐步完善城市道路网，但整体效果前景堪忧，交通系统可靠性面临挑战。

2.6.1　快速路网设计方案

为了促进交通系统扩能提速、均衡分布，减轻中心城区交通压力，促进城市土地开发目标的实现，近年来，由徐州市规划局牵头，交通局、城管局等部门参与，委托设计单位开展了快速路系统专题研究，形成了"三环十一射一联"的快速路方案，进一步明确快速系统建设方向、进程，对加

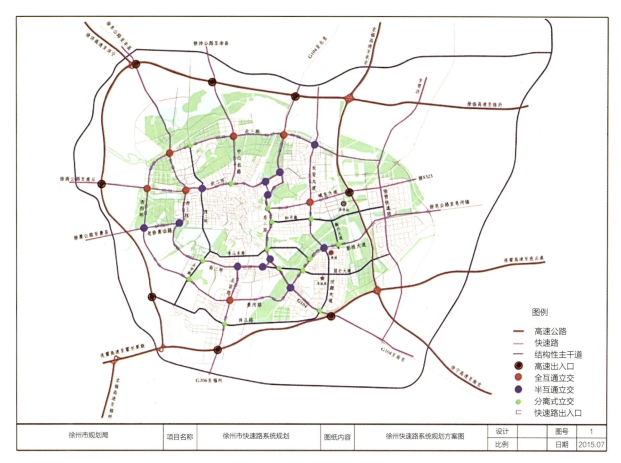

图2-11 徐州市快速路系统规划

强规划控制，指导快速路系统建设有指导性。

三环：即内环（东三环、北二环、西三环、南三环）、中环（长安大道、北三环、西四环、黄河路）、外环（徐宁高速、西北绕城、连霍高速）；十一射：即彭祖大道、城东大道、北三环东段、长安大道、东三环北延、中山北路北延、西三环北延、北二环西延、老徐萧公路、北京路、迎宾大道。一联：即徐贾快速路。快速路系统总里程209.98km（图2-11）。

为弥补快速路系统功能不足，强化重要区域、节点之间的联系，同时还规划设置了8条结构性主干道，作为快速路的补充，主要有西二环（含云龙湖隧道）、大学路、金山东路、和平路、振兴大道、昆仑大道、汉源大道、珠江路，结构性主干道总里程约72km。

2.6.2 快速路网建设成绩

目前，徐州市快速线网中的东三环高架快速路（图2-12）、西三环高架快速路、徐宁高速、西北绕城高速、连霍高速，以及徐贾快速通道（一、二期）、珠江路快速通道、黄河路（西段）等已建成通车；北三环快速路、北二环西延一期等于2016年10月1日通车，金山东路东延一期2016年底完成；城东大道快速路、迎宾大道快速路2016年启动建设；二环北路、彭祖大道、北三环东段、北京路、大学路、和平路、长安大道、振兴大道、昆仑大道、汉源大道等目前已按城市主干道的标准完成建设。徐贾快速路南段、南三环快速化改造已列入近期建设计划。

图2-12 夜幕下的徐州三环高架快速路

2.7 供排水设施建设

近年来，徐州紧紧围绕市区300～500万人口供水保障能力、农村饮用水工程和污水处理工程，不断加大资金投入，加快基础设施建设，全市供水能力和污水处理能力得到极大提升。

2.7.1 供水管理概况

2010年以前，徐州涉水事务的管理体制是"多龙管水"，职能交叉。为彻底理顺涉水事务的管理体制，统筹解决水务突出问题，在2010年新一轮机构改革中，徐州市委、市政府明确将供水、排水、污水处理管理职能划入市水利局。2010年8月，徐州市水务局成立，实现了徐州市涉水事务的统一管理。2011年5月，各县（市、区）水务局也全部挂牌成立，全市自上而下彻底实现城乡水务一体化。

目前，徐州市区供水体系由五部分组成，分别为徐州首创水务公司、金山桥自来水公司、潘塘自来水厂、铜山自来水公司和贾汪自来水公司，分别负责徐州市主城区、金山桥开发区、铜山区和贾汪区的供水工作，服务人口200余万人。其中，徐州市主城区供水主要由徐州首创水务公司承担，供水能力达到57万t/日，日供水量42万t/日，基本满足供水需求。

2.7.2 水源地与供水管网建设

随着城市规模的不断扩大，徐州供水基础设施得到了快速发展，尤其是市区水源工程建设实现了历史性突破，构建了由微山湖、骆马湖和地下水三水源供水的格局，结束了主要依赖地下水供水的历史，形成了以地表水源为主、地下水作应急备用的供水布局，提高了市区供水保障能力和水平，并为沿线区域供水奠定了基础。

积极开辟新水源。2013年投资5500万元，建设顺堤河备用水源地。2014年10月，徐州市采取PPP模式与粤海公司合作建设骆马湖水源地，水源取水口规模为140万t/日，取水泵站及原水管道一期规模80万t/日，投资概算20.84亿元，计划2016年10月建设运行。同时还积极开展应急地下水水源建设，分二期建设了应急备用水源井，新增供水能力8万t/日。

努力加快水厂建设。一是刘湾水厂改扩建。2012年2月与北京首创公司签订了项目投资框架协议，开展刘湾水厂改扩建工程建设，项目总体投资约5亿元，主要内容包括扩建20万t/日常规制水设施、40万t/日深度处理设施、40万t/日污泥处置设施。目前改扩建及污泥处置设施已完成投产，深度处理工艺2016年10月建成投产。二是新建第二地面水厂（图2-13）。2015年与首创公司签订城市供水特许权补充协议，由徐州首创水务公司负责投资4亿元建设，工程规模为140万t/日，土建部分一次建设，设备部分按20万t/日建设，2016年10月正式运行。

大力加强水源地保护。近年来，徐州在水源地建设与保护方面做了大量卓有成效的工作，2008年成立了小沿河水源地管理所，2014年成立了饮用水源地保护中心。同时实施微山湖小沿河水源地达标建设，自2008年以来，累计投资3亿元，对小沿河水源地进行产业结构调整，强化工程治理，实施了水体生态净化，设置了水质在线监测，顺利通过了省政府达标验收。

同步建设供水管网。一是为提升微山湖原水保障能力，2014年投资2.8亿元扩建小沿河取水口，建设了第二条原水管线；二是新建骆马湖原水管线，除向第二水厂供应原水外，还分别向刘湾水厂和邳州、睢宁提供原水；三是加大了市区清水管线的建设力度，自2010年以来，累计投资2.82亿元改造市区供水管线和新建区域供水管线，实现了各水厂间的互联互通；四是建设了刘湾水厂配套管线。另外，分二期投资计4.45亿元建设第二地面水厂配套清水管网，一期工程与第二水厂同步实施，二期工程预计2017年建设完成。

在提高供水能力的同时，市水务部门督促供水企业加强户表改造与供水设施改造。5年来累计完成了14954户户表改造，完成了18处城中村和75个老小区供水管网改造。

2.7.3 排水与污水处理设施建设

城市的排水和污水处理设施就像人体的排泄系统一样，其设施功能是否健全、运行状况是否良好，直接关系到一个城市的健康发展。徐州市注重排水设施和污水处理设施建设，大力实施"水更清"行动计划，排水和污水处理设施建设工作取得显著成绩。

"十二五"期间，结合国家治淮工程，市区先后新扩建、提标改造7座污水处理厂（图2-14），日处理能力达到52万m^3，污水收集集中处理率达到92.7%。实行城乡污水处理建设同步推进，全市

图2-13　建设中的徐州市第二水厂

图2-14　徐州市新城区污水处理厂

建成91座建制镇污水处理厂，建制镇污水处理设施覆盖率达98%，总处理能力达到21.23万m^3/天，为改善城乡水生态环境奠定了重要基础。目前，已运行建制镇污水处理厂38座，试运行2座，运行规模11.56万m^3/天。为规范城乡污水处理厂运营管理，市政府印发了《徐州市区污水处理厂运行监督管理办法》和《关于进一步加强全市镇级污水处理设施运营管理的意见》。

为治理水污染，改善水环境，全市大力实施"水更清"行动计划。沿城区主要河道铺设截污管网，总投入约10亿元；打通了云龙湖、故黄河、郑集河补水线路，完成了故黄河与奎河、三八河、徐运新河、大龙湖水系的贯通，水体流动能力由原来20万m^3/天提高到50万m^3/天。丁楼、南望净水厂先后建成运行，市区补水实现了先净化再进城。实施了9个小流域综合治理水土保持工程，水土流失治理面积113km^2。九里湖建成全国最大的城市生态湿地公园，潘安湖成为中国最美乡村湿地品牌，金龙湖宕口公园成为自然生态资源保护与修复工程的典范。

十年来，徐州先后建成6处国家级、17处省级水利风景区，成为全省创建水利风景区最多地级市。积极组织"水美乡村"创建申报工作，经省水利厅组织专家评选批复，全市5个乡镇、55个村庄被列入省级"水美乡村"建设名单，创建数量苏北领先。

2.8 电力设施建设

徐州是江苏省传统的电力能源工业基地。"十二五"期间，徐州地区110kV及以下电网基建共投资110.79亿元。通过"十二五"规划项目的实施，110kV及以下变电容量由2011年的1368万kVA增长为2015年的2495万kVA，年均增长17.12%，110kV及以下线路长度由2011年的21331km增长为2015年的25947km，年均增长11.51%。徐州电网网络结构更加坚强、电网供电能力和安全可靠性进一步提高，为徐州地区经济发展提供了坚强的电力支撑。

2.8.1 "十二五"期间电源装机情况

2011~2015年全市220kV及以下电源装机总体增长幅度较小。220kV接入电源由于"上大压小"等原因负增长；110kV接入电源2014年负增长，2015年由于光伏、风电的高速增长，装机增长较快；35kV及以下装机年均增长10.75%，新增装机以综合利用及光伏发电为主。2010年以来光伏发电增长迅速，2010年装机2万kV、占比2.22%，2015年装机35.31万kV、占比6.50%，五年年均增长77.57%。2015年，徐州并网2家风电场，实现零的突破，装机容量9万千瓦，占比1.66%。

2.8.2 配电网建设特色

徐州把握电网发展方向和重点，抓住苏北电网补强战略机遇，深度契合地区经济社会发展实际，突出规划引领，集聚保障要素，走出了一流配电网建设的徐州特色之路。

一是系统集成，坚持"四个统一"。秉持"配电一张网"的管理理念，确立"统一规划设计、统一项目储备、统一建设标准、统一信息平台"的管理准则，科学统筹安排各口径项目，贯通建设、运维、业扩各环节，融合生产、营销、农电各专业，集中人力资源，集约化使用资金、物资。充分发挥规划设计的引领作用，形成"十二五"电网发展规划修订、2014~2016年配电网发展规划等一批规划成果；根据"标准引领、样板示范、分步实施、统筹协调、注重实效"的20字方针，制定了徐州地区一流配电网标准化设计模板,《徐州供电公司示范镇标准设计图集》《农配网项目设计管理流程》,做到全市一流配电网标准化设计的统一。适应新的生产方式,树立"以信息化平台为业务核心"的理念,开放、共享、整合、运用各业务信息系统,形成完备的数据链和业务环,整合信息平台数据流,实现城乡配网抢修"一体化"管理,使信息数据对业务工作产生有效正反馈,实现一流配电网的高效建设与管理。

二是精益管控,提升建设品质。遵循资产全寿命周期管理的理念,以保持配电网健康"质态"为管理核心,做精设备管理,做优运维策略,提升管理效率和效益。开展"营配调"一体化信息平台建设,试点推行"单线图、GIS图、网络图""三图合一",实现跨系统业务数据的源端唯一和融合共享,采用系统各项运行数据、指标等信息实时在线统一管控,营配服务资源统一调配,设备运维、故障抢修统筹指挥。做到抢修"零超时"、客户回访满意率达到100%。坚持建管并重,走科技创新之路,不断丰富配网运维手段,有效破解配网运维的各种难题。公司配电网自动化项目通过国网公司审批。建立覆盖城乡的一流配电网建设组织机构,加强对配电网建设与管理的安全、质量、进度、经济责任的指导、检查和监督;建立一流配电网指标对标体系,加强对标成果的分析与运用,实现各级公司、各部门间互促共进;根据配网业务类型,制订出配网业务人员的配置优化整合方案,确保人员结构合理,配备完整,完善"一专多能"、"一人多岗"激励机制,提高配网人员综合素质和工作效率。

三是统筹城乡,突出乡镇电网建设。徐州电网是国家电网"西电东送"、华东电网"北电南供"的重要枢纽。但随着国民经济的快速发展,全社会用电需求增长迅速,电网"两头薄弱"的矛盾日益凸显。建设更加安全可靠、经济高效的配电网,增强地区发展内生动力,让广大电力客户享受更加优质高效、智能互动的服务,是亟待解决的现实课题。

徐州122个乡镇供电所的服务区域,集中了全市人口的86.3%、用电客户数的81.6%、配变总容量的67.1%。改造前调查数据表明,有的村镇户均用电容量只有0.83kVA,个别镇10kV线路跨度竟达到90km,低电压、"卡脖子"问题时有发生,电压质量投诉率、10kV线路故障跳闸率居高不下。解决日益凸显的电网"两头薄弱"问题,保障电能在传输的"最后一km"畅通无阻,必须从农配网入手。2013年,徐州确立了建设一流配电网的"两步走"(2015年达到全省配电网同期平均水平;2018年达到省公司建成全国"一流配电网"目标)目标体系和以乡镇为单元的"255"(按照"20-50-50"步骤,2013年完成20个乡镇单元建设改造;2014年、2015年分别完成50个乡镇单元建设改造)建设策略,一次规划、分步建设、有序展开。在建设实践中,坚持因地制宜,综合考虑经济发展、负荷分布、增长空间等因素,试点先行,以点带面,选择丰县凤城镇和睢宁县李集镇作为试点镇,遵循一镇一统筹规划、一镇一统筹建设、一镇一统筹运维原则率先启动20个乡镇配电网建设改造工程(图2-15)。

经过电网建设改造、管理统筹升级后的

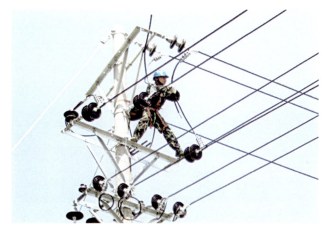

图2-15　勾画空中的五线谱

20个乡镇单元，各项指标数据均发生显著变化：农村综合变售电量同比增长26%，10kV线路跳闸次数同比下降70%，故障报修量同比下降67%，改造后乡镇基本实现"零投诉"。

2.9 供气设施建设

城市供气设施是城市基础设施的重要组成部分。多年来，徐州市加强与燃气供应企业合作，加快天然气置换工程与设施建设，积极开展老旧燃气管道改造工作，供气设施建设取得了可喜成绩。

2.9.1 燃气的管理经营

2004年，徐州市燃气总公司与香港中华煤气有限公司合资组建徐州港华燃气有限公司，取得了徐州市区管道燃气的特许经营权，原徐州市燃气总公司的液化石油气业务通过改制逐步推向市场。期间，市区其他单位液化石油气的经营也先后完成了改制工作，市区液化石油气全面实施市场化经营。2004~2006年徐州港华燃气有限公司经营的管道燃气以徐州市环宇焦化厂（改制后的原矿务局焦化厂）焦炉煤气为气源。2006年底，市区人工煤气用户约19万户，用气量约2400万m^3。

2.9.2 天然气置换工程与设施建设

2005年，随着中石油西气东输冀宁联络线在徐州的建成贯通，市区具备了实施利用天然气工程的条件。2006年底，《市政府关于天然气置换改造工程有关问题的会议纪要》（2006第30号）明确了在市区实施天然气置换的相关政策和要求。2007年开始，逐步开始实施天然气置换。2007~2010年市区同时供应人工煤气和天然气。2010年9月，天然气置换工作全部完成，共置换用户20余万户。自此，市区管道燃气彻底告别了人工煤气，全部使用高效清洁的天然气。

天然气置换完成后，市区管道燃气供气量以逐年超过20%的速度递增。至2015年，市区管道燃气用户发展至50万户，年供气量超过1.8亿m^3（图2-16）。

2007年6月，中油节能（徐州）环保能源有限公司在苏山头建成市区第一座加气子站。此后，中油节能（徐州）环保能源有限公司、华气新能源有限公司、中石化徐州分公司等先后在市区建成了

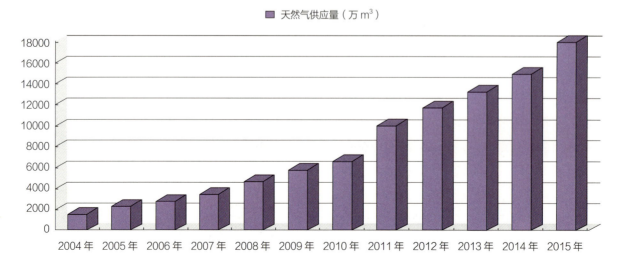

图2-16　2004~2015年徐州市天然气供应情况

10余座汽车加气子站。市区公交车辆、出租车辆的燃料逐步改用压缩天然气和液化天然气。

2008年底，华气新能源有限公司在经济开发区建成CNG（压缩天然气）加气母站1座；2009年10月，徐州港华燃气有限公司在经济开发区再建成CNG（压缩天然气）加气母站1座。两座加气母站均从西气东输徐州分输站接口，由西气东输冀宁联络线提供气源。加气母站向加气子站提供气源。

十余年来，徐州港华燃气公司建设了基本覆盖市区的环状燃气管网。其中，在经济开发区建成了天然气门站一座、CNG（压缩天然气）母站1座、高中压站3座，高压阀室1座，并对10万气柜进行了天然气适配改造。新建高压管网15.34km、中压管网300余公里、低压管网500余公里。

2011年11月建成LNG应急气源站一座。应急气源站设计储气能力为75万m^3，可调节供气量超过50万m^3，在冬季上游天然气供应紧张，出现限气、停气的情况下，能够有效地起到应急供气作用，保证了全市天然气的稳定、持续供应。

2014年7月，在十万气柜储配站内，建成应急抢险调度中心，该中心具备GIS（管网地理信息）系统管理、抢险调度、应急指挥中心的功能。配备有先进的IT系统、监控系统、资料查询系统和呼叫系统。

截至2015年底，徐州市区已建成高、中、压管线1200余公里，天然气门站1座，高中压调压站3座，应急气源储备站1座。配套居民用户约50万户，在用居民用户399403户，非居民用户（工商业）1071户。2015年天然气售气量1.8亿m^3，2016年气源指标2.2亿m^3。加气母站2座，分别为徐州港华公司和华气新能源公司经营。正在运营的加气子站11座，批准待建、在建的5座。2015年瓶装液化气总售气量4866万m^3。用户约10.8万户，液化气储罐场7座，已取得许可证的供应站点19个。2004~2014年度燃气地下管网建设情况，见图2-17。

2.9.3 老旧燃气管道改造

随着管道燃气的发展，市区部分燃气管道尤其是20世纪80年代建设的管道逐步老化，燃气泄漏事故时有发生，存在重大安全隐患。从2006年起，开始实施老旧管道的局部改造工作。至2015年底，改造主城区老旧管道600余公里，剩余老旧管道340km，计划两年内完成全部改造工作。

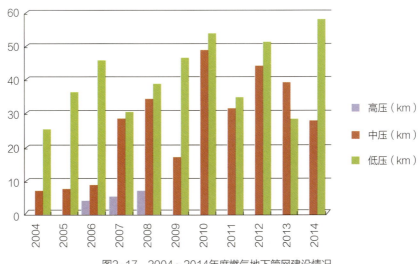

图2-17 2004~2014年度燃气地下管网建设情况

除了老旧管网，违法占压也是燃气运营的重要安全隐患。徐州市区违法占压燃气管道建筑物和构筑物数量一度高达600余处，为省辖市第一，被省政府列为重点督查单位。几年来，通过多方协调，大力拆除违法占压物，取得了重要成效。至2015年底尚剩余9处，计划2016年内全部拆除。

2.10 综合管廊建设

综合管廊，是地下城市管道综合走廊的简称，即在城市地下建造一个隧道空间，将电力、通讯、燃气、供热、给排水等各种工程管线集于一体，设有专门的检修口、吊装口和监测系统，实施统一规划、统一设计、统一建设和管理。综合管廊是保障城市运行的重要基础设施和"生命线"，可避免由于敷设和维修地下管线频繁挖掘道路而对交通和居民出行造成影响和干扰，保持路容完整和美观，有利于解决城市交通拥堵问题，方便电力、通信、燃气、供排水等市政设施的维护和检修，对满足民生基本需求和提高城市综合承载力发挥着重要作用。地下综合管廊作为城市建设现代化、科技化、集约化的标志之一，代表着城市公用管线敷设综合化、廊道化的发展新趋势。尽管综合管廊建设在国内起步较晚，但徐州新沂市建设的全国县级首家"地下综合管廊"，破解了"城市蜘蛛网"和"马路拉链"的全国性难题，实现了城市建设中公用设施的低成本与集约化建设目标。

2.10.1 综合管廊建设背景

综合管廊在发达国家已经存在一个多世纪，在系统日趋完善的同时，其规模也有越来越大的趋势。国务院高度重视推进城市地下综合管廊建设，2013年以来先后印发了《国务院关于加强城市基础设施建设的意见》、《国务院办公厅关于加强城市地下管线建设管理的指导意见》，部署开展城市地下综合管廊建设试点工作。2015年1月份，住建部等五部门联合发出通知，要求在全国范围内开展地下管线普查，此后决定开展中央财政支持地下综合管廊试点工作，并对试点城市给予专项资金补助。

2.10.2 综合管廊规划与建设试点

为进一步落实《省政府办公厅关于推进城市地下综合管廊建设的实施意见》（苏政办发〔2016〕45号）精神，徐州市规划局根据市政府安排，委托设计单位开展《徐州市中心城区市政综合管廊专项规划》的编制工作。规划重点为正在启动建设的淮海生态城范围，结合规划新建的道路建设，同步规划建设综合管廊。

徐州市2015年底启动了新淮海西路市政综合管廊试点工程，该管廊长约3km，入廊管线包括给水、燃气、热力、电力、通信五类，同步预留再生水、天然气管道空间，全线管廊为三舱（综合舱、热力舱、燃气舱）和双舱（综合舱、燃气舱）两段。新淮海西路地下综合管廊建设正在与新淮海西路道路施工同步建设中，预计在2016年年底将完成综合管廊主体工程建设和道路路基工程。根据计划安排，2017年拟计划在大彭路、经四路局部路段和杏山子大道建设综合管廊，并与正在建设的新淮海西路综合管廊相衔接。

2.10.3 新沂市地下综合管廊建设

2011年9月，徐州下辖新沂市紧紧围绕当前城市管线通病和"马路拉链"问题，积极落实国家住建部的技术推广政策，充分运用市场化手段，在轻工路、徐海路地下开工建设综合管廊，其中轻工路地下综合管廊工程是省内此类工程中体量最大的项目，同时也是苏北地区首座综合管廊（图2-18）。工程北起徐海路，南至323省道，全长5.5km，箱体高3m、宽4m，钢筋混凝土现浇结构，管廊内同时容纳消防水管、给水管、电力电缆、电信电缆及DN300预留管等管线，还配置了通风、照明等管廊控制系统，出现故障可及时准确定位，小型检修车也可直接进入检修，方便快速，可以有效治疗"马路拉链"顽疾，避免城市发展中市政建设到处"开膛破肚"。与此同时，管廊还可作为人防紧急避难场所，为城市的发展预留了宝贵的地下空间。目前已与国防光缆管理部门达成了协议，将于近期正式入廊，其余强弱电管线将陆续进入。

图2-18 新沂市地下综合管廊工程

3 大力实施棚户区改造工程

改造棚户区（城中村）是徐州历史上规模最大的保障房建设工程，是一项重大的民心和民生工程。该工程不仅有助于改善棚户区居民的居住条件和生活环境，也是城市价值再造、完善住房保障体系、促进社会和谐、振兴徐州老工业基地的重要举措。2008年以来，徐州市委、市政府牢牢抓住振兴徐州老工业基地的重大机遇，以棚户区改造为抓手，大力改善民生民计，实现了"城市功能由弱变强、生态环境由灰变绿、人民生活由安居到宜居"的重大转变。

3.1 棚户区改造的启动

徐州是全国重要的交通枢纽和江苏传统的老工业基地。20世纪50年代到80年代初，国家在徐州布点建设铁路、煤炭、机械、化工、建材、纺织、冶金等工业基地，先后发展企业近千家。为方便生产生活，各企业建成了一大批以平房和简易楼为主体的职工住宅。但由于当时房屋设计标准低，且年久失修，各职工住宅区后来大多成为生活环境脏乱差的棚户区。特别是作为煤矿开采已有近百年历史的全省唯一煤炭资源型城市，在城市周边地区及各矿区更是建设了大批的矿工住宅，并由此衍生出大片的棚户区。徐州抓住省委、省政府加快振兴徐州老工业基地的重大机遇，对"积极推进棚户区改造任务"进行分解，并正式启动了"徐州市棚户区改造"这一重大工程。

3.1.1 省委省政府的政策支持

江苏省委、省政府高度重视徐州老工业基地的发展振兴，帮助徐州积极推动棚户区改造工程。2008年11月19日，江苏省政府发布了《中共江苏省委、江苏省人民政府关于加快振兴徐州老工业基地的意见》。文件深入分析了加快振兴徐州老工业基地的重要意义，明确了总体要求、主要任务和政策措施，其中特别强调提出"帮助徐州积极推进棚户区改造"，要求把棚户区改造作为改善老工业基地民生的首要任务，按照"立足于早解决、集中资金和力量加快解决"的思路，对全市307万m²建筑面积的棚户区改造，研究制定实施方案和工作计划，加大推进力度，尽快启动实施。文件还要求落实棚户区改造的各项优惠政策，免收省、市、县政府设立的规费和政府性基金，并对确需调剂用地指标的，省里将给予适当支持。对徐矿集团等涉煤企业150万m²的棚户区改造，省财政给予适当补助，力争两年内基本完成。

同年12月19日，江苏省政府办公厅印发《关于贯彻落实加快振兴徐州老工业基地意见实施方案的通知》。通知明确了加快振兴徐州老工业基地的主要任务、政策措施和工作部署，其中对"帮助徐州积极推进棚户区改造"提出具体要求：第一，制定棚户区改造实施方案并加快组织推进。牵头单位为徐州市人民政府、省建设厅、徐矿集团，责任单位为省财政厅与国土资源厅。第二，对徐矿集团等涉煤企业150万m²的棚户区改造，省财政按200元/m²标准，给予3亿元补助，力争两年完成改造任务。

3.1.2 徐州的工作目标与实施方案

徐州市委、市政府积极响应省政府文件要求，于2008年11月21日印发了《振兴徐州老工业基地目标任务分解方案》。文件明确提出，振兴徐州老工业基地是一项复杂的系统工程，全市上下要坚持以科学发展观为指导，紧紧抓住省委、省政府加快振兴徐州老工业基地的重大机遇，解放思想，抢抓机遇，开拓创新，真抓实干。文件对"徐州市积极推进棚户区改造任务"进行进一步分解：第一，把棚户区改造作为改善老工业基地民生的首要任务，对307万m²建筑面积的棚户区改造，研究制定实施方案和工作计划，加大推进力度，尽快启动实施。第二，落实棚户区改造的各项优惠政策，免收省、市、县政府设立的规费和政府性基金，确需调剂用地指标的，请求省有关部门给予适当支持。第三，对徐矿集团等涉煤企业150万m²的棚户区改造，省财政给予适当补助，力争两年内基本完成。2009年2月13日，徐州市人民政府办公室印发《徐州市棚户区改造实施方案》，正式启动了"徐州市棚户区改造"这一重大工程。

实施方案明确了棚户区改造必须坚持"政府主导、市场运作、市区联动、上下结合、突出重点、成片改造、统一规划、综合配套、封闭运作、政策扶持、以人为本，妥善安置"的原则，提出了2010年底前基本完成全市307万m²棚户区拆迁任务，以及利用三年时间完成400万m²左右的棚户区改造安置房建设任务的总体目标。实施方案对全市307.91万m²棚户区拆迁改造计划进行了详尽分解。其中，徐矿集团58.31万m²，市区（含贾汪区）249.6万m²。五个辖区中，鼓楼区拆迁69.75万m²，云龙区拆迁31.68万m²，泉山区拆迁85.78万m²，九里区拆迁23万m²，贾汪区拆迁39.39万m²。2009年5月4日，徐州市人民政府办公室印发关于《棚户区改造拆迁补偿款购买商品住房给予补贴的实施细则（试行）》与《棚户区改造拆迁安置定销房建设项目规费减免实施细则（试行）》等两个配套实施细则。小朱庄改造前后对比，见图3-1、图3-2。

图3-1 改造前的小朱庄棚户区

图3-2 改造后的小朱庄安置房小区

3.2 棚户区改造的历程

徐州棚户区及改造表现为四个突出特点：一是房屋破损严重；二是基础设施条件极差；三是职工支付能力低；四是商业化运作难度大。这些棚户区年深日久，长期得不到改造，严重影响了居民的生产生活和城市形象。针对这些特点，徐州市委、市政府明确工作目标，积极推进工作，在棚户区改造工程初战告捷后自加压力，再接再厉，抢抓机遇，啃硬破难再攻关，获得广泛赞誉。

3.2.1 初战告捷，民生工程获赞誉

为认真贯彻落实省委、省政府要求徐州用3年时间完成对307万m^2建筑面积的棚户区改造任务的工作部署，徐州市委、市政府全面开展调查摸底，研究出台相关政策，并提出"三年任务两年完成"的工作目标，并把2008~2010年作为工作的第一阶段。自2009年初正式启动棚户区改造动迁项目，截至2010年年底，市区累计实施棚户区改造项目55个，建设和购买定销安置房400多万m^2，使6万余户棚户区居民搬进了生活条件得到极大改善的新居。徐州的棚户区改造在深受广大老百姓拥护的同时，也得到了中央、省有关领导的充分肯定，《大公报》、《中国建设报》等主流媒体先后对徐州的棚改经验进行了专题报道。

2009年2月21日至22日，时任中共中央政治局常委、国务院副总理李克强在江苏省委书记梁保华、省长罗志军等陪同下，专程来到徐州矿业集团新河矿，着重就经济运行和重点民生问题进行调研考察，并看望慰问棚户区居民（图3-3）。

2009年10月17日，时任江苏省委书记梁保华在徐州调研考察，希望徐州市坚定不移地走科学发展之路，落实好省委、省政府一系列政策措施，抓住机遇，加快推进产业转型、棚户区改造和煤矿塌陷地治理，大力培育新的经济增长点，着力改善民生，努力实现经济社会又好又快发展。

2010年3月18日至20日，时任江苏省省长罗志军在徐州调研考察（图3-4），指出棚户区改造既能解决矿工住房困难，也有利于城市协调发展，要抓住政策机遇，因势利导，加快解决遗留问题，大规模推进改造工程，把这件顺民意、得民心、惠民生的实事工程组织实施好；要加快完善商业、学校、医疗等配套设施，做好小区的景观和环境，更好地方便矿工生活，促进矿工就业。他强调要统筹经济社会发展，更大力度地保障和改善民生，扎实推进就业、新农保、新农合等各项工作，不断提高人民群众的生活水平。

图3-3 李克强同志在徐矿集团新河矿棚户区调研

图3-4 罗志军同志考察徐州棚户区改造安置房建设情况

2010年6月10日,《国际日报》印尼版和美国版刊出《徐州日报》与《国际日报》合作编发的第151期"魅力徐州"特刊,以专版的形式重点报道了徐州大手笔大力度改造棚户区情况,"头号民生工程"彰显了古城徐州的民生情怀。同年6月21日至24日,香港《大公报》连续4天推出徐州棚户区改造系列报道,并称徐州棚户区改造是"尊重民意实施的头号民生工程,人性化拆迁赢得群众广泛赞誉,让利于民实现居者有其屋,政府主导市场运作破解筹资难题"。

2010年9月25日,新华社内参《国内动态清样》刊发了《徐州棚户区改造实现动迁11万人无震荡》一文。时任中共中央政治局常委、国务院副总理李克强同志批示:"地方创新棚改模式,既改善群众居住条件,而且注意取得多重效益,要继续总结可推广的新鲜经验,并请住房和城乡建设部进行有关方面研究,在资金保障方面加大多渠道支持力度。"

3.2.2 自加压力,再接再厉上台阶

2011年国务院出台了《国有土地上房屋征收与补偿条例》。该条例全面规范了土地征用、房屋拆迁的活动和行为,体现了更加重视和尊重被拆迁人合法权益的保障和救济,明确了征收补偿的目的和性质。为落实新的政策,2011～2012年,徐州根据城市建设规划和棚户区的实际情况,坚持尊重民意、量力而行的原则,继续实施棚户改造工作,启动了棚户区改造二期工程。2011年和2012年市主城区分别完成91万m^2、151万m^2的棚户区改造任务,使群众居住条件、城市环境面貌得到进一步改善。

2011年8月31日至9月1日,时任江苏省省长李学勇在徐州调研考察时指出,经过近年来的努力,徐州老工业基地振兴已经走出了一条适合自身特点的发展之路,为"十二五"更好更大发展奠定了重要基础。要继续坚持新型工业化、新型城市化和农业现代化"三化"同步,更大力度地推进转型发展,不断提升发展质量和水平,努力构筑新的发展优势。他认为,过去徐州留给人们的城市形象是灰蒙蒙的,现在徐州的蓝天越来越多。过去是低矮破旧的棚户区,现在是生态宜居的居民新区,徐州市近年来大规模推进棚户区改造和保障性安居工程建设,改善了部分困难群众的居住条件。

3.2.3 抢抓机遇,啃硬破难再攻关

2013年以来,徐州市抢抓机遇全力以赴启动了第三期棚改工程。

2013年2月3日,时任中共中央政治局常委、国务院副总理李克强在内蒙古自治区包头市北梁棚户区居委会主持召开棚改现场会。他指出,近几年全国已改造各类棚户区1200多万户,几千万群众生活条件发生根本性变化,棚改走出了一条比较有效的路子。但目前城镇仍有1000多万户群众住在集中连片棚户区,加上没有上下水等居住条件的小片棚户区和危旧房,居民超过1亿人。棚改剩下的都是"硬骨头"。各地既要有决心,又要有韧劲,进一步摸清底数,排出时间表,准备启动第二轮棚改攻坚战,有条件的地区要把小片棚户区和危旧房也统筹纳入改造范围。棚改是城镇化绕不过去的一道坎,是破解城市内部二元结构的关键举措。不能一边是高楼大厦,一边是低矮的棚户区。这种二元结构不消除,城镇化的质量就无从谈起。城镇化的核心是人。对棚户区百姓来讲,棚改是天大的事,政府就要顺民意,办实办好这件事,使群众从"忧居"到"宜居"。棚改既是民生工程又是发展工程,可以带来很大内需,也有利于调节收入分配,起到牵一发而动全身的多重作用。

2013年7月4日,国务院下发《国务院关于加快棚户区改造工作的意见》(国发〔2013〕25号),

文件指出棚户区改造是重大的民生工程和发展工程。

徐州市委、市政府严格按照《国务院关于加快棚户区改造工作的意见》（国发〔2013〕25号）、《省政府关于加快棚户区（危旧房）改造工作实施意见》（苏政发〔2013〕108号）、《关于进一步加强棚户区改造工作的通知》（国办发〔2014〕36号）等文件要求，切实做好棚改这一"头号民生工程"。2013年完成了棚户区改造征迁面积703万m^2；2014年完成棚户区改造征迁面积770万m^2；2015年实施棚户区改造852万m^2。棚户区（危旧房）的改造建设，改善了广大困难群众的住房条件，拉动了投资和消费需求，缓解了城市内部二元矛盾，提升了城市综合承载能力，发挥了助推经济发展和民生改善的多重效应。

2016年4月，时任江苏省委书记罗志军视察徐州市七里沟棚户区改造安置房项目新泉佳苑小区（图3-5），看到小区不仅环境优美，而且社区服务、超市、学校等配套齐全，高兴地指出，实施棚户区改造，不仅带来城市面貌的直观改善，更重要的是凝聚了民心，让老百姓对生活更充满信心，对发展更添新的希望，要咬住目标把棚户区改造任务一片一片、一件一件办下去。

图3-5　2016年4月罗志军同志视察徐州棚户区改造安置房小区建设

3.3 棚户区改造的创新

徐州在棚户区改造中积极创新、大胆实践，探索建立了一套较为完善的领导体制和工作机制，在全省乃至全国树立了典型，创造了棚户区改造的徐州模式。

3.3.1 强化组织领导，完善工作机制

一是建立组织领导体制。成立了以市长为组长、市政府分管领导为副组长的棚改工作领导小组，由市政府副秘书长任棚改办主任，统一领导、指挥全市的棚改工作。市棚改办具体负责全市棚改的组织、推进、综合协调、督办宣传等日常工作。各区也成立了相应的工作机构，各负其责，积极推进。

二是完善项目运作机制。实行"政府主导、市场运作、整体平衡"的运作模式，采取统一规划、连片开发、综合配套、统筹安置的方式，推进全市棚改工作。同时，建立"上级补贴、银行信贷、政策减免、社会投资、土地运作"等"五位一体"的资金筹集机制，为棚户区改造提供资金保障。在土地运作方面，按照"净地出让、封闭运作、梯次安置、整体平衡"的原则，合理利用土地综合收益，不局限于"一地"的盈亏，将所有棚改地块统筹运作，综合平衡；不局限于"一时"的盈亏，追求短期少亏，长期平衡。与此同时，积极鼓励社会力量参与棚户区改造，通过招商引资、土地一二级联动开发等市场化方式吸引社会资本运作棚改项目。棚改工作启动以来，共投入棚改资金584亿元。其中，政府平台公司通过国开行贷款、发行私募债、企业债等方式累计取得融资授信约520亿元，融资到账425亿元；市财政投入资金15亿元；社会资本投入棚改资金约144亿元。

三是健全工作决策机制。在计划编制方面，紧紧围绕保障重大项目、重点工程和群众期盼，在

各区广泛征求民意、调查摸底的基础上，汇总梳理、调研筛选、对接认证，形成初步计划后，经分管市长、秘书长组织多轮讨论后，报市委市政府研究决定，确保棚改计划的科学性、合理性、针对性。在项目实施方面，认真制定棚改项目补偿安置方案，经反复论证，上报市政府审定后实施。同时，根据被拆迁居民的意愿，将货币安置与实物安置相结合，采取了"就地、就近、异地定销房安置，团购商品房安置，货币补偿安置"等方式，保证项目按时、顺利推进。

四是规范运行机制。通过规范征收程序和征收行为，确保棚改工作依法有序推进。（1）严格执行风险评估制度。项目启动前，对补偿安置方案、群众接受度等影响社会稳定的风险进行科学评估和严格审查，满意率达到90%以上方可启动实施。（2）严格履行公示、公布制度。全面推行房屋征收全过程公开和信息公开，主动接受群众监督，维护征收补偿的公开、公正、公平。（3）开辟投诉举报通道。组建棚改投诉救助受理中心，公布举报电话，听取群众诉求，解决群众问题。（4）设立监督制度。项目实施方案由部门会审、政府审批，纪检监察和审计人员全程跟踪督查、审计，确保政策落实到位，群众利益不受损害。

五是实施政策保障机制。通过市场化评估并适当向被征收人倾斜的方式确定补偿和安置价格，使房屋补偿价格略高于周边同类二手房价，安置房价格低于同地段商品房价格15%~20%。对于选择货币补偿的，在其房屋评估价的基础上再给予10%的补贴。同时，为了最大限度地满足不同层面棚改居民的安置需求，采取了"三项特殊政策"：对棚户区拆迁中符合经济适用房条件的直接安排经济适用房；对双特困户和符合廉租房条件的采取廉租房安置；对经济困难、补不起差价的建立了棚改慈善救助机制，实行共有产权安置。目前已妥善安置困难户265户、投入慈善救助基金4200万元。

六是推行多元安置机制。根据房地产市场变化和群众需求的多样化，适时调整安置政策。为充分尊重棚改居民的实物安置权利，2009年以来，徐州多渠道筹集定销房约818万m^2。其中，自建定销房约350万m^2；回购定销房约322万m^2；团购社会商品房约146万m^2。妥善地解决了棚改居民的安置问题，也有效缓解了棚改的资金压力。2014年以来，随着房地产市场去存压力的增大，根据中央和省关于加快推进棚改货币化安置的新精神，徐州适时调整了棚改拆迁安置政策，通过下发文件、发动舆论宣传、加大动员引导等多种方式，鼓励棚改居民选择货币补偿。目前，徐州棚改居民选择货币补偿安置比例由原来的20%提高到65%以上（高于省政府下达货币化安置不低于50%的比例）。

七是强化督查考核机制。将棚户区和城中村改造纳入市委常委会工作要点、政府工作报告主要目标任务、"三重一大"和"科学发展"体系进行考核，并建立绩效问责和考核奖惩机制，对轨道交通、三环路高架等徐州重大工程涉及的棚改项目，采取定期调度、现场督办等方式加快推进，及时协调问题，跟踪督办解决，一抓到底，保障了棚改工作的顺利实施。

3.3.2 坚持以人为本，创新工作思路

在徐州棚改的整个历程中，工作创新始终如影随形、贯穿始终。

一是创新人本理念，打造民生实事工程。徐州市委、市政府不仅把棚户区改造视为党和政府对困难群体的关爱，而且将其作为历史的欠账去偿还。清晰的"欠账"和"还账"理念，凝成了党委、政府肩头的责任担当，激发了强大的工作动力，使得徐州的棚改工作有了非比寻常的力度和速度。市委、市政府明确要求：拆迁要补偿合理、让利于民，要拆得了、拆得好、拆得稳，把安置房建成房屋质量高、面积分配合理、配套设施齐全的放心房、温暖房，切实改变以往拆迁安置房"面积较

小、户型较差、配套设施不全"的状况，真正把棚改这一民生实事工程作为党委、政府对广大产业工人、困难群众的实物和情感补偿。

二是创新体制机制，筑牢棚改实施基础。棚改土地出让收益封闭运作，拆迁地块招、拍、挂收益全部用于棚户区改造；免收省、市政府设立的规费和政府性基金；定销房建设涉及的税收地方留成部分全额返还给投资主体；安置房配建的物业管理公共经营性用房经营收入专项补贴小区物管费用及专项维修费用；对棚改配套基础设施列入当年重点工程计划，优先实施；审批项目和审批时限大幅缩减，项目建设审批事项由60项压缩为15项，时限由136个工作日缩短至48个，大大提高了工作效率，减少了过渡成本，缩短了上房周期。

三是创新补偿安置，凸显棚改普惠于民。棚改安置工作的突出特点就是最大限度地让利于民。（1）提高拆迁价——旧房的拆迁补偿价格略高于周边同类二手房的价格，并按市场变化适时上调；（2）规范安置价——定向安置房价低于同地段商品房价格15%左右；（3）能就地安置的就地安置，就近异地安置的，坚持"梯次转移"实行一类地块到二类、二类到三类的类推法，不搞大跨度转移，尽量做到距原址两三公里之内；（4）充分考虑被安置居民交通、就学、就医、购物、休闲等生产、生活的便利；（5）实物安置与货币安置相结合，对选择货币安置的住户，增加10%的拆迁补贴；（6）开通安置"直通车"，符合经适房、廉租房政策的，直接安置到经适房、廉租房；（7）对不符合经适房和廉租房条件、生活又比较困难、无法获得完全产权的受助对象，由其与市慈善总会共同出资共有产权，并按期缴纳市慈善总会产权部分的低廉租金，5~10年内可以申请购买剩余产权。转让时，若该地区房价已经上涨，仍维持最初价格，若市场价低于原价，则以市场价转让，最大程度保护受助对象利益。2014年以来，随着房地产市场去存压力的增大，根据中央和省关于加快推进棚改货币化安置的新精神，徐州适时调整了棚改拆迁安置政策，通过政府直购、邀请购买、意向购买、自由购买四种方式鼓励棚改居民选择货币补偿后购买普通商品房安置。目前，徐州棚改居民选择货币补偿安置比例由原来的20%提高到70%以上（高于省政府下达货币化安置比例不低于50%比例）。

四是创新风险评估，维护社会和谐稳定。制定实施房屋拆迁风险评估审查制度，动迁前先对群众接受度、项目合法性、补偿安置方案、项目资金、拆迁安全、社会稳定风险等进行科学评估和严格审查。在充分调研论证的基础上，由项目评估小组依据一般风险、较大风险、重大风险标准，分别作出可以实施、暂缓实施、调整方案等评估结论。对准予实施的项目实行跟踪调度，密切关注维稳措施落实，对出现的涉稳问题，及时采取措施调控风险，化解矛盾。对未能通过风险评估的项目，积极查找工作中的漏洞，根据群众意愿，周密细致地调整方案，有针对性地解决问题，更好更快地推进棚改工作。这一做法在全省政法系统得到推广。

五是创新运作模式，实现健康持续发展。开创"政府主导、市场运作、社会参与"新模式。徐州棚改坚持的是"以人为本"的政府主导，即实现棚改的社会效益最大化，切实做到让百姓得实惠。补偿安置政策让利于民，做到统一规划，统一补偿政策，统一安置方式，统一救助标准，不让任何一个被拆迁人住不上房。市场运作，是政府主导下的市场运作，充分用活国家对棚改的倾斜政策，成立专门的投融资主体——新盛公司，负责全市棚改所需资金的筹集、使用与管理，按照市场机制，自负盈亏，并做到了借得来钱，花得好钱，还得起钱，最大限度地减少了政府财政的直接补贴，有力支撑着全市棚改工作健康、持续地进行。社会参与，即主动寻求社会各界对棚改的关注和支持，进一步拓宽棚改的资金渠道。采取BT方式、企业参与投资、社会资助救助等多种方式，调动了社会各界力量参与棚改。徐州市委还组织开展了"四套班子看棚改"、"百名局长看棚改"、"媒眼看棚改"、"代表委员看棚改"等活动，为棚改工作顺利进行奠定了坚实的社会基础。

六是创新拆迁制度，确保公开公正公平。在棚改中，徐州坚持阳光拆迁、依法拆迁、有情拆迁，创新实施"三项制度"。（1）公示制度。在各类媒体上发布公告，设立公示栏，将拆迁政策法规、相关文件、补偿标准、安置房源、拆迁单位、评估机构等内容进行公示，主动接受群众监督。（2）投诉制度。组建棚改投诉救助受理中心，努力做到畅通投诉渠道，认真听取群众诉求，妥善解决群众问题。每个项目现场均公布举报电话，并设立信访接待处，由建设、信访、公安等部门组成接待组，认真受理投诉，及时化解矛盾。（3）监督制度。项目实施方案，组织部门会审，联合审批，纪检监察和审计人员全过程跟踪督查、审计，确保拆迁安置政策落实到位，群众利益不受损害，切实做到了拆得了、拆得好、拆得稳。

3.4 棚改定销商品房的建设

自2009年初启动棚改工作以来，徐州市始终坚持"改善民生、以人为本"的理念和"经济效益服从社会效益、土地收益让位百姓利益"的原则，多渠道筹集定销房源用于征迁居民安置，截至2015年底，已筹集湖西雅苑、新泉佳苑、枫情水岸、下洪尚景园等定销房源约818万m^2。其中，自建定销房约350万m^2；回购定销房约322万m^2；团购社会商品房约146万m^2。使被征迁老百姓从臭水横溢、交通不便、破败不堪的棚户区，搬迁到配套齐全、生活便利、环境优美的小区中，极大改善了老百姓的生活水平和环境。在改变棚户区脏、乱、差形象的同时，美化了城市环境，提升了城市面貌，为徐州城市建设腾挪出大片空间。

3.4.1 高标准设计建设棚户区改造安置房小区

在定销房选址过程中，始终坚持定销房建设先行，在规划和供地上优先保障，其他招商引资、商业开发等项目一律为定销房项目让路，确保拆迁居民得到及时安置。在定销房建设工作中，始终坚持高标准、高质量、高要求，严格按照商品房的标准进行设计，在空间布局、功能配套、内外装饰、景观绿化等方面一步到位，融入现代化居民小区的设计理念，坚决避免今天的定销房成为明天的"棚户区"。切实做到"三个高标准"：坚持高标准设计。选择全国一流的设计单位，严格按照商品房的标准进行设计，融入现代化居民小区的设计理念，在空间布局、功能配套、内外装饰、景观绿化等方面做到一步到位。充分考虑棚户区拆迁居民的生活习惯和实际需要，推出多种经典户型供老百姓选择。坚持高标准建设。引入高水平建设单位参与定销房建设，加强对定销房工程质量的管理，将建设风格与周边环境、建筑相融合，在加强工程质量管理，切实提高项目建设水准的同时，切实控制好楼房外立面色彩，小区内高层建筑3层以下使用石材干挂，进一步提升了建筑的质量和档次；对1至3层楼房的房屋阳台和窗户要求统一安装内置式防盗栏，在保障住户安全的同时，确保楼房外观整洁美观；安置房统一预留好位置安装太阳能设施，确保太阳能设施安置整齐划一，不造成视觉污染。切实把每一处定销房都建设成为广大群众满意、经得起历史检验的精品工程。坚持高标准配套。新建的定销安置房小区配套实施了道路、排水、供热等基础设施建设，规划建设了一批休闲服务设施和景观绿地工程,同步完善了物业管理、社区服务、学校、超市等配套设施,确保新建安置房环境优美、功能完备,努力打造宜居、乐居的生活环境。

3.4.2 打造棚户区改造安置房精品工程

棚户区改造、安置房建设与广大居民最直接、最现实的利益相关,是一项重要的民生工程、民心工程和责任工程,也是改善市民生产、生活条件的重要载体。让人民群众实现从"住有所居"到"住有宜居",就必须提高安置房的建设标准,打造安置房精品工程。

1. 云龙工业园定销房

云龙工业园定销房项目位于云龙区民富路以南,汉源大道以西,经二路以东,纬三路以北(图3-6)。项目总用地面积为253233m², 容积率2.7,规划总建筑面积约77万m²,可安置约6500户。2014年12月份开工建设的云龙工业园定销房设计紧紧围绕打造新时代最佳人居典范与森林社区主题,充分关注人的需求,将经典的建筑形式与环境完美结合,缔造高品质的居住环境。同时,项目充分利用土地、挖掘土地潜力、有效配制资源,做好住宅开发。

在总体布局上,G和I地块北侧为24层高层住宅,其余为18层住宅,配套商业为2层,局部3层,在G和I地块设置了会所社区服务用房,另外在公园的东侧与南侧设置了沿街商业中心,在此布局中小高层起到了很好的围合空间的作用,形成良好的城市空间形态。在空间上,从公共的入口会所到半开放的组团空间再到私人庭院形成空间序列。在入口大堂会所为小区住户提供各类公共活动设施,增强小区气氛及加强邻里交流;步移景异的花园式居住空间,使居民感受高尚、优雅的生活情趣。

C地块小区沿纬三路北侧设置主要出入口,E地块沿用地东侧规划道路设置主要出入口,C、E地块保证消防环通。G地块主要出入口设置在民富南侧,在用地东侧设置次要出入口,与风情商业街小广场设置人行出入口。I地块主要出入口设置在民富路南侧,次要出入口设置在用地西侧规划道路上。车辆进入小区后在入口附近即能将车停入地下车库,保证了小区内全景观做法,提升小区空气质量及绿化品质。尽量增加绿化面积,并以环绕景观绿带,组团庭院绿化,宅前庭园构成由公共到私密的景观系统,达到人工与自然和谐共融的风景,营造住区可识别的个性特征。

图3-6 云龙工业园定销房鸟瞰图

小区内建筑在立面处理上借鉴了折衷主义建筑的手法，用不同的材质组合与色彩对比，端庄、优雅、精致，形成了以体块简洁、色彩明快、注重细部处理与材质对比的鲜明特征。

2. 新泉佳苑定销房

新泉佳苑定销房位于徐州市泉山区迎宾大道西、奎河东岸。东侧是梨园小区，西侧为三官庙村及奎河，南侧为规划道路，路南是铁路林场，东南方向为阳光花园小区，北侧为新世纪仓储物流中心（图3-7）。本项目靠近城市干道，人流、物流通畅，交通便捷。总用地10.57万m^2，总建筑面积19.77万m^2，总户数2164户。已于2014年1月份交付使用的新泉佳苑安置房被评为省康居示范工程。

图3-7 新泉佳苑定销房实景

项目设计秉承"以人为本"的理念，迎合贴近都市生活情趣，处处考虑居民生活特点，为居住者提供方便生活、交往、休闲的生活社区。设计突出外部空间及环境的整体设计及安排，空间及景观序列丰富生活，错落有致，体现景观空间的层次性，建立动态景观和静态景观相结合的立面景观层次。小区内道路系统结构架清晰，道路通达顺畅，区内车行、人行、自行车的流线组织合理。小区内有幼儿园、居民文化活动站、卫生站、银行、邮局、沿街商铺半地下停车场等配套服务设施。

建筑立面设计上糅合现代主流风格住宅设计手法及材料，在立面及形体造型上力求创造一种简洁明快又不失特色的住宅形象，并充分考虑营造温馨浓郁的生活情趣氛围。

小区景观结构为"一个核心景观区、两条景观主轴线、五个重要景观节点"构成。布置均匀合理，做到景观的均好性和重点突出、主次分明。景观设计采用简约和现代休闲情趣相互结合的方式，用中国传统的造园手法营造多变的空间，强调小中见大、曲折迂回。软景部分乔木、灌木、地皮多层次、多角度的合理搭配，营造开合变化的流动空间。硬景部分强调精致的做工、和谐的比例和宜人的尺度，打造了和谐舒适的居住空间。

3. 和风雅致定销房

和风雅致项目位于鼓楼区境内，中山北路东侧，祥和路北侧，徐运新河西侧，奔腾大道南侧，规划总用地面积约10.32万m^2（图3-8）。地上建筑面积226700m^2，地下建筑面积2060m^2。项目建有24栋住宅楼，其中7栋多层、12栋小高层、5栋高层，可安置2317户。另有1栋幼儿园，周围沿街为商业区。已于2013年交付使用的和风雅致项目被评为省康居示范工程。

图3-8　和风雅致定销房实景

项目规划设计主要考虑"人与自然"之间的和谐关系，以生态环境优先为原则，充分体现对人的关怀，大处着眼，整体设计。注重了与周边环境的协调统一。在内部环境中强调生活、文化、景观间的连接，达到美化环境、方便生活之目的。

项目的总体框架结构为："一心、一环、两轴、三组团"。一心是指小区的公共绿化景观中心，位于小区的中心位置，两条景观轴线的交汇处。一环是小区内部的环形道路，规整的环路更能节约空间，最大限度的方便居民的使用。两轴是南北景观轴线和东西景观轴线，三组团是被绿化景观轴线分割形成的南北三个居住组团。高层住宅主要布置在地块中部，同时沿奔腾大道、中山北路和徐运新河布置，丰富了沿路和沿河的天际轮廓线，同时也呼应鼓楼区重点打造中山北路街道景观的设想。多层住宅位于小区南侧，使小区错落有致，形成良好的空间景观效果。沿中山北路、祥和路和徐运新河西路布置沿街商业，方便小区居民的日常生活。幼儿园结合中心绿地布置，同时靠近东部入口，让儿童有一个比较安全的游乐空间及安静的休憩空间。

景观设计秉承"大气、简远、清新、雅致"的设计理念，充分利用现有自然环境，强调自然环境利用的最大化，在利用的基础上提升环境的品质，创造社区高品位文化，力图形成社区独特文化主题和生活方式，注重功能与内涵，公共空间考虑面向更广泛的使用人群，形成社区的品牌和标志，注重景观的三维空间效果及与建筑的结合，注重生态的可持续性。

4．泽惠家园安置房

泽惠家园项目位于徐州鼓楼区北部，南临规划路，东临殷庄路，西抵祥云路，北邻规划社区中心，区位优势明显（图3-9）。目前项目西侧为新建居住社区，北面为规划社区中心用地，南部为现状居住用地，东部为现状工业用地。规划总用地5.52公顷，容积率1.8，总建筑面积11.7万m^2，户数1280户。

项目规划设计突出"以人为本"的核心理念，注意处理好环境——住宅建设——人的关系。把居民对居住环境、居住类型等方面的需求作为规划设计要点，做到兼具优美的居住环境和完善的配套设施。项目充分利用周边的自然资源和人文资源，结合休闲绿地、高品位景观，使住区和城市有机结合，从而使整个住区品位进一步的提升，使其更富独特个性，创造了一个布局合理、功能齐备、交通便捷、环境优美的现代住区。

住宅设计充分考虑到各种不同的居住要求，设计出多户型住宅，以满足不同的居住需求。在有限的条件下，考虑人车分流，将人车混行的不安全因素降到最低。小区按照空间的不同属性和人的行为逻辑规律，将小区用地分成不同的空间序列，并通过组团、院落、单元入口的标志性景观进一步加强空间领域感和归属感，从而提高居住环境的安全性。

　　根据项目的特点和规划要求，总体布局在满足红线退界和日照要求的前提下，从整体用地的分析入手，将自然要素、功能区块、生活轨迹、视线景观等纳入统一体系，使得小区的用地布局、道路规划、空间组织与基地的结合更具逻辑性。小区分为五个组团，一个高层组团，三个居住组团，一个商住混合组团。结合整个小区的建筑情况，符合居民的生活规律和日常使用为原则，兼顾经营合理性和经济性。沿殷庄路和小区南部规划路布置两层商业用房，以满足人民的日常生活需要。小区的服务中心、卫生站、物业管理、治安联防、居民储蓄、邮电设施布置在沿祥云路的商业用房内。在小区北部靠近次入口布置一处幼儿园。

　　机动车停车采用集中与分散相结合的停车方式。分散停车利用楼间地面停车，地面共停放170辆；集中停车主要采取地下停车库，地下停车库总面积约9千km^2，可停放508辆。小区总停车位678辆。在地下室布置自行车库。

　　小区以步行绿化主轴为设计要点，以带状绿地与块状绿地相结合为主要布置方式，结合步行系统，使各个组团绿地连为一体，增强了户外空间的连续性和观赏性。

图3-9　泽惠家园定销房鸟瞰图

4 扎实推进新型城镇化

当前我国已进入城镇化加速推进阶段。徐州作为江苏老工业基地和典型资源型城市，以新型城镇化为引领，以城镇化带动工业化和农业现代化，促进"三化"协调发展，走出一条具有徐州特色的新型城镇化发展之路，对于实现苏北"两个率先"有着极其重要的现实意义和深远的历史意义。

4.1 新型城镇化发展状况

改革开放以来，徐州城镇化水平稳步快速提升，城镇化率从1978年的18.43%提高到2014年的59.5%，高于全国平均水平4.7个百分点。30多年来，徐州城镇化经历了起步发展（1978~1990）、快速发展（1991~2008）、加速发展（2009至今）三个阶段，当前已进入以提升质量为主的转型发展新阶段。与此同时，先后呈现出农村经济体制改革和乡镇企业勃兴带动小城镇繁荣，各级各类开发园区建设推动中心城市和县（市）城镇发展，交通等基础设施升级和城市功能完善助推徐州都市圈建设，以及新农村建设和科学发展引领城乡一体化进程等鲜明特点，其中尤其是2008年省委、省政府实施振兴徐州老工业基地政策以来，城镇化进程明显加速，年均增速1.9个百分点。但另一方面，徐州新型城镇化发展也还客观存在着一些矛盾与问题。

4.1.1 发展成就

一是经济综合实力不断提升，城乡经济结构持续优化。2015年，全市GDP完成5319.88亿元，为2010的1.9倍，公共财政预算收入530.68亿元，是2010年的2.4倍。主要经济指标增幅持续高于全国全省平均水平，部分指标增幅位居全省前列，经济增长质量不断提高。三次产业结构由2010年的9.6：50.7：39.7调整为2015年的9.5：44.3：46.2，第三产业占比首次超过第二产业。

二是城乡统筹发展初见成效，城乡一体化进程加快。2008年以来，全市上下抢抓振兴徐州老工业基地战略机遇，大力推进新型城镇化和城乡发展一体化。2013年在全省率先制定出台了《关于加快推进城镇化发展的意见》，实施市区融合发展战略，推动铜山、贾汪融入主城区；对县城镇实施区划调整，推进人口集聚；对重点中心镇实行分类引导、差别发展、择优培育的政策，增强吸纳农村人口能力。2015年，市区面积达3040km²、总人口达324万人，位居全省第3位，基本形成了以徐州大型区域性中心城市为龙头、5个中等城市为骨干、30个重点中心镇和小城镇为基础的"1530"新型城镇等级体系，成为淮海城市群核心地区。

三是城乡居民生活水平日益提高，社会文明程度不断提升。2015年，全市城镇居民人均可支配收入达26219元，比2010年增长56.5%；农民人均纯收入13982元，比2010年增长75.7%；农民收入增速高于城镇居民收入19.2个百分点，城乡居民收入比由2010年2.11∶1降为1.87∶1（因铜山撤县设区，比例较大幅度下降），低于全国、全省平均比例。全市恩格尔系数为33.1%，较2010年（35.2%）下降2.1个百分点，居民富裕程度不断提高。棚户区改造和保障性安居工程建设大力推进，实施棚改2800万平方米，创建省三星级康居乡村70个（另有59个达到三星级标准，待省验收）。

四是城乡基础设施建设扎实推进，公共服务水平显著提升。全市等级公路里程达15313.8km，城市道路面积达4796万m²，市区燃气普及率达98.6%。农村生产生活条件明显改善。社会保障水平大幅改善。2015年全市适龄儿童入学率达100%，新型农村合作医疗人口覆盖率达100%，城镇职工基本医疗保险、新型农村社会养老保险覆盖面均在95%以上，城镇登记失业率保持在3%以下。城乡和谐社区达标率分别达到75%和55%以上，全市106个经济薄弱村实现脱贫，镇村公交覆盖率达25%以上。

4.1.2 存在问题

近年来，按照新型城镇化发展要求，徐州市加快区域性中心城市建设，科学统筹城乡发展，大力推动大中小城市和城镇协调发展、产业和城镇融合发展、城镇化和新农村建设互动发展，目前在全市范围内已经基本形成新型城镇化体系，呈现城乡互动融合、协调发展的良好态势。但是，在进一步推进中依然面临不少挑战与问题。

一是城市化率仍落后于全省平均水平。虽然徐州城市化水平在苏北是领先的，但是与全省平均水平相比仍相差5.7个百分点，各县（市）与全省平均水平的差距更为明显，差距最大的达17.6个百分点。

二是城乡发展不同步。徐州城乡二元结构问题依然突出，农民增收渠道比较单一，城乡居民收入差距较大，农民收入约为城镇居民收入的1/2；农民持续增收的长效机制尚待完善，城乡公共服务供给差距明显，城乡经济发展与城乡治理体制改革的契合度不高。另一方面，市区与县（市）、各县（市、区）之间城镇化发展水平空间差异较大，2014年主城区城镇化率达82.6%，而5县（市）平均城镇化率只有48.8%，相差33.8个百分点，睢宁、丰县还不足48%。

三是城镇化质量不高。徐州城镇化质量指数（用来衡量新型城镇化发展的监测评价数据，包括人口就业、经济发展、城市建设、社会发展、居民生活、生态环境等6个方面）较低，仅为0.52，名列全国第75位、江苏第10位，在苏北低于淮安。城镇化质量不高主要表现在户籍城镇人口比重较低，外来人口与本市人口收入差距较大，外来人口社会保障参与率不高，农民工子女与城镇学生受教育权利不平等，以及半城市化问题比较突出等方面。

四是城镇化发展的制约因素较多。首先是资金不足。目前，县、镇两级财政主要用于保民生、保运转、保稳定等基本开支，无力投入大量财政资金用于城镇化建设，资金严重不足成为城镇化推进的主要障碍。其次是土地瓶颈。乡镇发展普遍遇到土地指标严重紧张的问题，仅有的土地指标大部分放在开发园区和产业项目，土地问题成为小城镇建设的最大"瓶颈"。农村集体土地承包权、宅基地使用权的置换缺乏有效渠道。再次是产业薄弱。徐州很多城镇产业基础薄弱，工业不强、商贸不旺、旅游靠不上，无力提供就业、吸纳农民、集聚人气，农民进镇有房住没事干。

4.2 新型城镇化实践探索

近年来，徐州围绕加快区域性中心城市建设，大力实施新型城镇化、工业化"双轮驱动"战略，科学统筹城乡发展，全面构建"1530"新型城镇体系，不断优化区域发展布局，全市城镇化进程进一步加快，基本建成基础设施配套完善、空间布局优化合理，城市环境优美和谐的生态宜居城市。

4.2.1 高水平建设区域性中心城市，全面提升城市综合服务功能

围绕建设充满活力的创新型城市，充满魅力的生态园林城市和极具竞争力的区域性中心城市，以"天更蓝、地更绿、水更清、路更畅、城更靓"五大行动计划作为中心城市建设的重要抓手，每年安排一批城建重点工程项目，不断做大城市规模，完善城市综合功能，确保徐州城市现代化建设全面领先淮海经济区、进入全国发达城市行列。一是规划建设淮海经济区产业、交通、商贸物流、教育、医疗、文化、金融、旅游"八大中心"。加快构筑六大千亿元工业产业（装备制造、食品与农副产品加工、能源、煤盐化工、冶金、建材），不断强化中心城市的产业支撑，全面实施产业转型升级，着力推动主导产业高端化、新兴产业规模化、传统产业品牌化发展。通过一系列项目的实施，城市承载力不断增强。二是围绕"衣食住行"、"生老病葬"等民生热点、难点，精心实施街坊中心、社区卫生中心、老年公寓、平价公墓、保障性住房、公共自行车等一大批民生实事工程，其中轨道交通1号线已全面进场施工，三环东路高架快速路、三环西路高架快速路建成通车，特别是从2009年以来市区实施了约3200万m^2棚户区改造，得到了李克强总理和中央及省有关领导的充分肯定。三是城市生态环境发生了较大变化，先后被评为国家园林城市、国家环保模范城市、国家森林城市和国家生态园林城市。2009年以来累计绿化荒山396座、11.1万亩，治理山体200多万m^2，整治采煤塌陷地9万多亩，盘活利用工矿废弃土地7000亩，实施矿山宕口生态改造900多处，建成了潘安湖湿地、九里湖湿地、东珠山宕口公园等生态景观。市区每年新增改造城市绿地1000余公顷，2014年全市森林覆盖率达32%、居全省第一，市区绿化覆盖率达43%、居全省前列，主城区开放式园林绿地达229个，300亩以上大型园林超过30个，5000m^2以上公园绿地500m服务半径覆盖率达到90.8%，真正实现了生态文明成果人人共享的目标。

4.2.2 加快推进中等城市建设，努力打造副中心城市

为提高城镇市政保障能力和公共服务能力，丰县、沛县、邳州、新沂、睢宁五县（市）在做大县城规模的基础上，不断完善交通、商业、教育、文化、医疗、体育、休闲等设施，努力建设副

中心城市。一是全面实施新城规划建设，积极推进开发区产业功能向城镇功能转换，五年间5个县（市）城区建设规模平均扩大一倍多，城镇化率提高10个百分点以上。二是积极实施"1+3个100万"工程，加快中等城市建设步伐。把五县（市）城区作为城镇化加速扩张的重点，促进各县（市）每年出让1000亩建设用地，每年征收100万m^2、建设100万m^2安置房、销售100万m^2商品房，尽快做大县城规模。三是按照中等城市的发展定位和要求，加大功能性项目建设力度，加快完善交通、商业、教育、文化、医疗、体育、休闲等设施，不断提高公共服务能力。各县（市）在"三重一大"建设中突出功能性项目建设，按照中等城市的标准每年实施一批城建重点工程，2010年以来各县（市）累计投资超过300亿元。

4.2.3 实施重点中心镇培育计划，积极推进小城镇加快发展

2010年4月徐州启动了30个中心镇创建工作，根据产业基础、资源禀赋和区位条件将各镇划分为5类不同区域实施分类考核，通过旧镇区改造、新镇区建设等方式，拉开了城镇建设框架，涌现了碾庄、双沟、窑湾、利国等一批特色城镇。一是加强规划修编，市委、市政府拿出3000万元专项用于30个集中创建镇的规划修编，各地聘请了国内一些知名规划团队，高标准、高质量地完成了30个镇的总体规划和专项规划，使地域特色、文化特色、民俗特色、建筑风格得到进一步彰显。二是城镇承载能力明显提升，5年来，30个中心镇共建成885个功能项项目，完成投资297.4亿元。其中硬化道路628万m^2；建成居民小区136个；建成标准化农贸市场21个、6000m^2以上超市39个；建成并使用垃圾中转站32个，建成并运行污水处理厂30个；有11所中学达到三星级，郑集中学、李集中学达到四星级，建成省级示范幼儿园52所。三是城镇环境面貌明显改善，30个中心镇集中开展了声势浩大的镇容镇貌综合整治、镇区绿化两个"百日会战"和"五整治、五提升"活动，持续实施净化、绿化、亮化、美化工程。5年来，30个镇共实施外立面整治280多万m^2，拆除乱搭乱建75万m^2，实施道路绿化1.2万亩、公园绿化1.1万亩，镇区绿化覆盖率达到39%。同时，全面落实长效管理措施，建立健全环卫、城管、绿化三支队伍，完善各项管理制度，推行市场化管护保洁机制，城镇面貌焕然一新。

4.2.4 有序推进农民集中居住，加快建设农村新型社区

按照优化土地资源配置、加强集约节约用地、提高农民生活质量的思路，在充分尊重农民意愿的基础上，优化调整村庄布局，全面开展村庄环境整治，加强基础设施建设，引导农民集中居住。一是加快实现村庄布局规划全覆盖，在全市形成600个中心村、130个农村新型社区的合理布局。二是结合徐州地域特点和文化特色，以"六整治、六提升"为抓手，全面开展村庄环境整治工作。截至2015年9月底已全面完成10375个村庄环境整治任务，高标准通过省考核验收，共创建三星级康居乡村70个、省级美丽示范乡村30个、省级村庄建设与环境整治试点村20个。三是通过实施村庄整治，大幅改善农民的生产生活条件。4年来累计整治村庄河塘近1.3万条（个），改造建设农村无害化厕所91.8万座，农村村容村貌更加整洁。通过实施村庄整治，明显改善了农民的生产生活条件，已整治村庄实现了每村至少一条硬化道路，购置垃圾车950辆、垃圾箱10300个，建立了长效管护队伍，完善了垃圾清运处理体系，一批"布局合理、道路通畅、设施配套、特色鲜明"的康居乡村逐步涌现。

4.3 构建新型城镇化发展新格局

"十三五"时期，规划以徐州都市区为支撑，中心城镇为节点，快速交通干线为依托的"一区一轴一带一通道"的城镇空间总体格局，即"徐州都市区、东陇海城镇聚合轴、大运河——黄河故道城乡统筹发展带、对接沿海开发的城镇联系通道"，形成"廿"字形格局形态。同时，进一步完善"1530"新型城镇等级体系，加快构建"1+5+12个现代新型小城市+18个中心镇+30个重点镇+130个新型城镇社区"新型城乡体系，促进城乡统筹协调发展。

4.3.1 优化城镇发展空间格局

在全市范围内，推进形成"一区一轴一带一通道"城镇发展空间新格局。

一区：徐州都市区。紧紧抓住徐州都市圈作为江苏三大都市圈之一的发展机遇，围绕建设新亚欧大陆桥经济走廊重要节点城市、现代化区域性中心城市和国家综合交通枢纽城市"三大定位"，科学规划与大力建设以中心城区为核心、中心城区及外围城镇为主体、绿色生态空间相隔离、交通环网相连快速便捷的高度城市化地区。

一轴：东陇海城镇聚合轴。依托东陇海线交通运输通道，把握国家建设"一带一路"和江苏建设沿东陇海线经济带的战略机遇，推动要素、产业和城镇集聚发展，提升徐州在淮海经济区的中心城市地位，完善现代化城市功能。推进邳州、新沂等沿线中等城市发展，积极发展大许、碾庄、草桥等沿线重点中心镇和特色小城镇，着力增强沿线县城及重点中心镇的产业、人口集聚和承载能力，合理发展城市外围组团和卫星城镇，建成沿东陇海线城镇带。

一带：大运河—黄河故道城乡统筹发展带。依托京杭运河航运通道和黄河故道的综合整治，合理发展运河沿岸港口物流、临港产业、生态农业和观光旅游，深入实施黄河故道综合开发"八项工程"，加快推进丰县、沛县、贾汪、邳州、睢宁等中等城市建设，建成大运河—黄河故道城乡统筹发展带。

一通道：新沂南向对接江苏省沿海城镇发展轴的城镇联系通道。依托新长铁路与江苏沿海地区同三高速公路、通榆运河及沿海港口群等构成的交通走廊，发挥新沂市交通枢纽及高流镇节点的作用，加快实施新长铁路新沂至淮安段改造，推动基础设施互联互通，强化城镇发展的空间呼应，大力发展交通物流产业，形成沿东陇海城镇轴与江苏沿海城镇群的联系通道。

4.3.2 完善新型城镇等级体系

"十三五"时期，全市要进一步完善"1+5+12个现代新型小城市+18个中心镇+30个重点镇+130个新型城镇社区"新型城镇等级体系，以徐州大城市为龙头、5个县级小城市为骨干、12个现代化小城市、18个中心镇30个重点镇为基础，分类分层推进，促进大中小城市与小城镇协调发展。在此基础上，高度重视130个新型农村社区的建设和发展，加快构建新型城镇体系。同时，根据中心城市、小城市、中心镇、重点镇、农村新型社区所具备的不同承载功能，分类分层加以规划与建设。

着力建设区域性中心城市。立足辐射周边，放眼面向国际，致力建成淮海经济区经济中心、商贸物流中心、金融中心、科教文化中心，每年建成一批"三重一大"项目，提升城市首位度和城市综合服务功能，在城市现代化建设的各方面领先淮海经济区，成为区域内规模最大、水平最高、吸纳集聚力最强的中心城市。实施城市空间结构调整优化，合理疏散中心城区功能，构建双中心、六片区和25个重要功能区组成的"2+6+25"空间布局体系，推动铜山区、贾汪区加快融入主城区。深化区域合作，在推动区域一体化进程中进一步增强中心城市的凝聚力和影响力，发挥其带动淮海城市群发展的主导作用，建成充满活力的创新型城市、充满魅力的生态园林城市和充满竞争力的现代化区域性中心城市。

加快建设5个副中心城市。根据城市规模划分的新标准，以建设现代化中小城市为目标，科学规划5个县（市）城区的发展定位，强化各自特色，提升对县域及周边的辐射带动作用，推进具备条件的县有序改市，把邳州和新沂建成沿东陇海线地区重要节点城市、沛县建成徐州都市圈北翼中心城市和现代化滨湖新城、睢宁和丰县建成省际边界型现代化城市，形成5个副中心城市功能互补、特色鲜明、联动发展的新局面。从各县（市）实际出发，优化产业和公共服务布局，实施经济社会发展重点项目。

依托优势发展特色产业，积极承接中心城市产业转移，创造更多的就业岗位和创业机会，促进农业转移人口就地就近市民化。加强市政基础设施和公共服务设施建设，推动公共资源配置向县城倾斜。有序推进旧城区空间梳理，大力实施棚户区、废旧厂区更新改造，加大城镇保障性住房建设力度。

加快发展12个小城市，加强市政基础设施和公共服务设施建设，引导公共资源配置向小城市倾斜，引导高等学校和职业院校在小城市布局、优质教育和医疗机构在小城市设立分支机构。18个中心镇应增强服务周边区域的综合性职能，培育一项或多项具有县（市）域影响力的特色产业或职能，30个重点中心镇要突出完善基本公共服务供给功能和居住功能；承担一定具有涉农产业性质或符合生态环保要求的生产性职能。要分类建设小城镇，完善基础设施配套和公共服务设施配置，增强中心镇产业发展能力和交通节点功能，推动一般小城镇改善人居环境，成为服务农村、带动周边的生活服务中心。突出村庄特色，加强农村人居环境建设，形成适度集聚、生产便捷、生活舒适的农村居民点体系。

积极推进特色镇建设。合理划分不同功能定位、发展阶段、问题需求，做好特色镇的梯队梳理和建设，建立市级特色镇培育库。拓宽融资渠道，通过政府引导撬动社会资本参与镇级发展建设。自然生态型应在严格保护自然生态格局的基础上，促进农业生产与特色旅游互动发展；历史文化型应严格保护古村落、古建筑等历史古迹，深入挖掘地域文化特色；特色产业型应进一步做大做强现有优势特色产业，带动周边农村地区发展。

合理发展一般镇。依托传统历史条件、区位优势和发展基础，按照市对镇考核要求，以建设管理示范镇为抓手，通过创建带动全面，突出发展任务，分类分批推进一般镇建设，着力发展特色经济，深入推进"一镇一业"工程建设，以产业化支撑城镇化，增强对农村人口的吸纳能力。加强基础设施配套和公共服务设施布局，改善人居环境，建成以服务农村为主的新型小城镇。

4.4 重点中心镇创建

近年来，徐州市把中心镇创建作为城乡一体化发展、促进镇域崛起、解决"三农"问题的主抓手，不断加大政策扶持、实施重点突破，强力推进中心镇创建工作。通过6年中心镇建设，全市新型城镇建设质量和水平有了明显提升,成为支撑县域崛起、推进城乡一体化发展的重要力量。

4.4.1 中心镇创建取得的成就

一是镇域综合实力不断增强。各创建镇积极适应经济发展新常态,依托资源禀赋,调整优化产业结构,大力发展特色产业,经济实力不断增强,镇域特色更加明显。2015年,30个中心镇共完成地区生产总值904亿元,比上年增长16.1%;完成公共财政预算收入59.4亿元,其中超亿元的镇有27个,超5亿元的有2个。

二是城镇承载能力显著提升。去年30个中心镇继续实施基础设施、社会事业和产业发展三大类项目208个,完成投资36.2亿元。6年来建成四星级中学2所、三星级中学11所、省级示范幼儿园52所,具备二级服务能力医院11所,省级以上文明敬老院24个,三星级标准的宾馆14个,6000m²以上超市39个,居民小区136个,开设金融服务网点80个,镇区水冲厕所144个,建成并投入使用垃圾中转站32个、污水处理厂30个,一大批城镇功能性项目相继建成并投入使用,城镇综合承载能力和服务能力显著提升。

三是城镇面貌明显改观。这几年不论是中心镇,还是管理镇,都把镇区环境整治与长效管理作为首要任务,集中开展了环境整治和绿化提升行动,普遍进行了景观打造、网线入地、立面改造、店面招牌统一、经营秩序整顿等工程。同时,全面建立健全市容、环卫、绿化、规划、建设综合管理机构,配备有执法资格的工作人员,建立网格化管理制度,全面推行市场化管护保洁机制,城镇面貌焕然一新,涌现出一批阵容整洁、环境优美、功能完备、宜居宜业的小城镇。

四是城镇发展规模又有新扩张。30个中心镇本着着眼长远、适度超前的原则,通过旧城镇改造、新镇区建设等方式,拉开了城镇建设框架。到2015年底,30个中心镇建成区面积达到166.2km²,比2009年增加67.7km²,增长68.7%;建成区人口达到88.3万人,是2009年的2.1倍;城镇化率达到42.1%,高出镇域平均水平11.7个百分点。

五是管理示范镇创建取得新进展。各创建镇紧紧围绕环境优美、内涵提升、管理到位目标要求,对照创建标准,拟定创建项目,规定时间节点,明确资金渠道,落实责任单位和责任人,调动各类资源集中攻坚,参与复查认定的镇创建水平总体上好于去年,涌现了岚山、大彭、燕子埠、魏集、陈楼、高作等一批镇容整洁、生态宜居、功能完备、社会和谐的管理示范镇。

4.4.2 中心镇的提档升级

1. 加大产业培育力度,推动中心镇产城融合发展

没有产业支撑的中心镇是没有生命力的中心镇,只靠行政力量推动的新城建设,如果没有产业集聚吸引人口,凝聚人气,必然是一座空城、死城。徐州把产业强镇作为中心镇建设的重中之重摆上首要位置,坚持城镇化与产业化互动发展,依靠工业发展、市场繁荣,为中心镇建设注入动力,通过中心镇建设,完善社会公共服务系统,推动三类产业协调发展和经济社会繁荣。一是加快推进主导产业集群发展。各镇按照主体功能区定位和产业发展规划安排布局,确定各镇产业发展方向。按照"工业进园区、住宅进社区"和"镇级经济特色化、特色经济产业化、产业发展规模化"的发展思路,突出培育具有地方特色和发展潜力的主导产业,打造优质产业集群,做到"以产带城、以城促产",实现产业与城镇的匹配和融合发展。二是加快繁荣城镇第三产业。各类镇按照城市经济的

特点，大力发展现代物流、商务、金融等生产性服务业，积极发展消费型的餐饮、娱乐休闲及特色旅游业，完善城镇服务功能，增强城镇的集聚和辐射能力。三是积极鼓励农民进镇创业。紧紧抓住农民工融入城镇的大趋势，探索建立进城落户农民对土地承包经营权、宅基地使用权和集体收益分配权的依法自愿有偿退出机制，全面放开进城农民落户限制，完善促进农业转移人口就业、培训的基本公共服务，依法保护进镇农民工的合法权益，促进农村人口有序向中心镇转移。

2．大力推进项目建设，不断完善城镇功能

加强中心镇基础设施建设，对于完善城镇功能、提高城镇承载能力至关重要。徐州把项目建设作为中心镇建设的关键举措摆上重要位置，创新思路，破解难题，全力推进。市"两办"印发了《关于继续大力实施中心镇项目建设的通知》，排出了三大类，202个项目，计划总投资86.49亿元。围绕这些项目建设，全市各地各部门加强组织领导，破解要素制约，严控工程质量，确保如期完成年度建设任务。在用地上，优先保障中心镇建设项目用地需求，通过实行城乡建设用地增减挂钩、万顷良田建设工程等办法破解项目"落地难"问题。在资金上，坚持"谁投资、谁经营、谁受益"的原则，搞好城镇运作经营，大力开展招商引资，统筹安排市、县（市）区级项目及向上争取的项目，加大资金的整合力度，多渠道破解资金制约难题。各中心镇严格按照规范的建设程序，认真组织好项目建设，合理安排建设时序，精心编制进度计划，确保每项工程按期开工、有序推进。严格工程招投标制度，严格质量检查、验收制度，严格建设工程质量审核报告制度，确保每一项建设工程都达到优良等级以上。

3．持续加强环境整治，不断改善人居环境

环境综合整治具有动态性、反复性强的特点，稍一松懈就会出现反弹。镇区的发展，既要金山银山，又要绿水青山，二者相辅相成，不可偏废。环境综合整治是一个长期的过程，要通过持续不间断的环境综合整治，打造美丽宜居新村镇，提升居民文明意识，养成良好卫生习惯，使文明生活变为居民的自觉行动，是我们做好环境综合整治工作的最终目的。不论是中心镇还是管理示范镇，都持之以恒地搞好环境综合整治，推动环境综合整治工作向纵深发展。一是持续加大交通秩序、占道经营、违章建筑整治工作力度。对镇区交通设施要进一步完善，重点抓好集贸市场周边、车站周边等重点部位的动态管理，维护良好的市容秩序。加强建设秩序管理，全面拆除违章建筑，对新增违建实行"零容忍"。二是持续加大绿化提质、净化提标、亮化提档工作力度。合理布局镇区公共绿地、道路绿化、小区绿化及其他绿化，突出景观方案设计，注重体现地方特色。持续加大水环境的治理，加快污水管网铺设进度，保证污水处理设施正常运行，不断加大河道沟塘清理整治工作力度，提高引排和自净能力。加快管线入地，加强城镇电网建设，提高用电保障能力。

4．健全长效管理机制，不断提升城镇管理水平

牢固树立"治管并重、即建即管"的工作意识，继续实行街道保洁、绿地养护市场化运作模式，健全城管、环卫、绿化三支队伍，积极推行城镇物业管理，使城镇管理逐步走上规范化、制度化、长效化轨道。一是狠抓镇容和环境卫生管理。聚焦严重影响镇容卫生的重点部位，组织开展春季大扫除活动，集中力量推进专项整治。针对一些绿化苗木受到冻害的实际情况，及时做好养护和更换苗木工作。重点抓好垃圾收运体系建设，并使建成的设施设备运转正常，真正实现所有镇村生活垃圾收运全覆盖。二是狠抓城镇秩序管理。加强主次干道、房前屋后、建筑屋顶和楼道环境秩序管理，及时清除堆积杂物，确保建筑内外整洁美观、秩序良好；加强市场经营秩序管理，严禁设立马

路市场，切实做到主要道路两侧和广场、绿地等公共场所无摆摊设点、占道经营；加强车辆停放秩序管理，合理规划停车区域，做到机动车、非机动车按区域定点停放。三是狠抓队伍建设和制度建设。探索建立"大城管"格局，成立市容、环卫、绿化、规划、建设综合执法机构，落实保障经费，提高队伍素质。逐步建立网格化管理制度，不断提升城镇管理水平，使城镇更像城镇。

4.4.3 中心镇创建的精品工程

1. 淮海战役首捷之地——碾庄

碾庄镇地处邳州市中西部，是"全国重点镇"、"全国文明镇"、"国家级生态镇"和"江苏省重点中心镇"，是淮海战役首捷之地和全国著名的"五金之乡"。全镇总面积121.1km²，下辖28个村（居），总人口9.6万人，其中镇区常住人口4.8万人。2015年全镇地区生产总值达到70.71亿元，公共财政预算收入3.4亿元。

碾庄镇区建成区面积5.4km²，规划总面积10.8km²。按照农民进镇区、居民进小区、产业进园区"三集中"发展布局原则，碾庄镇努力加强镇区基础设施建设。在重点镇建设中相继投入1.65亿元，全力实施3大类10项重点工程。一是抓基础建设。投资400万元，新铺污水管网4000m；投资700万元完成环镇南路和陵园路建设改造及公厕建设；投资5000余万元，完成镇区天然气主管网铺设。二是抓环境建设。投资1200余万元，完成"六路三街"整体改造，新铺环镇南路1万m²混凝土路面；投资300余万元，提升8条道路绿化，打造文化广场等7处景点，新植苗木11万株，绿化草坪3万m²。三是抓民生建设。建成总建筑面积近30万m²的锦绣家园、金虎新区等居民小区，投资500万元新建省优标机关幼儿园一所；投资1900万元完成实验小学主体工程；投资2000万元新建农贸市场并投入使用。此外，投资5000万元改扩建淮海战役碾庄圩纪念馆；投资1200万元打造伏羊美食街；投资800万元建成大蒜交易市场。

近年来，碾庄镇多措并举，加快推进城乡一体化进程。全镇各行政村均实现公交通行；自来水普及率和饮用水质达标率达到100%；生活用燃气普及率达到100%，完全杜绝燃煤和烧柴方式；有线电视入户率达到100%，网络用户比重达到78%。镇区主要道路路面采用沥青或水泥硬化，人行道路路面铺设生态砖或水泥路面，镇区道路硬化率达到100%，主要路段均已安装路灯。公共卫生服务体系实现标准化，镇医院达到二级医院服务能力。综合文化站、体育活动中心、敬老院和生活广场设施一应俱全。

自2013年成功创建徐州市中心镇以来，碾庄镇围绕"产城融合、彰显特色、建成重点中心镇"的总体思路，抓发展、抢项目、抓城建、惠民生，将重点中心镇和城乡一体化作为"一体双翼"，不断掀起项目建设、环境整治和镇区绿化新高潮，连续两年获得徐州市中心镇提档升级先进单位称号。

碾庄镇街景见图4-1，碾庄镇文化广场见图4-2，碾庄镇区控制性详细规划见图4-3。

2. 空港重镇——双沟

双沟镇地处睢宁县西北部，全镇总面积95.3km²，辖行政村20个，总人口7.2万。近年来，双沟镇按照省空港新城、市级中心镇和县城副中心的功能定位，编制完成新一轮《总体规划》、《控制性详细规划》，确立"一个中心、两个基本点、三个功能区"的发展框架。同时，大力加强基础设施建设，强化民生福祉增进，重视美化绿化投入，积极打造生态名镇，中心镇建设成绩突出。加强基

图4-1 碾庄镇街景

图4-2 碾庄镇文化广场

础设施建设，旧貌换新颜。完成镇区"三横三纵"、园区"四横四纵"道路网建设，道路全部硬化，并配套足量停车位；镇区新装高杆路灯及景观灯579盏，覆盖镇区9.5km道路，亮灯率达100%；实施区域供水工程，自来水普及率及饮用水质达标率均达100%；建成日处理500t的地埋式污水处理厂，铺设污水管网5000m，生活污水处理率达70%；建设日中转50t压缩式垃圾中转站及垃圾投点266个，购买垃圾清运车30辆，实现垃圾收运全覆盖，垃圾收运率达到80%；新建高标水冲公厕15

图4-3 碾庄镇区控制性详细规划

座，完成改厕1422户。2016年内还将完成日供气1万m³的天然气站、日处理1万m³的污水处理厂建设，铺设水、气、雨污分流管网10km。

强化民生福祉建设，优化公共服务。全镇完成农路改造15.6km，投入纯电动车25辆，开通公交线路5条，各行政村均实现公交通行（图4-4）；全镇共有幼儿园11所，达到省优标准4所，达到每万人一所幼儿园的标准（图4-5）；建成居家养老中心6处、老年活动中心2处、便民服务中心3处；全镇卫生服务体系实现标准化，中心卫生院达到二级医院服务水平；烈士陵园、黄河滩公墓、老年公寓、老年餐桌等民生项目投入使用；新建6800m²农副产品批发市场及5000m²标准化农贸市场并已投入使用。

重视美化绿化投入，改善城镇环境。全镇完成沿街建筑物"穿衣戴帽"立面改造5万m²；铺设弱电线路4.6km、架设LED路灯及景观灯800盏；高标准开展村庄环境综合整治，新建青砖仿古花坛200个，全镇绿化覆盖率达38%，建成法治广场、双溪公园文化休闲广场4处，人均公园绿地面积达7m²；打造20km沿河景观绿化长廊，形成古黄河观光路两侧11km、由1100亩果树带和1500亩石榴园组成的经济林带。

双沟镇注重生态环境、生态产业、生态文化和生态家园的有机融合，坚持集约高效、绿色低碳用地原则，全力打造宜居、宜业、宜游的生活空间综合体，建设人与自然和谐共处的生态社区，使环境质量达到了国家规范要求的各类功能区标准。双沟镇平安法治广场，图4-6。

图4-4 双沟镇镇村公交覆盖全部行政村

图4-5 双沟镇幸福里幼儿园

图4-6 双沟镇平安法治广场

3. 工业重镇——利国

铜山区利国镇位于徐州市区北部,毗邻微山湖,是徐州乃至江苏的"北大门"。全镇辖13个行政村,总面积70.96km^2,其中镇区面积6.5km^2;总人口9.59万人,其中镇区人口6.3万人,城镇化率达65%。2015年,全镇实现GDP121.42亿元,同比增长10.2%,利国镇先后被评为全国重点镇、全国发展改革试点镇、江苏省重点中心镇、苏北重点中心镇和徐州市扩权强镇试点镇,连续多年入围全国综合实力百强乡镇(图4-7)。

坚持规划引领,基础设施得到改善。镇区道路全部硬化,主要道路铺装率达100%。生态环境显著改善,镇区绿化面积100万m^{2}以上,绿化覆盖率达36%(图4-8)。钢铁铸造工业集聚区内新建日处理2万t废水的污水处理厂一座,实现污水管网全覆盖,收集率达70%(图4-9)。建立镇村两级环卫体系,镇区实行市场化保洁,垃圾收运率达100%。新建改造镇区水冲公厕20余座。加快镇村公交建设,实现了镇村公交全覆盖。

坚持以人为本,社会事业协调发展。全镇共有省级优质幼儿园3所、省四星级实验小学1所、省

图4-7 利国镇镇区俯瞰图

图4-8 利国镇珍珠泉河休闲风光带

级教育现代化示范初中1所，学前教育、义务教育办学单位的办学条件均达到省定标准，义务教育巩固率达99%。镇区社区卫生服务体系均达到标准化，镇卫生院达到二级医院服务能力。镇中心敬老院提档升级，达到二星级敬老院标准。依托苏轼文化公园，投资1900万元建设总建筑面积2600m²文化广场，包含图书馆、阅览室、棋牌室、历史文化展示厅等。建成10分钟便民服务圈、体育健身圈。

图4-9　利国镇中心污水处理厂日处理量10000m³

大力整治村庄环境，乡村面貌全面改善。13个行政村、48个自然村环境整治全部通过检查验收。各村主要干道变得顺畅整洁，村体杂物实现有序堆放，建筑垃圾、生活垃圾得到全面清理，村内沟渠河塘得到有效整治，卫生死角得到彻底治理。全镇配备大型垃圾运输车5辆、小型收集车30辆，实现"村收集、镇转运、区处理"收运体系（图4-10）。此外投资1700万元，在西李村后湖区域着力打造富有特色的"风情渔村"，实现创建省三星级环境整治示范村和农家乐示范村的目标。以房屋置换、租赁方式安置居住在老旧石砌房屋内

图4-10　利国镇垃圾收运体系

群众50余户。突出打造涵盖餐饮、家庭旅馆、土特产销售、乡土渔村风情文化艺术点和体育拓展训练等丰富内容的农家乐。

4．运河古镇——窑湾

窑湾镇位于新沂市的西南边缘，京杭大运河及骆马湖交汇处，是一座具有千年历史、闻名全国的水乡古镇（图4-11）。镇辖21个行政村和1个居委会，人口7.3万，镇域面积115km^2，全镇实现公共财政预算收入2.29亿元，是苏北重要的水产、矿产、粮食、蔬菜、建材基地和风景旅游胜地。窑湾镇先后荣获国家级生态镇、国家级卫生镇、全国特色景观名镇、中国最具魅力乡村旅游目的地、江苏省历史文化名镇、江苏省书香之镇等荣誉。

科学规划，着力描绘发展蓝图。窑湾镇紧紧围绕着"文化窑湾、生态窑湾、活力窑湾、和谐窑湾、魅力窑湾"的发展思路，科学规划，聘请东南大学城市规划研究院编制《窑湾镇总体规划》、《窑湾镇镇区控制性详细规划》等，明确城镇发展方向。严格按照规划组织实施工程建设，注重"明清古镇看窑湾"的文化特色凸显，新区各项建设均与古镇风格协调统一，实现二者完美融合。

精心打造，注重建设基础设施。窑湾镇累计投资3.7亿元，建设龙湖湾等高标准小区5个，投资1.5亿元建设政法中心、行政中心、便民服务中心、旅游接待中心等工程。建成17000m^2、120个高标准摊位的综合性农贸市场1座，新建3000m^{2}的生产资料超市1个。投入1000余万元改造升级劳武路，顺利通过徐州市市容管理示范路验收。新建日处理1000t生活污水处理厂及日转运50t生活垃圾中转站各1座，完成雨污分流管网8.2km。投资200余万元，率先实行生活垃圾收运市场化运作，垃圾收运率达100%。实施镇容镇貌综合治理，硬化道路22.4km，新建水冲公厕18座，新安仿古路灯700余盏，新增绿化63公顷。修缮两条古商业街的明清建筑，共修建房屋1600多间、面积3.2万m^2，完成两条古街的上下水管网和强弱电入地、青石板铺路，古镇区灯光亮化工程，疏通后河及护城河1000多米，架设景观桥5座（图4-12）；建成2个生态式停车场共约4万m^2。

产业支撑，全力增强经济实力。借助国家4A级古镇景区金字招牌，大力发展商贸旅游，拉长产业链条。2015年，累计接待旅游人数105万人次，旅游总收入近6亿元。依托省级农副产品加工集中区，加大绿豆烧酒、田油等各类地产名品的推广及销售，销售额达2.4亿元。

5．汉源故里——安国

安国镇地处沛县西北部，镇域面积103.3km^2，总人口9.3万，辖8个居委会、23个行政村，是著名的历史文化名镇，素有"五里三诸侯，一代帝王乡"之美誉（图4-13）。安国镇先后获得国家级生态镇、全国诗词之乡、江苏省卫生镇、江苏省文明乡镇、徐州市文明镇、徐州市法治先进镇、徐

图4-11 窑湾镇建设风貌

图4-12 窑湾镇修旧如旧景观

州市双拥模范镇等荣誉称号。

重视基础设施投入，彰显古镇底蕴风貌。安国镇对采煤塌陷地和闲置土地进行复垦，盘活土地1500亩，节约集约用地。建成区面积4.7km²，人口4.9万人，户籍人口集聚率52.69%。加强基础设施建设，铺设雨污分流管网15km，镇区污水收集处理率100%；投资2200万元扩修建汉皇大道、人民街、一鸣街；投资2800万整体改造王陵大街、汉王大街、沛公大道，铺

图4-13　全国旅游文化名镇——安国镇

设入地弱电线路8km，门头店招及绿化、亮化全部到位。投资5000万元建设仿汉建筑为主体的汉街，尽显汉韵风情；投资4000万元改造泗水故道和灌婴河，形成两条景观河道。实现镇村公交全覆盖，镇区道路全部硬化，完好率达100%；交通安全设施配套完善，设立交通管制信号灯4处，新装路灯450余盏，亮灯率达99%。

重视惠民福祉建设，体现政府为民情怀。新建5000m²生活资料超市1个、3000m²生产资料超市1个、1000m²的生活资料超市3个、20亩标准化农贸市场1个，全年市场交易额达7亿多元。镇区供电、供水、供气、通讯等设施齐全，实现全覆盖；自来水普及率达100%；燃气普及率达到95%，有线电视入户率95%、网络用户比重90%。全镇卫生服务体系均实现标准化，镇卫生院达到省级示范乡镇卫生院标准。全镇幼儿园达省优质标准2所，达市优标准8所。文体设施、养老设施逐步健全完善，建成1000m²的综合文化站、法治广场等文体活动场所且投入使用。投入近1000万元建成日处理1000t的污水处理厂和日处理50t的垃圾中转站各1座，健全户分类、组保洁、村收集、镇转运市场化保洁体系，垃圾集中收运率达100%。

重视人文旅游开发，尽显历史文化底蕴。安国镇已有国家3A级旅游风景区——三诸侯文化园、安国湖湿地公园、汉街、大沙河风光带等旅游景点，并依托"汉刘邦、安国湖、大沙河"的"一帝一湖一河"资源优势，加快推动文化与旅游相互依存、相互支撑，做大做强文化旅游产业。

4.5　整治改善村庄环境

近年来，徐州市积极响应上级号召，全力实施村庄环境整治工程，打造了一批村庄环境整治的精品样本。

4.5.1　村庄环境整治背景

"十二五"时期是江苏全面实现小康并向基本现代化迈进的重要时期，也是加快转变发展方式、推进城市转型发展和城乡一体化的关键阶段。江苏在快速城镇化进程中，致力改善人居环境，城镇化水平、城市现代化建设位于全国前列。但与城市建设相比，村庄人居环境建设总体相对滞后，农民群众反映强烈。为缩小城乡差距，推进城乡发展一体化，2011年9月，江苏省委省政府召开全省城乡建设工作会议，决定"十二五"时期在全省推进以"城乡规划引导行动计划、城镇功能品质提

升行动计划、节约型城乡建设行动计划和村庄环境整治行动计划"为主要内容的"美好城乡建设行动"。其中,村庄环境整治行动是重中之重,江苏省计划用3至5年的时间,对全省城镇规划建成区外近20万个自然村实施全域整治,旨在改变江苏农村人居环境的脏乱差现象,缩小城乡人居环境的差异,并以此为切入点,推动江苏城乡建设重心由城到乡的转变,带动资源要素向乡村流动,促进城乡发展一体化。

为贯彻省委省政府工作部署,全力实施这项重要工程,徐州市于2011年11月1日成立徐州市村庄环境整治推进工作领导小组,同时下设办公室(设在市城乡建设局),具体抓好这项工作。2012年1月3日,市政府下发《徐州市村庄环境整治实施方案》,计划用4~5年时间对全市一万余个自然村,进行净化、绿化、美化和道路硬化,普遍改善环境面貌。2011年11月起为启动实施阶段;2012年底前为初见成效阶段;2013年至2015年为全面实施阶段。

4.5.2 村庄环境整治目标内容

村容整洁是社会主义新农村建设的重要内涵之一。开展村庄环境整治,可以改善乡村人居环境、促进乡村经济发展、提高农民生活质量和文明素质,也是缩小城乡差距、统筹城乡建设、进一步提升农村建设发展水平的重要切入点。

1. 主要目标

村容村貌更加整洁。生活垃圾、生活污水等得到有效治理,乱堆乱放得到全面清理,村容村貌得到普遍整治,环卫保洁机制基本建立。

生态环境更加优良。农村环境连片整治取得显著成效,各类污染得到有效控制,自然资源得到合理保护和集约利用,绿化美化水平显著提升,河塘环境得到明显改善,环境质量全面提高。

乡村特色更加鲜明。山水田林自然风貌得到保护,历史文化得到弘扬,建筑特色得到彰显,平原地区更具田园风光,丘陵山区更具山村风貌,水网地区更具水乡风韵。

公共服务更加配套。乡村道路、给水排水、绿化环卫、清洁能源、供电通讯等基础设施达村到户,村庄公共管理、科技教育、医疗卫生、文化体育、社会服务等设施配套齐全、功能完善。

2. 重点内容

徐州市将全市村庄划分为规划布点村和非规划布点村两大类。要求非规划布点村结合实际,突出抓好生活垃圾、乱堆乱放、河道沟塘等环境卫生整治,保障农民群众基本生活需求,有效改善村庄环境。要求规划布点村以提高基本公共服务水平、吸引农民自愿集中居住、建设康居乡村为目标,突出抓好"六整治"、"六提升",即重点整治生活垃圾、生活污水、乱堆乱放、工业污染源、农业废弃物、河道沟塘,着力提升公共设施配套、绿化美化、饮用水安全保障、道路通达、建筑风貌特色化、村庄环境管理水平。

整治生活垃圾。建立完善"组保洁、村收集、镇转运、县处理"的城乡统筹生活垃圾收运处置体系。加快村庄日常保洁和垃圾清运制度建设,集中清理积存垃圾,配置必备的环卫设备设施,实现村庄保洁常态化。积极推动村庄生活垃圾分类收集、源头减量、资源利用,镇村生活垃圾集中收运率达80%以上。

整治生活污水。合理选择接入城镇污水处理厂统一处理、就地建设小型设施相对集中处理和分散处理等治理方式,优先推进位于环境敏感区域、规模较大的规划发展村庄和新建村庄生活污水治理。建立村庄生活污水治理设施长效管理机制，保障已建设施正常运行。加快无害化卫生户厕改造步伐，完善村庄排水体系，实现污水合理排放，有条件的村庄实行雨污分流。根据村庄人口规模、卫生设施条件和公共设施布局，配建水冲式公共厕所，原则上每个村庄至少配建1座。基本完成无害化卫生户厕改造，15%以上的规划发展村庄生活污水得到有效治理。

整治乱堆乱放。加强村容村貌管理，全面清理乱堆乱放、乱贴乱画。整治露天粪坑、畜禽散养、杂物乱堆，拆除严重影响村容村貌的违章建筑物、构筑物及其他设施，整治破败空心房、废弃住宅、闲置宅基地及闲置用地，做到宅院物料有序堆放、房前屋后整齐干净、无残垣断壁。电力、电信、有线电视等线路敷设以架空方式为主，杆线排列整齐，尽量沿道路一侧架设。

整治工业污染源。加强村庄工业污染源治理，建立工业污染源稳定达标排放监督机制，严格执行环境影响评价及环保"三同时"制度。开展小化工、小制革、小漂染等"十五小"企业专项清理整治，对已审批的落后、淘汰工艺，责令企业限期进行技术改造。对未经审批的"十五小"、"新五小"企业，以及未取得资质认可的工业固体废物处置加工点，要坚决依法取缔、关闭。

整治农业废弃物。推广畜禽养殖等农业废弃物综合利用技术，提高农业废弃物无害化处理和资源化利用水平。禁止随处堆放和就地焚烧秸秆，推进秸秆工业原料化、能源化、饲料化等多形式综合利用，加快农村沼气和秸秆气化集中供气工程建设。积极引导规模化、集约化畜禽养殖，推进生态健康养殖。加快规模化畜禽养殖业污染治理设施建设，对污染物实行减量化、资源化、无害化治理，限期治理或关闭不符合养殖条件、造成环境污染的养殖场。秸秆综合利用率达90%以上，规模畜禽养殖场粪便无害化处理和资源化利用率达85%以上。

整治疏浚河道沟塘。按照畅通水系、改善环境、修复生态、方便群众的要求，进一步加大村庄河道沟塘整治疏浚力度，努力打造"水清、流畅、岸绿、景美"的村庄水环境。全面清理河道沟塘有害水生植物、垃圾杂物和漂浮物，疏浚淤积河道沟塘，突出整治污水塘、臭水沟，拆除障碍物、疏通水系，提高引排和自净能力。加快河网生态化改造，加强农区自然湿地保护，提高水系自净能力。推进河道沟塘轮浚机制建设，实现农村河道沟塘疏浚整治和管理养护经常化、制度化。提升公共设施配套水平。推进村庄公共活动场地、邻里休闲场地和健身运动场地建设，满足村民日常需求。在完成村级综合服务中心建设目标任务基础上，按照村级"四有一责"（有持续稳定的集体收入、有功能齐全的活动阵地、有先进适用的信息网络、有群众拥护的双强带头人、强化村党组织领导责任）建设行动计划要求，实施面积较小、难以满足实际需要的村级综合服务中心改扩建。结合推进村级综合服务中心建设，优化配置教育、卫生等资源，强化便民服务、科技服务、医疗服务、就业创业服务、平安服务、文体活动、群众议事等功能，形成功能完善、覆盖面广、城乡差距逐步缩小、基本满足城乡居民需要的公共服务体系。提升绿化美化水平。充分利用现有自然条件，突出自然、经济、乡土、多样，大力推进村旁、宅旁、水旁、路旁以及村口、庭院、公共活动空间等绿化美化。村庄绿化应以乔木为主、灌木为辅，少用草坪；注重与村庄风貌相协调，通过植被、水体、建筑的组合搭配，形成四季有绿、季相分明、层次丰富的绿化景观。积极推进村庄公共绿地建设，方便群众休闲健身。村庄绿化覆盖率达35%以上。

提升饮用水安全保障水平。积极推进城乡区域供水，加快实施农村饮水安全工程建设，全面解决农村饮水安全问题。使用自备水源的村庄要配套建设净化、消毒设施，满足村庄用水水量和水质要求。靠近城镇和基本具备区域供水条件的村庄，优先选择城镇配水管网延伸供水。大力加强农村饮用水源地保护，集中开展水源地整治，有效改善水源地水质。

提升道路通达水平。提高农村公路通行服务水平，改善村庄内部交通及出行条件，构建城乡一体的客运网络。结合村庄规模形态、地形地貌、河流走向和交通布局，合理确定村庄内部道路密度、等级和宽度。村内道路铺装形式根据道路功能确定，主要道路实现硬质化，并合理配套照明设施；次要道路及住宅间路可采用砖石、沙石等乡土生态材料进行铺装；具有历史文化传统的村庄道路宜采用传统建筑材料。全市规划发展村庄道路和行政村客运班车通达率达100%，开通镇村公交的乡镇比例达50%以上。

提升建筑风貌特色化水平。引导促进农村民居建筑风格与村庄整体风格相协调，充分体现自然地理和历史人文特征，有条件的地方可实施既有建筑物出新。严格规划管理，依法处置违法违章建筑。对具有传统建筑风貌和历史文化价值的住宅，进行重点保护和修缮。结合村庄环境整治和救灾救济工作，推进农村危房改造。

提升村庄环境管理水平。积极探索农民参与和自主管理村庄环境的有效途径，引导制定农民群众普遍接受和遵守的村规民约，落实设施维护、河道管护、绿化养护、垃圾收运、公厕保洁队伍。建立专项规章制度、固定管护队伍以及村民参与的监督制度，做到运行有效、管护到位、群众满意，使村庄环境管理逐步走上规范化、制度化、长效化轨道，确保环境整治有成效、不反弹。村庄环境整治的经典——铜山区伊庄镇倪园村，见图4-14。

4.5.3　村庄环境整治的成功做法

2011年以来，徐州市加强领导、明确责任、加大投入、落实措施，着力打造更优美、更生态、更宜居的农村环境，村庄环境整治工作取得明显成效。

1. 抓好"三个重点"，明确整治目标

一是抓"立足实际、提升基础"。针对全市村庄大多基础薄弱，整治难度较大的现实情况，徐州市从实际出发，以整治环境"脏、乱、差"为重点，坚持以"净化、硬化、美化、亮化"为突破口，在村镇道路、饮水安全、危房改造、无害化公厕、照明设施和垃圾收运体系建设方面加大投入，避免重表面轻基础、重整治轻管理、重眼前轻长远等问题，切实推进村庄环境整治工作。

二是抓"典型示范、突出特色"。针对徐州地形地貌多样的特点，结合村庄地理区位、资源

图4-14　村庄环境整治的经典——铜山区伊庄镇倪园村

禀赋、发展水平等条件，分类推进村庄环境整治。充分挖掘各地村庄自然山水、地域文化、建筑传统等元素，按照宜居社区、田园风光、山水生态、乡村旅游等多种类型，实施一村一策、一村一案，强化村庄的可识别性和独有性。同时，立足通过村庄环境整治带动农业功能拓展、农村产业结构调整和农民增收致富，初步实现了"以整治促发展、以发展带整治"的良性循环。沛县大屯镇安庄、铜山区老后楼等村庄在保留自然、古朴、生态山村特色的基础上，着力发展农家乐、农产品采摘等农业观光、休闲度假和文化体验类旅游产品，为农民增收致富起到了良好的示范作用。

三是抓"健全机制、长效管理"。为保障村庄环境整治工作规范化、常态化、长效化推进，2012年市政府制定了《徐州市村庄环境整治长效管理办法》。在此基础上，2014年上半年徐州又制定下发了《关于进一步加快建立健全市农村垃圾收运体系的通知》和《关于开展垃圾集中清理活动的通知》等文件，在全市村镇范围内开展"垃圾集中清理月"活动，集中清理村庄范围内、铁路沿线、公路沿线、河道沟塘、田间地头等重点区域积存的各种垃圾，真正做到垃圾清理全覆盖、无死角，为长效保洁建立基础。2015年市政府办下发了《关于加强全市村庄环境整治长效管理的意见》，明确了城管局作为村庄环境长效管理的牵头单位，并在资金筹措、队伍建设、制度建立等方面对长效保洁提出了更加明确的要求。

2．坚持"三个结合"，夯实整治基础

一是坚持村庄环境整治与改善民生相结合。徐州市把村庄环境整治作为促进农村发展、改善民生的重要抓手，主动顺应农村发展新要求、农村居民新期待，努力通过环境整治改善乡村面貌，提升整体形象，有效解决关乎农村居民切身利益的困难和问题。突出解决村庄生活垃圾、乱堆乱放、河道沟塘等环境卫生问题，优先建设农民群众需求最迫切的道路、供水、排水、垃圾收运等基础设施，提高广大村民的幸福感和满意度。

二是坚持村庄环境整治与强化农村社会管理相结合。徐州市在村庄环境整治中注重宣传发动，积极引导农民群众自发投身村庄环境整治，切实增强村民的凝聚力、向心力和归属感，密切干群关系，增进社会和谐。在优化美化居住环境的同时，注重提升村庄公共服务水平，加大村综合服务中心、农家书屋、村卫生室等公共基础设施建设力度，积极试点将社区管理理念引入农村，推动城乡社会管理一体化步伐。

三是坚持村庄环境整治与促进经济发展相结合。徐州市立足通过村庄环境整治带动农业功能拓展、农村产业结构调整和农民增收致富，初步实现了"以整治促发展、以发展带整治"的良性循环。倪园村大力发展农家餐饮、农家住宿、农家娱乐、乡村旅游产品、生态观光农业等项目，目前已有农家餐饮5处、农家住宿2处、农家娱乐项目6处、乡村旅游产品20余种、生态农业7家，逐步形成以旅游产业为核心，现代农业为支撑的经济框架，村民人均收入从2011年的不足6000元，跃升至2014年的11300元，为全市农民增收致富起到了良好的示范作用。央视新闻联播节目也对倪园村通过村庄环境整治，开发生态旅游资源，助力经济发展的经验做法进行了报道。

3．强化"四大保障"，确保整治实效

一是强化技术保障。为提升环境整治的整体水平，徐州市整治办自2012年以来分10个批次，对7个县（市）、区的整治办管理人员、乡镇分管领导、村委会负责人等800余人进行了技术培训，并编制技术指导手册2000余套，下发至各镇村，有效提高了镇村干部组织实施村庄环境整治的业务素质。同时注重规划引领，对三星级"康居乡村"和高铁、高速公路、黄河故道沿线的重点村庄进行整治规划，力求在全面符合整治标准的前提下，彰显徐州楚韵汉风的地域特点和历史人文特色。

二是强化资金保障。徐州市将村庄环境整治工作列入全市重点工程和为民办实事工程，对112个市级重点村庄投入专项资金1.5亿元，集中打造了一批定位清晰、特色鲜明的试点村庄，并注意发挥了试点村"连点成线、以线带面"的示范带动作用。同时，徐州有效整合利用现有各类涉农专项资金，充分发挥资金的使用效益，将省财政下达徐州的省级村庄环境整治引导资金、康居乡村专项资金等9项资金及市本级安排的农村河道疏浚补助、农村饮水安全以奖代补等7项资金进行整合，集中投入到村庄环境整治。

三是强化宣传保障。徐州市坚持把宣传工作作为一项重要环节来抓，采取多种形式，利用各种媒介，大力开展村庄环境整治的宣传教育。2013年，市整治办会同市文联、报业传媒集团、广播电视台、市摄影家协会等多家单位共同举办了首届"美好乡村·徐州村庄环境整治巡礼"摄影大赛，向全社会展现了村庄环境整治带来的新变化和新风貌，激发了广大农民热爱家乡、建设家乡的热情，有效推动了整治工作向纵深发展。邳州、铜山、沛县充分利用电视、报纸等媒体对村庄环境整治进行宣传、报道，也都取得了较好的效果。同时，还邀请市人大代表、政协委员视察指导村庄整治工作。

四是强化制度保障。徐州市把村庄环境整治作为重点工作列入了县（市）、区科学发展目标综合考核及乡镇科学发展分类考核之中，在2014年科学发展考核指标数量大幅压缩的情况下，进一步突出了村庄环境整治的权重，并设立单项考核奖，为村庄环境整治工作提供有力支撑。为确保各地村庄环境整治工作按序时、高质量推进，2015年市整治办建立了暗访通报制度，先后十余次对全市各地进行了暗访，共印发通报38份，有效推进了各地村庄环境整治工作的进展。

通过四年时间的治理，全市10375个自然村，已全部完成整治任务，2015年9月中旬，徐州在苏北五市中率先通过了省村庄环境整治办的全域验收考核。2012年以来，市财政直接投入资金1.5亿元用于市级重点村庄打造，已成功创建"市重点村"112个，创建"三星级康居乡村"70个、省级村庄建设与环境整治试点村（美丽乡村）46个。倪园村、任庄村被省住建厅等十家部门联合评选为"江苏最美乡村"，汉王镇、倪园村、安庄村荣获"江苏省人居环境范例奖"，倪园村还被住建部命名为全国首批美丽宜居示范村庄，全国仅12个村庄获此殊荣。整治一新的铜山区三铺镇潘楼村，见图4-15。

图4-15　整治一新的铜山区三铺镇潘楼村

4.5.4 村庄环境整治的精品样本

1. 秀美倪园

徐州市铜山区伊庄镇倪园村，古名"悬水村"，位于省级旅游度假区——徐州市吕梁山风景区核心区域，东距徐州观音机场10km，西与徐州市主城区相距25km，南与故黄河相望，北临连霍高速。该村村域面积8km²，现有5个自然村，753户，总人口2600余人。

近年来，倪园村通过坚持不懈的村庄环境整治，已完成了由过去荒山秃岭的小山村到具有青山绿水、奇石古邑之称的徐州"最美乡村"的嬗变，实现了由铜山区为数不多的贫困村到村域经济全面发展、农民生活殷实富足的小康村的跨越（图4-16）。

倪园村先后荣获江苏省旅游度假区、江苏省最具魅力休闲乡村、江苏最美乡村、美丽宜居村庄示范村、江苏人居环境范例奖等称号。

倪园村倪园东现有居民108户、271人，农民人均年纯收入12000元。该村自2012年年底实施省级村庄规划建设示范以来，围绕"六整治、六提升"大力实施环境整治，共清运垃圾1200t，增设垃圾房2座，垃圾桶（箱）96只，配置垃圾收运车2辆，配备保洁员3名，垃圾收集外运处理率达到100%；铺设污水管网3000m，新建污水处理设施1座；清理乱堆乱放86处，拆除危旧房屋及违章建筑13处，拆除猪圈20余个，清除露天粪坑15处；清理河塘2个，新砌排水沟1500m²；新建村级服务中心500m²，新建公共活动场地1200m²，新设停车场1处，新建公厕2座，改厕96户，卫生户厕改造率达100%；新建沥青路及石板路约3000m，新增路灯40盏，种植苗木2500株，绿化面积达6000m²，实施建筑物出新46000m²；自来水入户率达100%。

2. 幸福马庄

徐州市贾汪区潘安湖街道马庄村地处徐州市东北郊25km处，现有人口2763人，耕地4100亩。2014年村集体经济收入120万元，农民人均纯收入15200元。多年来马庄村一直致力于发展经济、富裕百姓、优化人居环境，活跃文化生活，努力打造欣欣向荣的社会主义新农村，呈现了"夜不闭户、路不拾遗、富裕文明、安乐祥和"的和谐局面，成为新农村建设的一颗璀璨明珠，被誉为"华夏文明一枝花"。该村先后荣获"全国文明村"、"中国民俗文化村"、"全国造林绿化千佳村"等荣誉称号（图4-17）。

图4-16 整治后的倪园村村内一角

图4-17 马庄村俯瞰图

近年来，马庄村先后投资200余万元建设成了现代化的教育设施，投资930万元进行中心村环境整治和基础设施建设。其中，修筑水泥、柏油路5631m，安装自来水管道5842m，架设变压器15台。

全村建设楼房420栋，人均住房面积超过了60m²。建成村民休闲广场，安装了室外健身和儿童游戏器材。全村统一栽种了行道树，修建了花园，绿化面积达到1万余平方米，美化和净化了马庄的环境。

全村推行旱改厕，建设了水冲厕所，实施旱改厕工程达到400户，村民水冲厕所建成率达到85%以上。为了解决随意焚烧、堆放农作物秸秆的农村老大难问题，村集体先后投资80余万元，实施"秸秆气户户通工程"，全体村民用上了沼气，真正使老百姓过上了像城里人做饭用燃气的生活。

3. 和谐安庄

沛县大屯镇安庄村，现有居民603户、2602人，农民人均年纯收入达13200元。2013年成为江苏省村庄建设与环境整治试点村，2015年被授予江苏省人居环境范例奖，并被命名为江苏省旅游名村（图4-18）。

自2012年1月该村大力开展村庄环境整治以来，清运垃圾986t，增设六立方垃圾箱2只、垃圾桶324只，配置垃圾收运车4辆，配备保洁员6名，垃圾收集外运处理率达到100%；铺设污水管网6800m，新建污水处理设施1座；清理乱堆乱放480处，拆除危旧房屋及违章建筑24处，拆除猪圈40余座，清除露天粪坑50处；清理河塘4个，清淤2893m³，新砌排水沟7860m²，新建景观驳岸1200m；新建村级服务中心1490m²，新建公共活动场地23900m²，新设停车场2处，新建公厕8座，改厕598户，卫生户厕改造率达98%；修建道路约4600m，新增路灯80盏，新建（加固）桥梁2座；种植苗木78600株，绿化面积达160000m²；实施建筑物出新34000m²；自来水入户率达100%。

4. 靓丽王庄

邳州市官湖镇王庄村现有村民486户，社会人口1660人。全村农业以银杏产业为主，人均纯收入达到了14600元。2013年，王庄村成功创建成为省级新农村示范村。

近年来，王庄村严格依照省级规划示范村的标准，结合"六整治六提升"要求，大力开展社会主义新农村建设。在村庄环境整治工作中，严格按照规划标准，先后投入近800万元，重点抓好基础设施建设。其中投入120万元，硬化道路及广场面积18500m²；投入30万元补植道路绿化1.5万m²；

图4-18　安庄村一角

图4-19　整治后的王庄村房前屋后整洁靓丽

投入80万铺设全村的污水管网3.5km并建设日处理50t的污水处理设施一座；增设三类水冲式公厕两座；新建垃圾房1座，垃圾池12个，添置垃圾桶200个，垃圾收运体系已经建立并正常运转；全村给水工程100%覆盖（图4-19）。在民生与文化建设方面，建设了面积240m²、藏书达1.5万册的文化活动室一座，建设了设施一流、面积达750m²的幼儿园一座，以及面积480m²、日常用品齐全的便民服务中心一处，筹建面积480m²的卫生室一座。

5. 康居五墩

新沂市窑湾镇五墩村头湾庄共有村民52户，人口202人，人均年收入13000元。近年来，为创建环境卫生示范村，该村先后投入资金230余万元，清理河道500m，清理树木1500棵，拆除乱搭乱建、废房35处，清理露天粪坑30处，外立面改造、刷新1万多平方米，新建排水管道600多米、水冲公厕1座，落实保洁员2人，硬化村庄道路4500m²，新增绿化树木1200棵，村庄绿化覆盖率达46%。通过环境整治，村庄卫生面貌明显改善，村民生产生活条件全面提升，村民安居乐业、和谐安康（图4-20）。

图4-20 五墩村整治后的村内街道

5 建设生态宜居城市

党的十七大报告首次提出建设生态文明的目标，十八大报告又将生态文明建设提高到"五位一体"的高度和前所未有的重要地位，首次专章进行论述。徐州市认真贯彻落实十七大、十八大报告精神，精心打造生态宜居城市，生态文明建设进程明显加快。城市面貌发生了脱胎换骨的变化，功能形象全面提升，从往昔到处荒山秃岭到如今森林覆盖率全省第一，从曾经只重视吃饭穿衣到现在对生态休闲旅游的青睐有加，徐州市民的生活环境发生巨大变化，生存意识和对生态环境的保护意识也有了显著提高。全市在人居环境建设、建筑节能和绿色建筑发展工作中取得了突出成绩，在海绵城市建设实践中也做出了有益尝试。

5.1 人居环境建设

近年来，为了给徐州人民创造一个舒适优美的人居环境，徐州市紧紧围绕"天更蓝、地更绿、水更清、路更畅、城更靓"的目标，大力推进生态文明建设，实施"蓝天碧水"、"精品园林"、"空气质量提升"、"二次进军荒山"等工程，改善城市人居环境，着力打造生态宜居城市，取得了显著成效。先后荣获国家园林城市、国家卫生城市、国家环保模范城市、国家森林城市、中国优秀旅游城市等荣誉称号。

5.1.1 提出创建目标

2011年，徐州提出创建人居环境奖的目标，并制定了三年创建规划，即2015年创江苏省人居环境奖、2016年创国家人居环境奖、2017年起争创联合国人居环境奖。为完成创建目标，市委、市政府认真制定创建实施方案并积极实施，特别是近年来不断加大资金投入，每年均组织实施百项以上的城市重点基础设施项目，包括城市棚户区改造及保障性住房建设、城市高架快速路建设、城市轨道交通建设、城市排水网络建设、矿区修复生态工程等，城市品位得到大幅提高，人居环境明显改善。云龙湖风景区修复工程、棚户区改造工程、幸福家园创建工程（图5-1）、绿色交通工程、奎山公园敞园工程、彭祖园敞园工程等多个项目先后荣获"中国人居环境范例奖"和"江苏人居环境范例奖"。经省政府批准，2015年徐州市被授予江苏人居环境奖。

近两年，徐州市未发生重大安全、污染、破坏生态环境等事故，对照《中国人居环境奖评价指标体系》，徐州已基本达到中国人居环境奖标准。为此，徐州市政府于2016年3月23日向江苏省住建厅提出申请，推荐徐州申报"中国人居环境奖"。

为扎实推进创建工作，徐州市政府专门成立了由市长任组长、分管副市长任副组长、各区和相关部门主要负责人为成员的创建工作领导小组，并从市建设、城管、园林、房管、水利5个部门抽调业务骨干集中办公。制订下发了创建中国人居环境奖城市实施方案，将所有75项指标逐一分解到具体部门和责任人，列入年度考核，确保工作落实，形成了政府牵头、职能部门各司其职、全市共同参与的"大会战"格局。

5.1.2 明确创建任务

按照国家住房和城乡建设部印发的《中国人居环境奖评价指标体系》和《中国人居环境范例奖评选主题及内容》的要求，徐州市委、市政府将创建工作的重点放在了提升居住环境、加强生态建设、加强城市管理和公共服务、加大公共安全建设、促进经济发展、注重资源节约六个方面。

1. 提升居住环境

一是加强住房与社区建设。科学合理布局住宅小区，建立由商品房、经济适用房、拆迁安置房和廉租房构成的住房供应体系，多渠道解决中低收入家庭的住房问题，确保住房保障率≥80%，保障性住房建设计划完成率100%。依法规范城市房屋拆迁管理，积极推进危旧房改造、城中村改造，居民得到妥善安置，物业实施规范管理。建立健全了房地产市场监管体系，依法规范市场行为，保证住宅供求总量基本平衡、结构基本合理、价格基本稳定。二是加大水环境综合治理力度。建立科学完善的城市排水系统标准，配套建设城市排水设施，充分发挥其排涝和保护水环境质量的作用。加快推进污水处理设施建设，配套完善污水管网等收集系统设施，确保污水集中处理率高于全国平均值10%。推广应用城市污水综合防治技术，有效控制城市污水排放量，实行达标排放。加强城市规划区内河的整治改造，保证水体环境质量达到相关标准，水体沿岸绿化良好。三是着力改善城市交通状况。加大城市道路建设力度，完善配套设施，构建分布均衡、密度适宜的城市道路交通网络，形成高效能的城市综合交通体系。认真执行公共交通优先政策，提高公共交通车辆运行速度和准点率，确保步行、自行车出行率≥40%。建立城市公共交通市场监管体系，确保公共交通安全正常运行，不断提高服务质量和服务水平。四是实行城市生活垃圾无害化处理。进一步做好城市生活垃圾分类收集和回收利用，促进城市生活垃圾减量化。加强生活垃圾综合利用技术的引进和消化吸收，搞好可燃气体、有机肥料和热能等资源性产品的再利用，促进城市生活垃圾资源化。积极推广应用生活垃圾处理技术和污染防治技术，提高城市生活垃圾无害化处理水平，确保城市生活垃圾无害化处理率达到100%。

图5-1 秀美的幸福家园

图5-2　草木葱茏，绿树成荫

2. 加强生态环境建设

一是高度重视森林、湿地、生物多样性丰富地区和生态脆弱区等特殊生态系统的保护，大力推进城郊绿化，在城市周围和功能分区交界处建设绿化隔离带，努力改善城市自然生态环境。二是加强城市广场、道路和小区绿化建设，合理布局城市公园绿地，确保城市规划建成区绿化覆盖率、绿地率、人均公园绿地面积进一步提升。严格执行城市绿线管制制度，切实加强古树名木和生物多样性的保护，因地制宜培育区域性乡土树种、草种，加快新品种的研究和引种驯化，丰富植物种群。坚持"保护第一、永续利用"的方针，进一步抓好风景名胜区的资源保护和生态、生物多样性的保护。三是综合抓好空气污染治理。加强城市燃气设施建设，调整优化能源结构，确保城市燃气普及率≥98%。建立城市燃气安全保障及应急系统，确保供气和用气安全。采取切实可行措施，认真抓好城市工业废气、机动车尾气、建筑工地扬尘和城市噪声污染的治理。建立城市空气质量日报制度，确保AQI≤100的天数占全年天数比例≥80%。

3. 加强城市管理和公共服务

一是加强城市管理规范化、制度化、法制化和程序化建设，进一步提高城市管理和公共服务职能。严格实行城市无障碍设计和建设，积极推行数字化城市管理运行模式，完善12345政府公共服务热线，健全城市管理执法工作机制。二是完善社区生活、文化、卫生、教育等配套设施，开展多种形式的社区文体活动和公益活动，丰富群众业余生活。有效协调和化解各类矛盾，维护社区社会稳定。三是加强历史和自然文化遗产的保护。完善历史和自然文化遗产保护规划，严格按照确定的范围加以保护。建立健全监管机制，加强对各级文物保护单位和地表文化遗存的保护，妥善保护一切有价值的历史文化遗产。

4. 加大公共安全建设

一是保障城市管理与市政基础设施安全。进一步提高数字化城市管理和智慧城市管理水平，健全对占道经营、违章建筑、"六小行业"等现象的长效治理机制，坚决防止脏乱差现象"回潮"。健全地下网管、道路桥梁等市政基础设施档案，完善管理制度，落实监管责任，确保城市安全运行得到保障。二是突出抓好社会安全。认真排查道路交通设施、交通标志是否齐全，对影响交通安全的险桥险段、事故黑点、交通信号不合理、安全设施不完善的道路安全隐患进行整治，对重点车辆重点人员加强管控，对违法违规行为"零容忍"处罚，进一步提高道路安全水平。三是完善预防灾害和应急系统建设。加快避难场所建设，切实提高城市抵御灾害事故的整体防护能力。维护好城市公共消防基础设施，确保消防设施完好率100%。完善应急预案，适时开展应急演练，提高城市应急处置能力。

5. 促进经济发展

一是稳步提高居民收入。在狠抓招商引资的同时，积极采取有效措施，激发市民创业精神，支持全民创业，为创业者提供政策咨询、信息发布、项目推介、风险评估、贷款融资、注册登记等服

图5-3　丰富多彩的社区文体活动

图5-4　安全巡查一丝不苟

务,提高就业水平,推动个私经济的快速发展和提高城市居民家庭经营性收入。开展技能人才培训,扩大就业规模,确保城镇登记失业率≤4.3%。二是重视就业创业工作。推广和启用智能化招聘平台,扩大就业规模,做好高校毕业生实名制调查工作,确保掌握底数、摸清实情。三是优化经济结构。全力以赴转方式调结构,争创徐州科学发展新优势。在努力保持稳定增长的同时,加快经济结构战略性调整,积极培育新的增长点,打造徐州经济"升级版"。优化调整服务业集聚区布局,推动传统服务业

图5-5　蓬勃发展的月光经济

扩容提质,促进旅游业等现代服务业加快发展,积极培育新的消费热点,力争服务业比重再提高1个百分点。

6. 注重资源节约

一是加快主导产业提档升级。完善落后产能退出机制,淘汰高能耗、高污染、低产出的项目,腾出空间用于支持高端产业发展,确保单位GDP能耗达到指定标准。大力推广绿色建筑,加强太阳能和浅层地热能的开发利用,提高节能建筑和可再生能源使用比例。二是加强水资源节约利用。加强城市供水安全保障及应急系统建设,确保城市公共供水覆盖率≥95%,水质达到国家标准。重视城市供水管网技术改造,有效降低供水管网漏失率。严格落实再生水利用管理条例和城市节水规划,进一步加大再生水输水管道和深度处理设施的投入,完善再生水应用技术体系,为再生水利用提供科学的技术支持与保障,改进工业用水重复利用工艺,不断提高再生水和工业用水重复利用率。三是建立城乡统筹的规划建设管理体制和工作机制,健全公众参与制度,合理安排建设用地。健全国土资源节约集约利用综合评价考核制度,开展批而未用土地清理,加大闲置用地处置力度,珍惜、合理利用土地,实现节约土地、减量用地、提升用地强度、提高土地利用效率。

5.1.3 创建绿色民生

一是加大棚户区改造力度。2008年以来，徐州抓住省委、省政府振兴徐州老工业基地的重大机遇，大力实施棚户区改造。截至2015年底，市区共实施棚户区改造3277万m^2，约14.5万户棚户区居民的住房问题得到了改善，徐州的棚户区改造工作得到了中央和省委、省政府领导的充分肯定，在全省乃至全国树立了徐州棚户区改造的品牌。

二是建立健全住房保障体系。建立起了公共租赁住房、经济适用住房、廉租住房以及发放廉租住房租赁补贴、公有住房租金减免和棚户区改造等多形式的住房保障体系。截至2015年底，市区享受住房保障的城镇家庭累计达13.69万户，城镇常住人口保障性住房覆盖率达24.63%，超额完成目标任务；2015年末，市区城镇居民人均拥有房屋面积达43.65m^2。保障对象家庭住房困难问题得到有效缓解。

三是不断完善社区配套设施。在住房建设尤其是保障性住房建设中，坚持科学规划、精心施工、加快配套、完善功能，所有建成入住小区内社区教育、医疗、体育、文化、便民服务等各类设施配套齐全，全方位提供优质服务，确保了入住群众日常生活需求。加快推进社区周边配套学校、街坊中心、养老机构建设，基层服务网络通畅、便捷，文化、体育活动开展丰富多彩，已形成较为完善的基层社区服务体系。

四是逐步提高群众收入。充分利用各项政策和服务平台扶持创业，完善了大学生和残疾人创业扶持政策，建立了大学生创业园，开展残疾人就业培训，集中解决了一大批残疾人就业难题。2015年徐州城镇新增就业11.86万人，新增转移劳动力6.15万人，城镇登记失业率1.89%。根据经济发展水平，及时对最低工资标准作出调整，城镇居民人均可支配收入29841元。

五是不断完善社会保障制度。切实强化社会保障的"兜底"作用，完善城乡一体化社会保障制度，坚持"应保尽保、应缴尽缴"的原则，不断扩大养老保险覆盖范围，着力提高养老保险参保缴费率。截至2015年末，全市企业养老保险参保人数达到114万人，城镇职工基本医疗保险参保294.9万人、失业保险参保85.7万人、工伤保险参保83万人、生育保险参保67.5万人，城乡居民养老保险参保人数198.6万人，机关养老保险参保人数6.4万人，社会保险主要险种参保覆盖率均超95%以上。

六是进一步提升养老服务水平。全力构建以居家养老为基础、社区服务为依托、机构养老为支撑、信息服务为辅助的社会养老服务体系。截至2015年底，全市共建成各级各类养老机构共255家，养老床位5.46万张，千名老人拥有机构养老床位32.7张。

七是改善社会管理秩序。因地制宜建设徐州特色数字城管，有效提高了城市管理水平，市民对数字化城管工作满意率达99%。加强道路交通安全和治安管理，健全完善交通安全源头监管机制、重点违法行为查处机制，道路交通死亡率降至2.69人/万台车。开展以打防管控一体化、执法规范化、管理精细化和服务亲民化为主要内容的"四化"建设，严打违法犯罪活动，刑事案件发案率0.67%。加强公共消防设施、防涝设施和应急避难系统建设和管护，城市公共消防基础设施完好率100%，城市人均避难场所面积达到2.06m^2，城市应急体系建设完善。作为资源枯竭型城市，在人居环境奖的创建过程中，徐州通过发展模式的加快转型，实现了资源集约利用，经济绿色发展。

八是不断增长服务业投资。加快经济转型步伐,着力提高三产在地方总产值中的比重。2015年,全市服务业固定资产投资继续保持快速增长,全年完成服务业固定资产投资1882.49亿元,同比增长13.9%。2015年,全市实现服务业增加值2460.06亿元,同比增长10.2%,增幅高于地区生产总值0.7个百分点,占地区生产总值的比重高达46.24%,较上年提高1个百分点。

九是逐年提升可再生能源利用比例。出台了全市战略性新兴产业发展三年行动计划、万家企业节能计划、煤炭消费总量控制方案、煤电节能减排实施方案等一系列压减煤炭消费、发展可再生能源的政策措施。加强太阳能、生物质能、地源热泵等新能源的利用。大力发展节能建筑,市区新建绿色建筑比例达到59.19%。徐州相继获得了国家级新能源示范城市、节能减排示范城市等称号。

十是稳步提高水资源循环利用率。编制节水规划,强化节水管理,加快推进水价改革,提高水资源保护费征收标准、扩大征收范围,进一步完善了水资源有偿使用制度,积极推进阶梯水价制度。加强再生水利用,将其用于补充故黄河、奎河等生态景观用水和工业生产,2015年,徐州再生水利用量达6654万t。加强工业用水重复利用,利用率达到96.63%。单位地方生产总值取水量为$13.08m^3$/万元。

徐州创建人居环境奖城市不是简单地进行环境整治,而是把坚持惠民理念,提升城市居民幸福指数作为创建工作的出发点和落脚点,围绕"衣食住行"、"生老病死"等民生热点难点,逐年提高民生福祉类工程项目比重,让人民群众有更多的获得感。

通过开展中国人居环境奖城市创建工作,大力推进城镇基础设施和生态环境建设,切实改善城乡人居环境质量,促进人与环境和谐共处,勤劳的徐州人民已将自己的家园建设成为最具生态魅力、彰显和谐文明的宜居、宜业、宜商的城市。2017年初,徐州市以总分第一名喜获2016年度"中国人居环境奖",为下一步争创"联合国人居环境奖"城市奠定了坚实基础。

5.2 海绵城市建设

海绵城市是指通过加强城市规划建设管理,充分发挥建筑、道路和绿地、水系等生态系统对雨水的吸纳、蓄渗和缓释作用,有效控制雨水径流,实现自然积存、自然渗透、自然净化的城市发展方式。近年来,徐州市在海绵城市建设方面进行了有益的探索实践,成功入围江苏省第一批海绵城市建设省级试点城市。

5.2.1 海绵城市建设理念

海绵城市能够像海绵一样,在适应环境变化和应对自然灾害等方面具有良好的"弹性",下雨时吸水、蓄水、渗水、净水,需要时将蓄存的水"释放"并加以利用。海绵城市建设应遵循生态优先等原则,将自然途径与人工措施相结合,在确保城市排水防涝安全的前提下,最大限度地实现雨水在城市区域的积存、渗透和净化,促进雨水资源的利用和生态环境保护。在海绵城市建设过程中,应统筹自然降水、地表水和地下水的系统性,协调给水、排水等水循环利用各环节,并考虑其复杂性和长期性。

2012年4月,"2012低碳城市与区域发展科技论坛(杭州会议)"首次提出"海绵城市"概念;2013年12月12日,习近平总书记在《中央城镇化工作会议》的讲话中强调:"提升城市排水系统时要优先考虑把有限的雨水留下来，优先考虑更多利用自然力量排水，建设自然存积、自然渗透、自然净化的海绵城市"。2015年10月，国务院办公厅出台《关于推进海绵城市建设的指导意见》，明确提出"采用渗、滞、蓄、净、用、排等措施，到2020年将70%的降雨就地消纳和利用"的目标要求。短短几年时间，海绵城市已经从提出概念快速发展到推进建设的新阶段。

5.2.2 海绵城市建设规划

为贯彻中央城镇化工作会议精神，2016年3月，徐州市委托中国城市规划设计研究院深圳分院开始组织编制《徐州市中心城区海绵城市建设专项规划》。规划编制单位通过采用实地踏勘、文献资料收集、部门专家访谈等形式，在完成规划编制所需的现有地下管线基础资料等调研工作的基础上，进行了现状资料梳理、问题识别与分析等工作，并于2016年8月底完成了规划草案的编制。该专项规划系统研究了徐州市自然环境特征，结合国家相关技术要求以及徐州市相关规划协调分析成果，贯彻"节水优先、空间均衡、系统治理、两手发力"的海绵城市建设思路，明确了"小雨不积水、大雨不内涝、水体不黑臭、热岛有缓解"的徐州市海绵城市建设的总体目标和"年径流总量控制率不小于78%"、"径流污染控制目标不小于80%"、"30年一遇的内涝防治标准"、"100年一遇的城市总体防洪标准"的徐州市海绵城市建设的分目标，基于徐州市辖区生态基底，从海绵城市建设理论保障水安全和水生态环境角度出发，构建"一环五楔三廊多点"的生态安全格局。一环：即市辖区外围的农林用地生态环，是市辖区大海绵的生态基底，是维持规划区自然生态水文的重要基底；五楔：即以市辖区周边五个重要的生态敏感（生态绿地及生态湿地）区构成的生态斑块，它们在水土保持、生物多样性维持、改善气候方面有着重要作用；三廊：是以市辖区故黄河、奎河及京杭大运河为主的三条河流廊道，是市辖区海绵城市建设中重要的行洪、排水、调蓄和污染净化的通道。多点：即以市辖区重要的湿地及湖泊、水库、大型城市公园等海绵体，具有调蓄、污染物防治、缓解城市热岛等生态功能。对示范区，主要依托示范区内的"一河（王窑河）一园（泉润湿地公园）三山（卧牛山、磨山-王长山、花头山-家台山）"的生态空间资源和道路防护绿地网络，借助周边的生态资源要素（桃花源湿地、云龙湖、故黄河湿地等），以打造生态宜居海绵城市为目标，构建基于生态通风的自然生态海绵系统。在示范区内规划实施卧牛山生态修复、泉润湿地公园建设、新淮海西路沿线用地内绿化建设、徐潇公路-纬一路沿线用地内绿化建设、卧牛首开区等新建小区透水铺装与下凹绿地建设、雨润新城等已建小区透水铺装与下凹绿地改造、待开发地块设计条件加入海绵城市刚性指标等。

5.2.3 海绵城市实践探索

近年来，徐州市已经实施了部分符合海绵城市建设理念和要求的建设项目，主要有：中德国际合作的九里湖采煤塌陷区生态修复、潘安湖采煤塌陷区生态修复、城西片区水环境综合整治等项目，在云龙湖景区、金龙湖景区、大龙湖景区等公园改造、绿地建设过程中，也相应建设了雨水吸纳、蓄渗和缓释等与海绵城市功能相等的设施。2011年国庆前夕开园的奎山公园对"海绵城市"的理念也有所体现（图5-6）。大面积种植的树木和草坪在遭遇大雨时，既能避免形成急剧水流对附近道路的影响，又能收集雨水到公园内的景观水池中。2014年9月，位于金山东路与泰山路的十字路口的金山东路绿地完工并向市民开放，作为徐州市首个能够集雨的下沉式城市园林，在金山东路绿地中心广场建有一处位于地面下的集水池，这是徐州市第一座城市园林配套建设的集水池。集水池的管道一直通向泰山西山脚下的藏洪沟，当雨水降临时，山坡地表径流或地下渗水就会流到藏洪沟，然后再通过管道流至蓄水池。由于金山东路绿地的绿化带也比马路表面低30cm以上，这样一旦遇到大雨，绿地上的雨水会直接被绿地和蓄水池吸收而不会大规模流到临近的路面上。当非雨水季节，蓄水池的水就可以浇灌植物而被利用。

为充分发挥典型示范的引导作用，加快推进徐州市海绵城市建设，市委、市政府对海绵城市试点申报工作高度重视，多次召开专题会议，对有关工作进行安排部

图5-6 徐州海绵城市实践项目——奎山公园

署，明确细化责任，经过努力，徐州市成功申报成为省海绵城市建设试点城市。作为申报海绵城市建设试点区域，城西片区是徐州市西部门户，面积约9.9km^2，定位为"生态导向下的零散居住工业群落向生态新城转型的海绵城市试点区域"。试点区域内现存有采煤地面塌陷带、城市内涝高风险区以及大量的棚户区改造项目，对低影响开发建设带动区域生态保护与修复、环境改善有着非常迫切的需求。

2016年，徐州市园林局、泉山区等单位结合2016年度市城建重点工程项目建设，在三环西路绿化、九里湖湿地公园改造、泰山西坡山体公园建设等工程中按海绵城市建设规范、标准要求进行了海绵城市试点设计、建设。其中，三环西路绿化韩山节点试点项目，占地面积6000m^2，汇水面积为1.2公顷，根据场地现状竖向情况，将场地设计成雨水花园，实现雨水滞留蓄积及净化处理，通过植被、砂石、土壤、透水铺装等构造结构将雨水进行净化、沉淀，经过净化的雨水透过土壤自然渗透，从而达到对雨水滞留、蓄积、净化以及回补地下水的作用。园路铺装采用透水混凝土进行铺设，有效控制地表径流，提高对雨水的吸纳和蓄滞能力，该项目已经实施完成。三环西路绿化襄王路口节点试点项目，占地面积约15000m^2，该地块自身汇水区面积1.56公顷，东南侧汇水区面积2.87公顷，结合场地现状及地质情况确定海绵腔体平面位置，共规划两个海绵蓄水区：高位蓄水区和中位蓄水区。蓄水海绵体采用块石填充（考虑周边采石场及建筑拆迁材料可再利用）海绵腔体，空隙率为30%，实现对场地水位信息、水量信息及土壤水分信息的采集及就地存储，全方位了解、调控地块内雨水渗透、雨水收集、雨水蓄集、雨水净化和雨水利用情况并形成相关数据、结果，体现集约和可持续设计理念，目前正在扫尾，近期即将完成。面积1.7km^{2}的九里湖湿地公园提升改造工程，也按照海绵城市的建设理念正在实施之中。泰山西坡山体公园海绵城市建设试点项目方案设计已经完成，近期将组织进场施工。

建设海绵城市，不能局限在园林工程上，而是城市建设系统工程。徐州已把地块雨水吸纳率等指标作为开发建设项目规划条件的重要技术指标，通过规划有效落实"海绵城市"的各项建设。城市绿地系统、公园都将成为重要的海绵体。同时，还将推进海绵型道路和广场建设，对新建城市道路的非机动车道、人行道和广场、停车场推广使用透水铺装系统。新建住宅小区也要规划建设雨水

系统，室外步行道、停车场都应采取透水铺装，政府投资的保障房等项目必须率先落实。

在新小区规划建设时，徐州市严格按照海绵城市的要求进行规划建设，在卧牛首开片区（荣盛麓山荣郡）等新建住宅小区规划许可和建设项目审查审批时，徐州市把雨水收集利用、可渗透面积、蓝线划定与保护等海绵城市建设要求作为前置条件，积极推进海绵城市建设要求。其中，卧牛首开区B-1、2、3地块规划条件中就明确提出了规划设计方案要符合《海绵城市建设技术指南》、《江苏省绿色建筑发展条例》等相关规范和技术规定要求，透水铺装率、下沉式绿地率及其下沉深度、屋顶绿化率、雨水调蓄设施等控制指标被纳入了地块规划设计要点。

5.3 建筑节能和绿色建筑发展

徐州市建设规模总量巨大，全市建筑能耗超过全社会总能耗的20%且呈现快速增长趋势，民用能耗需求与建设发展能耗需求之间的矛盾日益突出。抓好建筑节能，降低建筑能耗，不仅是实现徐州市节能降耗减排目标的重要举措，也是缓解全市能源紧张形势，实现经济社会可持续发展的必然选择。近年来，徐州大力推进建筑节能和绿色建筑，推进建筑发展模式向低碳化转型，对缓解徐州市资源供需矛盾紧张状况、降低社会总能耗、建设资源节约型与环境友好型社会发挥了积极的作用。至2015年末，全市新增节能建筑8978万m^2，绿色建筑607.7万m^2，建成徐州市新城区、沛县新城区两个省级建筑节能与绿色建筑示范区，同时徐州市获批省级绿色建筑示范城市创建资格。从总体上看，徐州市建筑节能和绿色建筑发展经历了起步萌芽、强制推行和全面推进三个阶段。

5.3.1 起步萌芽阶段

徐州市最早的建筑节能工程始于1995年，初期基本以无机保温砂浆内保温为主，仅在少量工程上得到试用，从事节能保温材料生产销售的企业也只有几家。2000年开始，部分试点工程项目开始以组团的形式使用保温砂浆外墙保温技术，包括内保温、外保温、内外保温，并逐步推广应用以塑钢型材、断桥铝合金型材、中空玻璃为典型特征的节能型外窗、以塑料管材为主的新型管材。2001年开始，聚苯板（EPS、XPS）薄抹灰外墙外保温系统在徐州电业局高层住宅中得到应用。2003~2005年间，江苏省电力公司铜山县供电公司开发建设了铜电家园职工住宅小区，5栋12层小高层、1栋18层高层和1栋19层高层共65000m^2的项目选用了北京振利高新技术公司开发研制的无溶剂硬泡聚氨酯外墙外保温隔热技术，建筑节能达到接近65%的标准，是江苏省较早的高标准建筑节能示范小区。这些工程实例为徐州市建设主管部门了解建筑节能的技术和效果提供了第一手资料。

5.3.2 强制推行阶段

1．"十一五"建筑节能工作苏北领先

"十一五"期间，徐州把建筑节能作为推进全社会节能减排的重点任务，依法推进建筑节能，积极推广应用建筑节能技术，认真落实鼓励建筑节能发展的经济政策，切实加强建筑节能工作的统筹协调，依据《江苏省建筑节能管理办法》（省政府第59号令）出台了《徐州市人民政府关于加强建筑节能工作的意见》（徐政规〔2010〕8号），为建设资源节约型、环境友好型社会以及实现经济社会可持续发展提供了有力的保障。

"十一五"期间，徐州以强化新建建筑节能全过程监管为核心，加快推进可再生能源建筑应用，统筹发展既有建筑节能改造和政府办公建筑与大型公共建筑用能系统运行监管工作，建筑节能工作取得了较大的进步，全面完成了全市"十一五"规划确定的目标任务，圆满完成了江苏省"十一五"期间下达的建筑节能目标任务，占据了建筑节能工作苏北领先地位。

2006年以来，徐州市城镇新建民用建筑按节能50%的标准设计率达100%。2007年，按标准建造率达到85%，高于全省84%的平均水平；2008年通过竣工验收的建筑执行建筑节能设计标准比例达到88%，高于全省87%的年度目标；2009年，竣工项目达标率达94%，高于全省92%的平均水平；2010年竣工项目达标率达98.4%。徐州市建筑节能工作任务的实际完成情况为，2006年1.99万t标准煤、2007年5.07万t标准煤、2008年14.95万t标准煤、2009年20.23万t标准煤，2010年28.70万t标准煤，共计70.94万t标准煤，超过省下达的68.8万t标准煤的既定目标任务（其中市区完成41.35万t标准煤，各县（市）、贾汪区共完成29.59万t标准煤），超额完成率为2.38%，占全省份额的6.6%，减少二氧化碳排放量160万t。建成了约4404万m^2的节能建筑（其中，市区2461万m^2，县区1943万m^2）。实现了新建建筑节能总量大幅提高，建筑节能标准执行率持续上升的目标。

2．建筑节能各项制度逐步完善

徐州市积极贯彻落实国家、省有关建筑节能工作的各项规定。制定了建筑节能设计方案专项审查、建筑节能专项设计、建筑节能施工图设计文件专项审查、建筑节能专项施工、专项监理制度，施工现场和销售现场节能信息公示制度，建筑节能专项验收制度，建筑节能工作专项检查监督等制度，实现了新建建筑从设计到验收的全过程监管。从方案设计到工程验收各环节一系列制度的制定，加上建筑节能专项检查、监督等执法力度的加强，确保了新建建筑节能标准执行率的稳步上升，基本完成了新建建筑节能50%的阶段性任务。

2006年，徐州市开始全面实施建筑节能强制性标准，大力推广使用隔热保温的外围护结构和新型墙体材料、节能门窗，广泛使用太阳能、地热能等可再生能源，积极发展绿色建筑，实施既有建筑节能改造，开展建筑物用能监测和能效测评，试点推进合同能源管理。2007年，徐州市人民政府出台了《市政府关于在民用建筑工程中全面推行现浇框架等先进结构体系的意见》（徐政发〔2007〕129号），在全省率先淘汰了砖混结构，为墙体材料改革和新型轻质保温墙体材料的应用起到强力的推动作用。2010年，新建民用建筑设计方案必须征求建筑节能意见，使《江苏省建筑节能管理办法》中关于设计方案节能审查的要求真正得以落实。

2010年，依据《江苏省建筑节能管理办法》（省政府第59号令），徐州市人民政府出台了《关于加强建筑节能工作的意见》（徐政规〔2010〕8号），加强了建筑全过程的监管。发展改革委在建设项目立项审批管理中，强化了对建筑节能的要求，从源头上把关建筑节能；规划局在建筑方案审查时，对建筑方案的建筑节能强制性标准要求严格把关；经贸委加强了对新墙材的推广应用和监督管理；科技局组织实施了一批建筑节能技术攻关项目；房管局加强了对徐州市既有建筑的调查研究工作。总体上看，各部门协调配合、合力推进建筑节能的工作机制正在逐步形成，建筑节能管理水平不断提高。

为进一步规范建筑节能施工图专项审查工作，2007年徐州市明确了只有经过专项培训并考试合格的审图人员才有资格进行建筑节能专项审查。施工图审查全面执行《公共建筑施工图设计（建筑节能）审查要点（暂行）》和《居住建筑施工图设计（建筑节能）审查要点》。要求设计单位报送建筑施工图审查文件时，必须统一填报《公共建筑施工图设计（建筑节能）报审表》、《居住建筑施工图设计（建筑节能）报审表》。做到审查材料统一，审查标准统一，确保审查质量。

为强化建筑节能工程专项验收制度，2007年起，徐州市执行《建筑节能工程质量验收规范》DGJ32/J 19—2007，要求将建筑节能分部工程资料单独成册，并纳入《建筑工程施工质量验收资料》。2008年启用新版《住宅质量保证书》和《住宅使用说明书》，增加了建筑节能技术指标。

为方便设计人员的设计，2009年徐州市全面执行《江苏省民用建筑工程施工图设计文件（节能专篇）编制深度规定》和《江苏省建筑节能设计专篇参考样式（2009年版）》。每年对建筑设计单位进行建筑节能设计质量检查，确保了建筑设计阶段执行建筑节能设计标准执行率100%。

为推进建筑节能专项施工和专项监理制度的落实，2010年，徐州市全面执行《建筑节能专项施工方案》和《建筑节能专项监理细则》标准化格式文本，进一步强化了施工阶段的建筑节能质量、安全要求，提高了建筑节能在实施阶段的保证率。

为加强施工现场、商品房销售节能信息公示，2010年，徐州市明确要求建筑施工单位、商品房销售企业应在工地及销售现场显著位置对建筑的节能信息进行公示，并编制了参考样式。

3. 节能技术进步促进建筑节能发展

徐州市自2005年7月按照建设部的要求开始强制实施建筑节能50%的要求，先从抓设计阶段执行率入手，至2006年底设计阶段的建筑节能标准执行率已接近100%。随着江苏省《民用建筑节能工程施工质量验收规程》DGJ32/J 19—2006自2006年6月1日起实施，建设部《建筑节能工程施工质量验收规范》GB 50411—2007自2007年10月1日起实施，至2008年底徐州市施工阶段的执行率已达到85%。建筑节能真正从个别建筑节能意识较强的建设单位主动实施转变为所有民用建筑工程必须强制实施。

这一阶段以北京振利高新技术有限公司为代表的胶粉聚苯颗粒保温砂浆和以南京臣功节能材料有限公司为代表的水泥基复合保温砂浆技术成为徐州市建筑节能保温市场的绝对主流。

2005年10月，徐州财苑房地产经营开发有限公司开发的财富广场写字楼约25000m^2选用了北京振利的ZL胶粉聚苯颗粒保温浆料外墙外保温系统（瓷砖饰面）。2006年5月至10月，该公司开发的锦绣年华小区10栋小高层约6万m^2选用了相同的保温系统。这两个项目的外墙外保温工程质量得到了建设单位和质监部门的一致认可，但是北京振利的材料质量虽好但价格较高，锦绣年华小区二期工程改用了其他企业的材料。2007年11月，北京振利中标了农科院宿舍楼15000m^2的项目，这是ZL胶粉聚苯颗粒保温浆料外墙外保温系统在徐州应用的第三个项目，也是最后一个项目。

2007年第二季度后，建筑节能保温材料生产企业呈现爆发式增长，由于生产门槛较低，大量作坊式生产企业一哄而上，低价竞争、产品质量良莠不齐、市场凸显混乱局面。仅徐州本地新投产的保温砂浆生产企业就多达20多家，其中投资几万元、租个小厂房、弄张砂浆配方、买一台简陋的砂浆搅拌机、雇两三个工人的作坊式企业占多数。而代理外地保温材料来承揽工程的也有20多家。另外一个方面，建筑节能保温是政府强制推动的，绝大部分建设单位是被动实施，出于降低工程造价的目的，不讲质量好坏唯低价优先、自行在工地胡乱拼凑保温系统、在保温砂浆中掺入砂子等行为屡见不鲜，屡禁不止。

混乱的建筑节能保温砂浆市场，引发了徐州市建设行政主管部门的担忧。谁将来给节能建筑的质量、安全"埋单"呢？老百姓耗费一生的血汗钱，不能真正享受到节能住宅的好处；国家的节能政策未能真正得到体现，那又怎么能叫建筑节能是件"利国利民"的大事呢？经过一段时间的调研，徐州市城乡建设局研究制定了《徐州市建筑节能保温系统及其构成材料管理办法（试行）》，自2007年10月1日开始实施，力图规范建筑节能保温材料使用行为，加强对建筑节能保温材料使用的监督管理，确保工程质量、安全和建筑节能效果，推进建筑节能工作的健康、有序发展。2008年8月20日，住建部发布了《关于加强建筑节能材料和产品质量监督管理的通知》（建科〔2008〕147号），自此全国各地建设行政主管部门普遍加强了对建筑节能材料和产品的备案管理。至2008年底，徐州市城乡建设局审核了超过50家企业的70多个建筑外墙外保温系统，对相对较好的36家企业的49个建筑外墙外保温系统予以备案，其中本地企业11家占30%，外地企业25家占70%。还有不少实力太差的企业，知道绝无可能通过备案，就挂靠已备案企业的品牌或者干脆伪造备案证书弄虚作假，但这种行为在日益严格的监管之下越来越少。

备案的本地企业中有10个保温砂浆系统、2个EPS板系统、1个XPS板系统；外地企业中有19个保温砂浆系统、12个EPS板系统、3个XPS板系统、2个现场喷涂聚氨酯系统。这一阶段选用保温砂浆外墙外保温系统的项目占95%以上，只有少数要求比较高的项目选用了其他系统。例如，2007年度江苏省建设科技示范工程居住建筑节能65%示范项目徐州荣景盛苑小区就全部选用了EPS板薄抹灰外墙外保温系统，2008年9月徐州师范大学铜山校区的文学院3栋教学楼选用了现场喷涂聚氨酯外保温体系。

在对建筑节能保温系统及其构成材料实施备案管理一年之后，徐州市的建筑节能保温市场逐渐从混乱走向规范，建设单位的建筑节能意识有所提高，大部分工程项目开始按要求选用经过备案的建筑节能外墙外保温系统，生产和代理假冒伪劣建筑节能保温材料的部分企业退出了市场。

2008年开始，徐州市新开工的各类民用建筑工程要求采用现浇板框架、框剪、异形柱框架等先进结构体系，逐步淘汰砖混结构。这直接推动了全市墙体材料从以承重墙材为主转变为以非承重填充墙材为主，为轻质自保温墙体材料的发展创造了机遇。徐州市新城区大量公共建筑采用了砂加气混凝土砌块作为自保温墙体材料，部分住宅项目也开始尝试使用砂加气混凝土砌块自保温系统替代常规的外墙复合保温做法。与此同时，徐州本地建材企业也随之调整，开始转为研发生产自保温墙体材料。

由于保温浆体材料的导热系数偏大，同时大多数保温浆体材料质量不稳定，现场工程质量难以保证；在工程上可接受的保温层厚度范围内，单独使用很难符合民用建筑节能设计标准中对外墙平均传热系数限值的规定。因此，江苏省建设厅2009年2月发布的技术公告，将外墙保温浆体材料列为建筑节能限制技术，规定除楼梯间墙、地下室及架空层顶板外不得用于寒冷地区内、外保温，夏热冬冷地区不宜用于内保温。徐州市于2009年3月20日发布《关于限制使用外墙保温砂浆及加强建筑节能质量管理的通知》（徐建发〔2009〕39号），规定从2009年4月10日起，凡徐州市范围内新申报施工图审查的建筑工程一律禁止使用保温砂浆类建筑外墙保温系统，凡外墙保温节能工程分部在2009年12月31日（不含）之后开始实施的，必须改用江苏省省推广使用的其他建筑节能保温系统。考虑到过渡期的延续使用问题，徐州市城乡建设局还对原备案过的29个保温砂浆系统重新审核，根据以往工程应用质量的动态监管情况，筛选保留了其中15家企业的16个保温砂浆外墙外保温系统，有效期延续至2009年12月31日。至2009年底，徐州市已备案系统中EPS板系统达到29个、XPS板系统4个、现场喷涂聚氨酯2个、轻型保温装饰一体化成品板系统1个，建筑外墙外保温技术体系从以保温砂浆为主向以EPS板薄抹灰外墙外保温系统过渡。

到2010年，徐州地区外墙保温市场已经历了导入期和成长前期，进入产品更新换代、体系逐渐丰富的成长期。胶粉聚苯颗粒外墙外保温系统、水泥基复合保温砂浆外墙外保温系统、膨胀玻化微珠保温砂浆系统、聚苯板（EPS、XPS）和硬泡聚氨酯板（PU）薄抹灰外墙外保温系统、现场发泡硬泡聚氨酯外墙外保温系统、保温复合装饰板外保温系统、装饰板干挂外墙保温隔热系统等复合墙体内外保温隔热技术在徐州地区都得到了应用。外墙保温浆体材料已逐步退出市场，聚苯板（EPS、XPS）薄抹灰外墙保温系统取而代之成为市场主流，其他类型的保温系统逐渐丰富着市场的选择。同时，以砂加气混凝土砌块为代表的墙体自保温技术具有耐久、防火、耐冲击、施工方便、综合成本低、质量通病少、与建筑物同寿命等优势，成为当前鼓励优先采用的墙体保温隔热技术。

4．可再生能源建筑应用成效显著

徐州市积极推动太阳能热水系统等可再生能源在建筑中的应用，做到与建筑工程同步设计、同步施工、同步验收。

2006年，根据徐州市住宅小区太阳能热水器安装混乱，影响建筑立面效果的情况，经反复调研、示范，徐州市在全省率先强制推出太阳能热水系统与建筑一体化设计要求，建设局出台了《关于在徐州市新建住宅小区推广使用太阳能热水系统的通知》（徐建发〔2006〕119号），要求与建筑同时设计、同时施工、同步验收。设计单位2008年全面执行《江苏省太阳能热水系统施工图设计文件编制深度规定（2008年版）》。施工图审查中心执行《太阳能热水系统施工图设计审查要点》，将太阳能热水系统纳入建筑节能专项设计、专项审查的内容。至2009年，符合条件的建筑同步设计、施工、验收的太阳能热水系统安装率达60%以上。

徐州工程学院学生宿舍楼、徐矿城小区等一大批规模化应用太阳能热水系统的建筑实现了"三同步"验收。东南郡小区、绿地商务城小区等高层、小高层住宅栏板式太阳能热水系统的安装，示范了太阳能与建筑一体化的完美结合。2009年，积极申请财政部第一批太阳能光电建筑示范，徐州市共有10个项目约12.5MW申报示范项目，其中中国矿业大学徐州南湖校区0.5MW并网式光伏发电系统项目已获得财政部459万元补助经费，顺利通过省级验收。2009年，徐州市三个可再生能源项目得到省级示范补助资金219万元；2010年，获得省级建筑节能示范工程补助资金300万元。由徐州市城乡建设局两名副局长带队，到全国太阳能与建筑应用最好的城市——山东德州对太阳能在建筑应用中出现的问题进行学习考察。根据徐州市的实际情况出台了相应的管理措施。徐州东方美地、中心康桥花园、新城商务中心、仁慈医院、金驹物流园、东北大酒店、沛县华佗医院、市消防指挥中心等一大批项目采用地（水）源热泵技术，给徐州地区可再生能源在建筑中利用起到示范作用。

5.3.3 全面推进阶段

1．"十二五"建筑节能工作全面突破

"十二五"期间，徐州市的建筑节能工作向全面推进方向发展，在技术体系上，由围护结构节能发展到规划设计、用能系统、可再生能源利用等全系统的节能；在监管环节上，由只注重设计阶段延伸到立项、规划、施工、验收、销售、使用等全过程；在工作领域上，由只重视新建建筑节能扩展到既有建筑节能改造、大型公共建筑节能运行管理。"十二五"时期，全市建筑领域累计节能量138万t标准煤，减少二氧化碳排放量310万t，完成目标任务的184%，比"十一五"时期增长了

94.6%。五年来,徐州市城乡建设局紧紧围绕《徐州市"十二五"建筑节能规划》制定的目标任务,完善法规政策体系,强化全过程监督管理,加强宣传教育培训,积极推广新技术、新产品,使得全市的建筑节能工作落实有力,成效明显,超额完成目标任务。

一是新建节能建筑标准不断提升。"十二五"时期,全市共新建节能建筑4580万m^2,其中居住建筑3400万m^2,公共建筑1180万m^2,完成目标任务的170%。

五年来,新建建筑节能标准提升3次。2013年新建甲类公建执行65%的节能标准,2015年1月新建居住建筑执行65%的节能标准,2015年10月新建公共建筑执行65%的节能标准,节能标准完成了从全面节能50%到全面节能65%提升。节能建筑实现了节能标准与节能面积质和量的双跨越。

二是新建绿色建筑从无到有。"十二五"时期全市共有48个项目获得绿色建筑标识,建筑面积607.7万m^2,其中一星级绿色建筑451.1万m^2,二星级绿色建筑156.6万m^2。

五年来,绿色建筑实现了从无到有的转变。徐州市绿色建筑的发展自2011年起步,徐矿城项目成为徐州市最早获得绿色建筑标识的项目;2012年,新城区、沛县成功获批省级绿色建筑示范区;2013年,绿地商务城、云龙万达广场等项目获得绿色建筑标识;2014年,奥体中心、铜山科技创业大厦等项目获得绿色建筑标识;2015年,新城区中心医院、凯旋门、橡树湾等项目获得绿色建筑标识。绿色建筑的发展实现了从政府引导、项目示范到社会参与、主动作为的理念变化,使得绿色、生态、环保概念深入人心。

三是超额完成既有建筑改造任务。"十二五"时期,全市共完成既有建筑节能改造173万m^2,其中居住建筑81万m^2,公共建筑92万m^2,完成目标任务的133%。

五年来,徐州市的公共建筑改造项目中,徐州工业职业技术学院黄河校区改造、中山堂改造、彭城饭店改造、徐州医学院学生宿舍改造4个项目先后获批省级既有建筑改造示范项目,同时还有彭城壹号、创意68、老东门、老牌楼、中华老字号等一大批改造项目都取得了很好的示范效果。徐州市结合建筑外立面整治、老旧小区改造、幸福家园创建等工作采取多种措施,强化了居住建筑改造。

四是可再生能源广泛应用。"十二五"时期全市太阳能光热建筑应用面积2140万m^2,其中居住建筑1960万m^2,公共建筑180万m^2,完成目标任务的292%;全市浅层地能建筑应用面积135万m^2,完成目标任务的355%。

五年来,太阳能光热技术得到广泛应用,从多层住宅推广到高层住宅,从屋顶太阳能集热器到阳台栏板式应用,节能效果已家喻户晓(图5-7)。土壤源热泵、淡水源热泵、污水源热泵、太阳能光电、光导管也均伴随着绿色建筑的开发建设而得到进一步的推广。

通过五年的不懈努力,徐州市已经把生态文明融入城乡建设的全过程,树立了"节能、节地、节水、节材和环境保护"的绿色理念,强调规划引领,完善政策法规,加强行政监管,依靠技术支撑,引入激励机制。

图5-7 太阳能光电技术应用

通过重点区域、重点项目示范，实施绿色建筑规模化应用，全面推动建筑节能发展，引领城乡建设模式的整体变革。

2. 绿色建筑健康发展

"绿色建筑"的"绿色"，并不是指一般意义的立体绿化、屋顶花园，而是代表一种概念或象征，指建筑对环境无害，能充分利用环境自然资源，并且在不破坏环境基本生态平衡条件下建造的一种建筑，又可称为可持续发展建筑、生态建筑、回归大自然建筑、节能环保建筑等。在建筑的全寿命周期内，绿色建筑能够最大限度地节约资源（节能、节地、节水、节材）、保护环境和减少污染，为人们提供健康、适用和高效的使用空间，实现人与自然的和谐共生。

几年来，在国家和省委省政府高度重视绿色建筑的特殊背景下，在有关政策的大力扶持下，徐州市充分认识绿色建筑发展的特殊背景，充分认识实施绿色建筑行动的重要意义，加快推进绿色建筑的发展速度，绿色建筑得以健康发展。

一是充分认识绿色建筑发展的特殊背景。党的十八大明确提出把生态文明建设放在突出位置，并提出"推进绿色发展、循环发展、低碳发展"和"建设美丽中国"的总体要求。绿色发展既是理念，更是发展战略。十八届四中全会决定提出了"加快建立有效约束开发行为和促进绿色发展、循环发展、低碳发展的生态文明法律制度"的要求。2013年1月1日，《国务院办公厅关于转发发展改革委、住房城乡建设部绿色建筑行动方案的通知》发布；2016年，《中共中央国务院关于进一步加强城市规划建设管理工作的若干意见》发布。两个文件的发布使绿色建筑的发展要求上升到国家层面。

江苏省委省政府高度重视绿色建筑发展，2013年《中共江苏省委江苏省人民政府关于深入推进生态文明建设工程率先建成全国生态文明建设示范区的意见》和省政府办公厅印发的《江苏省绿色建筑行动实施方案》都对绿色建筑发展提出了明确要求："2015年，全省城镇新建建筑全面按一星及以上绿色建筑标准设计建造"。2015年1月1日，《江苏省绿色建筑设计标准》执行，为江苏省全面推广绿色建筑提供了有力的技术支撑。2015年3月27日江苏省第十二届人民代表大会常务委员会第十五次会议通过的《江苏省绿色建筑发展条例》（2015年7月1日施行）双管齐下，对推进绿色建筑发展既有强制推行的刚性规定，也有奖励、扶持引导的柔性规定，全面促进了江苏省绿色建筑的迅速发展。

二是充分认识实施绿色建筑行动的重要意义。其重要意义可用"一加一减一带"几个字概括：

"加"是指增加舒适度，改善人居环境。绿色建筑充分体现了以人为本的理念，对日照、隔声、采光、通风和热环境等指标都有明确规定。举例来说，在不开空调的情况下，绿色建筑与传统建筑的室内温度相差约5℃，能达到冬暖夏凉的效果。同时，绿色建筑还强调建筑物以外的环境构建，从绿地率、人行区风速、热岛强度、环境噪声、场地交通组织等系列指标、措施入手，为人们提供健康、舒适的生活环境。

"减"是指节能减排，减轻对环境的影响。建筑建造和使用消耗了大量的资源能源。据报道，建筑用钢占全社会钢材消费的50%、建筑用水泥占全社会水泥消费的60%、建筑使用能耗占全社会能源消耗的30%，与建筑有关的空气污染、光污染、电磁污染等约占环境总体污染的34%，建筑垃圾约占人类活动产生垃圾总量的40%。而相对于传统建筑，绿色建筑平均节能率达58%、非传统水源利用率达15%、可再循环材料利用率达7.7%，并采取合理规划布局、开发利用地下空间等节地措施，使绿色建筑具有突出的"四节一环保"能力，对节能减排和应对气候变化提供了一种有效的解决方案。

"带"是指带动产业发展，促进经济增长。房地产业链条长，对相关产业的带动作用大，随着绿色建筑行动的深入推进，将给勘察设计、施工、建材、设备制造、检测、节能服务等产业带来难得的发展机遇。据测算，"十二五"期间江苏省每新增1亿m^2绿色建筑将直接拉动50亿元以上增量投资，有望撬动上千亿元的绿色建筑市场，带来强大的产业推动力，有利于创造新的就业机会、壮大新兴战略产业、培育新的经济增长点。

三是加快推进绿色建筑的发展速度。徐州市绿色建筑的发展自2011年起步，截至2015年12月31日，共有48个项目获得绿色建筑评价标识，总建筑面积已达607.7万m^2。其中，一星级绿色建筑32项，总建筑面积451.1万m^2；二星级绿色建筑16项，总建筑面积156.6万m^2。

2011年徐矿城项目1–3号楼、9–39号楼成为徐州市最早获得绿色建筑设计标识的项目。2012年新城区、沛县获批江苏省绿色建筑示范区。2013年绿地商务城（图5-8）、万达广场等项目获得绿色建筑设计标识，徐州云龙万达广场南区商业中心成为徐州市第一个一星级运行标识的绿色建筑项目。2014年奥体中心、铜山科技创业大厦等项目获得绿色建筑设计评价标识。徐州新城区接待中心成为徐州市第一个二星级绿色建筑项目。2015年徐州市中心医院新城区分院、徐州市君盛广场（小朱庄商业）等项目获得二星级绿色建筑设计评价标识。徐州新城区、沛县两个省绿色建筑示范区的建设完成，申请验收。

为加强绿色建筑的社会认知程度，徐州市城乡建设局2014年、2015年连续两年在徐州电视台进行关于"徐州市绿色建筑发展状况"和"'十二五'建筑节能发展规划完成情况"的新闻发布会，面向全市人民宣传绿色建筑的做法及政策措施，使优惠政策家喻户晓。通过每年举办科普宣传周、节能宣传周活动，向市民广泛宣传绿色建筑知识和优点。2014年12月，徐州市城乡建设局邀请了省内建筑、结构、给水排水、照明、暖通5个专业的专家进行《江苏省绿色建筑设计标准》的宣贯培训。2015年12月21日，由省人大环资城建委、省政府法制办、省住房和城乡建设厅联合主办的《江苏省绿色建筑发展条例》宣传贯彻会在徐州举行。

四是加大绿色建筑的政策扶持。2010年，徐州市出台《徐州市人民政府关于加强建筑节能工作的意见》（徐政发〔2010〕8号），要求以科学发展观为指导，以建设节约型社会为目标，把资源节约、环境友好、生态宜居的理念贯穿城乡规划建设管理的各个环节，尽快形成与全市经济社会发展水平相适应的建筑节能政策体系、技术体系和管理体系，积极探索建设领域节能减排的有效途径，切实提高节约型城乡建设水平。

2011年，徐州市政府出台《关于进一步加强节能工作的实施意见》（徐政发〔2011〕102

图5-8　绿色建筑设计标识项目——绿地商务城

号），要求建设领域严格执行建筑节能监管制度，确保新建建筑设计、施工全过程执行节能标准，大力推进建筑能效测评标识工作，逐步推行建筑能耗限额管理，研究制定全市绿色建筑行动方案，推动既有建筑节能改造，进一步完善建筑节能市场服务机制，加快发展绿色建筑。2012年5月，市政府印发《徐州市"十二五"节能工作方案》（徐政发〔2012〕72号），明确提出了建筑领域的节能目标和推进建筑节能的主要措施，落实目标任务，强化目标考核，健全节能统计、检测和考核体系。2014年10月，市政府办印发《徐州市绿色建筑行动实施方案》（徐政办发〔2014〕174号），加强了徐州市绿色建筑的推广力度，确定了徐州市"十二五"期间绿色建筑发展的4项主要目标、8项重点任务和5项工作措施，成为全面指导徐州市绿色建筑发展的纲领性文件。

徐州市还制定《徐州市"十二五"可再生能源建筑应用规划》，提出了一系列目标要求：大力推进可再生能源建筑应用，以浅层地热能、太阳能光热为主要利用形式，适时适域推广太阳能光伏应用、分布式能源与冷热电联供的应用。到"十二五"末，建成可再生能源应用集中连片推广区一个，累计建成太阳能光热利用建筑面积732万m^2，浅层地热能建筑应用面积38万m^2，新增太阳能光伏建筑应用装机容量超过20MW。2013年7月1日起，徐州市行政区域内新建的保障性住房（经适房、廉租房、公租房、限价商品房、棚户区改造安置房）、甲类公共建筑（单幢建筑面积≥20000m^2，且全面设置中央空调系统的公共建筑，或单幢建筑面积＜20000m^2、＞5000m^2，且采用中央空调的重要公共建筑）、各类政府投资的建筑、省级示范区中的新建项目，均须按建筑节能65%设计标准进行设计。为贯彻执行《绿色建筑行动方案》（国办发〔2013〕1号）、《江苏省绿色建筑行动实施方案》（苏政办〔2013〕103号），大力推进绿色建筑创建工作，徐州市进一步落实绿色建筑设计和施工图审查把关，自2013年10月1日起，全市范围内新建保障性住房（公租房、廉租房、经济适用房、棚户区改造安置房、限价商品房）、各类政府投资项目、甲类公共建筑、省级以上建筑节能示范区中的新建项目，全面按一星级及以上绿色建筑标准设计建造。其中，新建超过50000m^2的保障性住房小区、10000m^2以上的政府投资项目、20000m^2以上的大型公共建筑、申报国家和省级康居示范工程的居住小区，全面按二星级及以上绿色建筑标准设计建造。2015年起，各类民用建筑工程全面按一星级及以上绿色建筑标准设计建造。

为规范建筑节能工程的监督与管理，确保建筑节能工程实施质量，充分发挥建筑能效测评与标识制度"事前警示、责任追溯"的作用，促进建筑节能工作的深入开展，徐州市要求新建（改建、扩建）国家机关办公建筑（单体5000m^2及以上）、大型公共建筑（单体建筑面积为2万m^2及以上）、新建居住建筑（5万m^2以上居住小区）、保障性住房（公租房、廉租房、经济适用房、棚户区改造安置房、限价商品房）项目、新建（改建、扩建）可再生能源建筑应用项目（太阳能热水、地源热泵等）、省级建筑节能专项引导资金安排的项目、建筑节能与绿色建筑示范区的相关项目、申请节能示范工程的建筑、申请绿色建筑评价标识的建筑，一律进行建筑能效测评。

此外，徐州市还进一步明确了新建民用建筑施工图设计中绿色建筑相关要求，认真贯彻落实《江苏省民用建筑施工图绿色设计文件编制深度规定》和《江苏省民用建筑施工图绿色设计文件技术审查要点》，细化了绿色建筑的实施范围和奖补政策，健全了从规划方案设计、施工图审查到绿色建筑标识申报的全过程监管制度，确保政策全面落地实施。

3. 绿色建筑示范区样板

绿色建筑示范区是绿色建筑发展的推动器，组织实施好示范区建设能够引导绿色建筑的健康发展。2015年末，已建成两个示范区，申请省住建厅验收。

（1）新城区绿色建筑示范区

为提高徐州新城区的前瞻性战略地位，积极响应国家节能减排的政策号召，徐州新城区在原规划基础上提出了低碳生态城的概念。在原有控制性详细规划和修建性详细规划的基础上，完成徐州新城区能源规划、水资源综合利用规划、绿色交通规划等几项专项规划。合理运用生态原则，通过采取可实施、适宜性的生态、低碳、节能技术和政策管理支撑体系，提高资源的承载力，开创生态宜居舒适的新型城区建设模式。2012年，新城区获批省级建筑节能和绿色建筑示范区。

徐州新城区专项规划工作共含6项，低碳生态专项是其中最为综合全面的专项之一，其他专项研究包括绿色交通专项、能源利用专项、水资源综合利用专项、地下空间专项、绿色建筑设计导则等。

为适应徐州新城区低碳生态建设的总体要求，落实低碳生态指标体系的控制目标，能源规划等相关规划所制定的目标任务，为示范区建设提供明确有效指导，规范示范区绿色建筑的建设，加强徐州新城区内绿色建筑的控制和管理，示范区开展了大量工作。

示范区在2012年制定并颁布了《徐州新城区绿色建筑管理办法（试行）》，从建筑规划、设计、建设和管理方面推进绿色建筑发展。在节能环保材料使用、自然采光、雨水收集利用、机电设备监控系统自动化运行、太阳能利用、节水器具、垃圾分类处理及住宅全装修等方面进行示范，对徐州新城区绿色建筑的发展起到较好的促进推动作用。

2012年11月，新城区管委会印发了《徐州新城区建筑节能和绿色建筑专项引导资金管理办法（试行）》、《徐州新城区绿色建筑管理办法（试行）》及《徐州新城区绿色建筑评奖办法（试行）》。通过资金支持，鼓励示范区内建筑按照绿色建筑标准建设。对获得三星、二星和一星级的绿色建筑根据项目规模，分别授予30~50万元、20~30万元、15~20万元的资金奖励，通过引导资金提高业主单位创建绿色建筑、发展建筑节能的积极性与主动性。每年对示范项目进行总结，对节能效果好、示范效应明显的绿色建筑项目和单位进行表彰奖励，充分调动科研单位、设计单位、开发企业和消费者发展绿色建筑、节能建筑的积极性和创造性，加大建筑节能和绿色建筑的新技术的研发和推广力度，鼓励建筑节能和绿色建筑高新技术的引进、消化和创新。

（2）沛县绿色建筑示范区

沛县于2012年获批江苏省建筑节能和绿色建筑示范区，其中重点示范区域为沛县新城区，总用地面积约11km^2。示范区三年新开工示范项目13个，总建筑面积107.79万m^2，其中建成项目10个，总建筑面积68.78万m^2。建设项目全部达到绿色建筑标准，其中二星级以上绿色建筑7个，占比61.5%，完成能效监测3项、能效测评9项。

示范区实施了城市空间复合利用、节约型村庄规划建设、可再生能源建筑一体化等节约型城乡建设重点工程。新增可再生能源建筑应用面积137万m^2，开发地下空间44万m^2，建设拆迁安置房143.8万m^2，对汉城路、正阳路沿途既有建筑实施改造。在环境生态修复、绿色交通、清洁能源应用和城市节能方面取得了一系列成果。

6 全面实施民生幸福工程

近年来，徐州市注重民生改善，突出民生幸福，围绕美好城乡建设主题，大力改善城乡居民基础教育、医疗卫生、养老服务、交通出行、住房保障等条件，进一步增强民生幸福指数，在城建重点工程中，安排实施了中小学校建设、医院服务中心建设、街坊中心农贸市场建设、环卫设施建设、道路堵点整治与公共自行车服务、保障性住房建设等民生工程，城市基础设施配套更加完善，居住环境和生活条件得到改善，广大市民生活更加舒适、便利，幸福感得到大大增强。

6.1 中小学校建设

徐州市委、市政府一直高度重视教育发展，近年来重点开展了主城区和农村义务教育学校布局规划编制工作，实施义务教育布局优化工程。

6.1.1 学校布局调整

徐州市学校布局调整工作起步较早，经历了四个阶段。从20世纪80年代到90年代初，在实施"校校无危房、班班有教室、学生人人有课桌凳"工程中，进行了第一阶段的布局调整；2000年前，徐州市以实施教育基本现代化创建工作为抓手，实施了第二轮中小学校布局调整，初步实现了高质量普及十二年教育的目标；2000~2003年，在实施中小学危房改造工程工作中，开始了第三轮的布局调整，中小学布局得到了进一步优化；2010年开始，随着校安工程和中小学布局调整工作的陆续推进，全市中小学布局优化工作进入了新的阶段，在完成校安工程三年规划工作后，各县（市）、区政府按照"机制不变、队伍不散、力度不减"的原则，开始了新三年规划，全市2012年新（改、扩）建中小学121所，2013年新（改、扩）建中小学62所，2014年新（改、扩）建中小学40所，2015年新（改、扩）建中小学35所。市区中小学也向着布局合理化、学校规模化、条件均衡化方向发展，呈现出良好态势。

6.1.2 学校建设成绩

2006~2015十年间，徐州市地方教育部门实际投入建安工程资金105亿元。尤其是"十二五"

期间，市政府把教育基础建设列入城建重点工程和为民办实事项目，新（改）建幼儿园683所，增加学位12.5万个；新（改）建中小学258所，增加学位20万个；加固、重建校舍489万m²。全市义务教育入学率和巩固率基本达到100%，学前教育毛入学率和高中阶段毛入学率分别达到97.1%与97.3%，比"十一五"末提高2.1和3.3个百分点。近年来徐州市中小学建设部分项目情况，见表6-1。

十年来，徐州市主城区幼儿园校舍面积由20.6万m²增加到39.4万m²，中小学校舍面积由121.23万m²增加到163.58万m²。通过新建小区配套建设学校的增量发展，并采取以优质学校为依托，兼并、托管、举办分校、结对帮扶等模式，从根本上解决市区中小学校入学、择校等问题，并为教育现代化建设和义务教育优质均衡发展打下了坚实基础。徐州市撷秀初级中学见图6-1。

近年来徐州市中小学建设部分项目情况　　　　　　表6-1

项目名称	项目内容	建设年限（年）	计划总投资（万元）
一中迁建	新城区奥体中心以西、绿地商务城北，占地172.83亩，总建筑面积14万m²，拟设置60个班	2014～2017	39000
二中迁建	马场湖路，占地100亩，建设四星级示范高中	2014～2016	18000
矿大附中迁建	大学路东、黄河路北，建筑面积约2.5万m²	2014～2015	9500
潇湘路九年制学校	新城区潇湘路，建筑面积4.9万m²，办学规模48班	2015～2016	19110
高铁商务区九年制学校	建筑面积3万m²，办学规模36班	2015～2016	11000
经适房三四期配套九年制学校	殷庄路以西，红星路以北，占地约90亩，办学规模60班	2015～2016	9400
经适房五六期配套小学	三环北路以北，徐矿城以东，占地约54亩，建筑面积1.69万m²，办学规模48班	2015～2016	7560
响山北路小学	徐州人家以东，占地约20亩，建筑面积10000m²，办学规模36班	2015～201	5670
华润小学	民富路北，建筑面积2.4万m²，办学规模60班	2014～2015	7000
云苑路小学	云苑路以西和平大道以北，规划用地面积26656m²，建筑面积2.37万m²，办学规模48班	2015～2016	7560
世茂东都小学	津浦东路世茂小区附近，占地约23亩，办学规模36班	2015～2016	4800
姚庄第二小学	欣欣路以北、姚庄大道以西，占地约30亩，办学规模48班	2015～2016	7560

续表

项目名称	项目内容	建设年限（年）	计划总投资（万元）
新泰山小学	34中以西、泰山棚户区以东、文化园以北，占地约30亩，办学规模60班	2015～2016	8000
西苑第三小学	西苑体育公园西侧，占地22亩，办学规模36班	2015～2016	4800
少华街小学雨润新城分校	火花办事处西，徐商公路南，建筑面积2.3万m^2，办学规模48班	2015～2016	10000
彭祖大道小学	建筑面积约2.98万m^2，学校规模36班	2015～2016	7100
小韩小学	新城区小韩安置小区内，建筑面积约1.6万m^2，办学规模36班	2014～2015	5700
太行路小学	建筑面积约2.98万m^2，学校规模36班	2015～2016	10700

图6-1 徐州市撷秀初级中学

图6-2 江苏万融工程科技有限公司承建的徐州市第一中学新城区校区项目效果图

在众多的学校新建改建中最引人关注的还是徐州一中迁建项目。由徐州市建设工程代建公司代建的徐州市第一中学新城区校区项目位于徐州市新城区汉源大道西侧、体育场南路北侧（图6-2）。占地172.83亩，总建筑面积139906.34m^2，其中地上部分建筑面积98230.5m^2，地下部分建筑面积41675.84m^2。项目主要建设内容包括6层宿舍楼1栋（含生活馆、宿舍楼、生活服务中心等），5层L形教学楼1栋（含教学楼、国际教育中心）5层综合楼1栋（含办公、家校互动中心、校史馆等），5层科学馆1栋（含科学馆、人文馆、艺术馆等），1层室内体育馆1个；另按标准建设400m跑道操场1个、室外足球场1个、室外篮球场4个，配套建设大门、围墙、绿化、给水排水及室内外的管网等附属设施。项目总投资73447万元，其中工程费用6.2亿元。项目资金通过一中九里校区置换及PPP合作模式解决。项目建成后拟设置60个班约2520名学生。2014年6月，该项目开始桩基施工；2015年11月，完成桩基工程。2016年8月底主体封顶并启动安装工程、装饰装修工程，计划2017年暑假前完工。

6.2 医疗服务设施建设

为进一步提升医疗事业的核心竞争力，满足区域内全体居民健康需要并辐射周边地区，近年来，徐州市科学调整和优化配置医疗资源，建立了各级各类医疗机构相互协调和相互补充的医疗服务体系。

6.2.1 医院建设

近年来，徐州市在推进科学发展、跨越发展的进程中，高度重视医疗卫生事业发展，把区域性医疗中心作为淮海经济区"八大中心"建设目标之一，加快调整优化医疗资源布局，大力推进医疗卫生服务体系建设，进一步扩大了医疗资源服务半径，区域性医疗中心地位日益凸显。为满足群众高品质多层次的医疗需求，徐州市始终坚持以改革创新激发医疗卫生事业发展活力，积极引进社会资本和优质医疗品牌，多元化、多层次办医格局不断拓展。实施了中心医院新城区分院、徐医附院开发区分院、精神病医院、第一医院迁建、北区股份制医院等项目，徐州医疗高地效应将在淮海经济区进一步凸显。

1. 徐州市中心医院新城区分院

徐州市中心医院新城区分院项目位于徐州市新城区汉源大道东侧、太行路北侧、峨眉路南侧位置，项目总用地153.2亩，其中建设用地147.2亩（图6-3）。项目于2012年3月开工，2016年元旦投入使用。项目总建筑面积23.4万m^2，其中地上面积18.9万m^2，地下面积4.5万m^2。一期工程建筑面积16万m^2（含地下室4.2万m^2）。

项目一期工程建设内容：容纳500床位的门、急诊病房楼、支援保障系统用房、医院配套工程及室外道路、停车场、绿化等工程。项目概算总投资9.6亿元，一期总投资5.7亿元，一期工程建设费用估算约3.8亿元。

2. 徐医附院开发区分院

徐医附院东院位于徐州经济技术开发区鲲鹏北路西侧、房亭河南侧；总体规划占地150亩，总建筑面积30万m^2，于2011年9月奠基。工程分两期建设：现一期工程已基本建成，约16万m^2，投入使用床位1300张。到二期全面建成后，总床位可达2000～3000张。

东院以医疗街为中心轴线，左右两翼分别布置了门诊楼、医技楼、急救中心、医师培训中心、综合病房楼及肿瘤中心楼。其中，门诊医技楼4层，两翼的I型综合病房楼和肿瘤中心楼各9层。医院里还设计了下沉式广场、庭院绿化、空中花园等生态景观系统。据介绍，东院急诊影像设备和检验设备都已安装完毕并投入使用。另外，对于心梗、脑梗的患者，救护车到达医院后，可以通过绿色通道直达脑卒中心，十分智能和人性化，这也是该院的一个特色。

图6-3 徐州市中心医院新城区分院

2016年5月先期启用的急诊中心总面积12000m²，无论从整体规模，还是硬件设施、自成体系配套来说，都堪称全国一流。急诊中心除了有抢救室、观察室之外，还有独立的影像室、超声室、检验室。当前，东院急诊能够接待内科、外科、妇产科、儿科的患者，并可提供24h急诊患者的诊疗救治。

3. 第一医院迁建

徐州市第一人民医院整体迁建工程位于铜山区大学路西侧，总占地面积13.92万m²，总建筑面积34.15万m²，地上建筑面积22.99万m²，地下总建筑面积11.16万m²。计划总投资10.6亿元。工程建设内容包含8栋单体楼，其中行政办公楼1座、病房楼3座、门诊医技楼1座、信息综合楼1座，商务酒店1座、感染科楼1座。该项目由徐州市政府投资项目代建中心代建，工程分三个标段，由三家施工企业、三家监理单位和三家审计单位参建。于2015年10月开工，目前门诊综合楼、行政综合楼、信息综合楼、病房楼等均已进入主体施工，部分进入二次结构施工，计划2017年完成（图6-4）。

4. 北区股份制医院

2014年8月8日，徐州市北区股份制医院暨江苏省人民医院徐州分院正式开工建设，这是徐州市实施医疗卫生体制改革取得的重大突破，对于优化全市医疗资源布局、打造区域性医疗卫生中心、更好地满足群众多元化医疗卫生需求具有重大意义。

徐州市经过反复调研论证，决定选择市肿瘤医院作为改革试点，与省人民医院、三胞集团合作组建股份制医院集团。北区股份制医院，位于中山北路延长段，总占地面积108.8亩，总建筑面积近22万m²，总床位数1500床，将按照医院评审标准，建成一所国际化、现代化、园林化的三级综合性医院，并增挂"江苏省人民医院徐州分院"牌子。

高标准打造区域性医疗中心，是徐州市区域性"八大中心"建设的重要内容之一。徐州市与江苏省人民医院、三胞集团通力合作，创办徐州市北区股份制医院暨江苏省人民医院徐州分院（图6-5），主动引进国内一流的医疗技术、积极吸收社会资本参与，采取股份合作制办法办好医疗卫生事业，完全符合国家有关深化医疗卫生体制改革的精神，必将大大促进徐州区域性医疗中心建设，拓展徐州医疗卫生事业发展的新路子，进一步激发徐州医疗卫生事业的生机与活力。

图6-4 徐州市第一医院迁建工程效果图

图6-5 徐州市北区股份制医院效果图

5. 市精神病医院迁建

徐州精神病院迁建项目位于市西郊丁楼，占地125.5亩，床位1000张，规划建筑包括门急诊医技综合楼、一二期病房楼、康复疗养楼、行政办公楼等用房，计划总投资2.5亿元，总建筑面积约9.7万m^2，其中地上约8.33万m^2，地下约1.36万m^2，分两期建设。

一期工程已列入2012年城建重点工程，包括病房楼1栋、门急诊医技综合楼1栋及地下室，计划投资1.2亿元，2014年完工。一期病房楼总建筑面积12177.85m^2，其中地上10689.14m^2，地下1488.71m^2，为非机动车停车库、库房以及辅助用房。

迁建项目在建筑布局上采用模块化设计，具有灵活性和扩展性，总体布局为未来发展留有充分的余地。规划设计功能分区明确、流线顺畅，门急诊医技综合楼是标志性建筑，面向北侧主入口，设计了宽敞的主入口广场。院内各主要出入口能够方便识别，强调医患流线分离。对洁物供应、食品供应和污物运输严格分区及分道，使人流、物流有效区分，避免院内交叉感染。各区域建筑之间开辟人行道路，人行交通流线的主轴是连廊，既有交通功能又有景观功能。以患者活动为主的通道以及患者室外活动场地，相对独立并设置安全管理措施。

建成后的徐州精神病院系民政福利机构，主要承担城镇"三无"（无劳动能力、无经济来源、无法定抚养人或赡养人）精神病人、城市生活无着的流浪乞讨精神病人、社会福利机构成年智障孤儿的救助救治任务。同时，迁建后的徐州精神病院将有效解决床位不足的问题，先进的医疗条件还将辐射鲁、豫、皖等周边地区。

6. 市东方人民医院扩建

徐州市东方人民医院为三级精神病专科医院，医院占地面积39.6亩，编制床位500张，开放床位605张；业务覆盖全市5县5区及淮海经济区山东微山、安徽宿州、河南永城等地。

为了更好地改善患者的就医环境，医院新建一幢门急诊病房楼，共十三层，其中一至三层为门急诊及功能检查科室，五至十三层为病房楼。该项目总建设面积为23561m^2，目前总投资约9000万元。项目于2012年8月开始施工，2013年3月基础验收，2013年7月完成主体封顶，2013年9月通过主体验收，2015年8月完成院内雨污水、强弱电管网、道路绿化等附属工程建设，2015年12月通过整体消防验收，2016年3月正式投入使用。

7. 市儿童医院扩建

该项目2010年6月1日投入使用，开放床位数由400张扩展到1200张。新大楼建筑面积达33542m^2，总投资1.3亿，地下一层，地上七层，分为9个病区，专家门诊诊室16个，普通门诊9个，专科诊室12个，诊疗诊室37个，大楼功能完备，在流程设计、儿童特色设施、院感质检设施等方面均走在全国领先行列，达到国内先进水平。该工程获得"国家级文明工地"和"装饰工程国优奖"（图6-6）。

8. 市妇幼保健院扩建

徐州市妇幼保健院门诊、病房楼改扩建工程，于1999年经市计委徐计投（1999）457号文件批准立项，并列入徐州市2000年18项重点工程之一，该工程一次规划，分期施工。总建筑面积18800m^2。门诊、病房楼主楼12层，裙楼四层，地下一层。从2002年5月开工到2006年10月竣工并投入使用，该项目总投资1.214亿元，该病房楼的改扩建工程完工后，大大缓解了医院的业务用房要求，该大楼设有门诊、医技科室、产房、手术室、产科病房等科室。很大程度地改善了妇幼保健院

图6-6　徐州市儿童医院扩建工程

的医疗设施条件，提高了医疗服务功能，促进该院的各项工作的发展和现代化建设，该项目建设投入使用后取得了较好的社会效益和经济效益（图6-7）。

6.2.2　社区卫生服务中心提升改造

为积极推进徐州市社区卫生服务机构规范化建设，改善社区卫生服务条件，提高服务能力，完善服务功能，市委、市政府从2012年起，连续

图6-7　徐州市妇幼保健院病房大楼

三年实施城市社区卫生服务中心提档升级工程，由市卫生局牵头负责，各区政府具体实施。项目范围为主城区、贾汪区和铜山区42个社区卫生服务中心。其中，2012年度工程实施范围为主城区33个社区卫生服务中心。围绕"标识统一规范、功能落实到位，硬件设施齐全，布局流程合理，就医环境良好、服务质量优良"的改造要求，重点进行外部形象改造、内部装饰装修、功能流程调整、设施设备配备等。

项目实施以来，全市累计新建和迁建了6个政府办社区卫生服务中心，实施社区卫生服务中心装修改造35个。两年来，新建19326m²，扩建功能区域4816m²，外立面装饰改造34370m²，门急诊、全科诊室及医技科室装修改造29590m²，中医诊区装修改造6094m²，住院病区装修改造9280m²，妇女、儿童保健和预防接种区装修改造9903m²，健康教育、体检和健康小屋装修改造1861m²。投入建设资金11759.74万元，其中消防、配电、电梯、空调以及污水处理等设施1411.82万元。在医疗设施设备采购方面，市财政投入995.24万元为社区卫生服务中心采购了12台DR、29辆医疗救护用车等仪器设备。

云龙区黄山社区卫生服务中心、开发区西朱社区卫生服务中心分别获得2013年度国家级和省级示范社区卫生服务中心称号。全市累计创成3个国家级、21个省级示范社区卫生服务中心、7个省中医示范社区卫生服务中心。

6.3　农贸市场（街坊中心）建设

近年来，徐州市不断加快农贸市场（街坊中心）建设，将其作为市政府重点工程和为民办实

事工程，计划改造和建设完成了若干农贸市场（街坊中心）建设项目，给市民提供了极大的生活便利。

6.3.1 新一轮农贸市场建设启动

市区农贸市场（街坊中心）建设可分为两个阶段，即1999～2009年的政府政策引导建设阶段和2010年以来的政府直接出资建设阶段。目前市区共有农贸市场（街坊中心）73家（包括贾汪区、铜山区各办事处农贸市场），总面积74.12万m^2，其中投入使用的54家，正在建设或建成后未启用的19家。

2010年10月，经市政府研究同意，市政府办公室印发《徐州市农贸市场建设标准（试行）》（徐政办发〔2010〕220号），自2011年1月1日起实施，由此拉开了新一轮市区农贸市场（街坊中心）建设的序幕。2011年，徐州市制定了徐州市主城区农贸市场布局规划，共规划农贸市场98处，其中鼓楼区23处，云龙区19处，泉山区30处，九里区11处，金山桥开发区（包括城东新区）7处，新城区8处。2014年，市商务局会同市规划部门按照"合理规划布局、科学增减取舍、扩大单体规模"的原则，重新修订了《徐州市主城区农贸市场（街坊中心）布局规划》。新规划按照每个农贸市场（街坊中心）服务半径1～1.5km、每千人100m^2的标准，计划至2020年，市区规划设立农贸市场（街坊中心）138处，比原规划增加40处。其中，鼓楼区31处，云龙区24处，泉山区40处，经济开发区13处，铜山区14处，新城区10处，贾汪区6处。新增加的布点既解决了老城区布点不合理、部分区域农贸市场功能缺失的问题，又兼顾了未来城市发展消费需求，网点布局更加科学、合理。

6.3.2 农贸市场建设资金来源

徐州市农贸市场建设主要采取三种资金支持政策：一是改造补贴。对列入市政府民生工程的老旧农贸市场改造项目，市区两级按照500元/m^2给予补贴，2014年将新建框架结构的老旧农贸市场改造补贴标准提高到800元/m^2。二是新建控股。以新建街坊中心为主（包括农贸市场、公共服务的街坊中心和配套建设部分），原则上由市区两级国有投资公司出资建设，同时亦准许有资质的民营企业参与街坊中心建设，市、区两级政府按照1500元/m^2的标准进行先期投资，最终两级政府投资达到农贸市场投资额的51%。三是回购。对于不是政府出资建设的农贸市场，市、区两级政府按照农贸市场建设的出资比例实施回购，控股51%，产权分割后资产交给区级政府，由区级政府聘请专业管理公司运营管理。

2010～2016年，徐州市委、市政府共安排了58个农贸市场（街坊中心）的建设和改造任务，其中2010年新建10个（包括开明市场迁建），改造提升4个；2011年新建3个，改造提升1个；2012年新建7个；2013年新建3个，改造提升3个；2014年改造提升9个；2015年新建8个，改造提升6个；2016年新建2个，改造提升2个。

目前，已新建和改造农贸市场（街坊中心）61家，建筑面积68.22万m^2，其中58家农贸市场（街坊中心）建设项目列入市政府重点工程和为民办实事工程，政府直接出资建设，对农贸市场部分控股51%，并对个别非政府投资建设农贸市场实施回购并控股51%。61家农贸市场（街坊中心）中新建农贸市场（街坊中心）37个，17个建成并投入使用；改造提升农贸市场24个，24个全部完成改造并启动正常运营。市区两级政府出资控股回购农贸市场3个。2010年以来，市、区两级财政共对35个农贸市场（街坊中心）项目投资2.2亿元，其中市级财政投资1.25亿元。

6.3.3 农贸市场建设创新发展

近年来，徐州市农贸市场（街坊中心）建设在创新中发展，从最初单纯的建设改造农贸市场，到学习苏州邻里中心模式建设街坊中心，再到确立新型街坊中心建设模式，老旧农贸市场改造也从注重购物环境的改善发展到注重购物环境的舒适。近期，徐州正在大力推进市区农贸市场远程监控系统建设，通过技术手段实现对市区运营农贸市场（街坊中心）进行重点部位的监控，实现市、区、办事处三级对农贸市场经营秩序、环境卫生管理的高效化（图6-8）。

图6-8　徐州市解放桥农贸市场内景

6.4　公共自行车服务系统建设

近年来，徐州市提出了"建设美丽徐州，打造生态宜居环境"的总体目标，国家生态市和国家生态园林城市创建工作加速推进，绿色出行、低碳生活成为生态文明建设的重要组成部分。公共自行车服务系统具有低碳、环保、节能的优势，对优化城市交通状况，预防和缓解城市交通拥堵，改善大气质量和城市人居环境都有着重要意义，是一项展示城市形象、利民惠民的民生工程。徐州市政府以群众需求和意愿为导向，按照"科学规划、周密论证、规模发展、确保成功"的指导思想，将其列入2012年、2013年市城建重点工程和为民办实事工程，启动公共自行车服务系统建设，由徐州市城市城管局负责项目规划建设和监督管理。

6.4.1　建设情况

按照"成网成系、方便换乘、景观协调、远近结合"的原则，徐州市自行车服务系统自2012年8月份一期工程开工建设，9月29日启动运营。该项目二期被列入2013年城建重点工程，主要是适当增加站点密度和扩容车位数量，完善边缘区域特别是公交无法停靠或不通公交小区等区域的站点。目前，徐州市共建设站点643个、锁车器24366个、投放自行车20365辆，基本能够满足市民需求。为充分发挥项目的社会效益，建立完善公共自行车服务监管制度，2012年、2013年，先后出台了《徐州市公共自行车考核评分细则》、《徐州市市区公共自行车系统建设和管理办法》等，使公共自行车服务与监管更加科学、规范，确保了公共自行车及配套设施完好率始终保持在较高水平，群众比较满意。

6.4.2　社会效益

公共自行车既为市民休闲、运动提供了便利条件，还提供了252个再就业岗位（图6-9）。市

图6-9 绿色出行新方式——公共自行车

民租用实行一小时之内免费，减少了市民的出行成本，实现了惠及民生。据统计，截至2016年6月，市民办卡达64.1万张，市民借车总量达1.42亿人次，日最高借车15万人次，高峰期一小时借车量达12000人次，每辆车日均使用8次左右，使用率在全国处于领先水平（杭州市1辆车每天平均使用5次）。据调查统计，徐州市居民步行对交通的分担率达到17.1%，自行车达到35.2%，步行和自行车两项的出行分担率为52.3%。以骑车代替开汽车出行为例，按照每人每次骑行3km，汽车百公里10L油耗计算，公共自行车运营至今约节省燃油4260万L（1.42亿人次×3km/人次×10L/100km），减少二氧化碳排放达9.79万t（国际标准1L燃油=2.3kg二氧化碳排放）；现日均超过13.5万人次借车，测算每天可减少二氧化碳排量约90t，相当于增加100公顷的绿地（1公顷绿地一天吸收900kg二氧化碳）。

6.4.3 示范带动

徐州公共自行车绿色、环保、健康服务项目的成功运作，在淮海经济区周边乃至其他较远省份城市中起到了很好的榜样引领作用，近年来先后有浙江、山东、河南、湖北、河北、辽宁、新疆、内蒙古等省份的41个城市前来调研、学习，较好地带动了公共自行车项目的推广、应用，对于当前更好地推进我国生态文明工程和美丽中国建设发挥了积极的推动作用。

6.5 公厕与环卫设施提升改造

徐州市委市政府高度重视环卫设施建设工作，每年都把环卫设施建设列入当年城建重点工程计划中，"十一五"至"十二五"累计投入资金近10亿元，进行了公共厕所提升改造、垃圾中转站建设、生活垃圾收运体系建设、粪便处理厂建设、生活垃圾填埋场提升改造、餐厨废弃物处理厂建设等一系列环卫基础设施完善工程，促进了市区环卫设施功能完善，布局合理，水平提高。

6.5.1 加强公共厕所建设，实施公厕提档升级

"十一五"期间，市政府投入资金约3200万元，对全市79座公厕集中进行改造，对三环路内50座旱厕改造为水厕，并新建公厕81座。

"十二五"期间,市、区两级财政共投入资金2500万元,建设改造环卫系统管理的公厕160座。为提高公厕建设和管理水平,2014年徐州市编制了《主城区公共厕所建设和管理规划(2014—2020)》,指导公厕建设和管理,通过五年来的公厕提升改造,市区公厕布局进一步合理,功能进一步提升。

6.5.2 加强前端垃圾收集,减少二次污染

从2006~2010年,徐州市不断完善市区生活垃圾前端收集体系建设,五年来,市、区级共投入资金1883.15万元,购置密闭垃圾车71台,垃圾压缩车2台,小型拉臂式垃圾车90辆(配套箱体450个),大型拉臂式垃圾车3辆,小型自卸垃圾车3台,自卸垃圾车8台,桶装垃圾运输车1台。

2013~2015年,徐州市分三年实施了市区生活垃圾前端收集体系建设,共投入资金10200万元,购置后装式垃圾压缩车115台,侧装式垃圾压缩车30台,小型拉臂式垃圾车60套(配套箱体600个),小型垃圾收运车75台;配套建设垃圾收集点6040处,购置塑料垃圾桶41080个,垃圾桶清洗车3台,建设垃圾桶清洗站1座,设置道路果皮箱1630个。

6.5.3 采购道路保洁车,提高城市保洁质量

从2005~2010年,为了改善道路保洁"保洁不彻底、反复清扫"等一系列弊端,共投入资金687万元,购置洗扫一体车3辆,高压清洗车4辆,扫地车5辆,融雪剂撒布车2辆,滑移除雪车3辆(图6-10)。

6.5.4 新建改造垃圾中转站,完善垃圾转运体系

2006~2010年,鼓楼、云龙、泉山三区新建改造垃圾中转站18座,总投入资金992.25

图6-10 机械化道路保洁提升工作质量

万元。具体内容包括云龙区2007年改造小型中转站2座,总投资105万元,2008年新建小型中转站1座、改造小型中转站4座,总投资390万元。鼓楼区2007~2009年改造小型中转站3座,总投入193.65万元。泉山区2007~2010年改造小型中转站8座,总投资303.6万元。

2011~2015年,鼓楼、云龙和泉山三区纳入重点工程新建改造垃圾中转站27座,总投入资金15550万元。具体内容包括新建600t/日大型转运站2座(云龙区骆驼山转运站和泉山区十里铺转运站),新建150t/日中型转运站1座(泉山区城西转运站),改造小型转运站24座,配套小型中转站除臭设备25座。

6.5.5 建设生活垃圾处置设施,强化垃圾无害化处理

"十一五"期间建设的徐州市雁群生活垃圾处理场,位于徐州市铜山县大彭镇境内,总投资约1亿元,占地面积1000亩,设计日处理能力1500t,填埋库容量630万m^3。该工程项目于2003年经徐州市发展改革委批准立项;2005年6月,省环保厅对环评作了批准;初步设计由济南市市政设计院编

制并经市发展改革委组织专家论证会评审通过。工程建设采取总体设计，分期实施，2005年7月投入试运行。2006年7月，通过了省建设厅垃圾填埋场无害化等级评估；6月中旬，省环境监测中心对地下水、渗沥液及尾水、大气、噪声等项目进行了监测，9月11日通过了省环保厅组织的"三同时"验收。2006年7月1日正式运行，2012年2月通过省住建厅I级场专家组验收。

2012年，投资800万元实施雁群垃圾填埋场渗滤液提升改造工程，对填埋场渗滤液处理站进行综合提升改造后，出水达到《生活垃圾填埋场污染控制标准》GB 16889—2008标准要求。

2015年，投资1100万元实施雁群垃圾填埋场综合改造工程，对垃圾场进场道路和污水站污水外排管道进行了更新，建设了400kW应急发电机组及垃圾车清洗平台，采购路基箱、推土机、喷洒车等作业设备，综合改造工程的实施，使雁群垃圾填埋场作业功能和景观得到有效提升。

"十一五"期间建设运营的保利协鑫（徐州）再生能源发电有限公司由协鑫集团以BOO模式投资建设（图6–11），注册资本金1720万美元，总投资3.8亿元，位于徐州经济技术开发区，占地面积90亩，该项目于2008年8月经江苏省发展改革委核准建设，核准规模为3×400t/d的往复式机械炉排焚烧炉+2×12MW的凝汽式汽轮发电机组。工程于2008年8月18日开工建设，2009年6月26日建成投产，2010年5月24日完成省建设厅整体工程竣工验收备案工作。保利协鑫（徐州）再生能源发电有限公司是以城市生活垃圾和无毒、无害的工业垃圾为主要燃料，

图6-11 保利协鑫无害化垃圾焚烧发电车间

通过先进、可靠、成熟的生产工艺和技术设备来处理垃圾，实现了城市生活垃圾处理"无害化、减量化、资源化"，利用垃圾焚烧产生的热能发电的目的。

6.5.6 粪便处理设施与餐厨废弃物处理厂建设

2014年，结合创建国家卫生城市，徐州市政府将粪便处理厂建设新增为城建重点工程，市级投资约1000万元，在龙亭污水处理厂内建设粪便处理厂；市、区两级投资300余万元，采购粪便清运车10台。

徐州市2013年被国家发展改革委等部门列入国家第三批餐厨废弃物资源化利用和无害化处理试点城市，2014年该项目列入城建重点工程，项目总规模为日处理餐厨废弃物366t、废弃油脂30t，占地45亩，总投资约2.8亿元，采用PPP模式建设，分两期实施，其中一期工程日处理规模200t。"十二五"期间，项目完成了社会投资人招标工作，组建了项目公司"徐州国鼎盛和环境科技有限公司"，注册资本金5000万元，其中国有资本占股35%，社会资本占股65%，2015年底工程基本完成前期工作，共完成投资1800万元，工程列入2016年城建重点工程。

6.6 保障性住房建设

近年来，徐州市认真落实中央各项政策要求和省委、省政府的决策部署，将城镇保障性安居工

程目标任务列入当地经济社会发展规划,并建立了考核办法和问责机制,大力推进保障性安居工程建设。紧紧围绕江苏省政府下达的年度保障性安居工程建设目标任务,结合实际,多措并举,严抓落实,加强保障性安居工程建设与管理,各年度均超额并提前完成省下达的目标任务。

6.6.1 "十一五"期间建设状况

"十一五"期间,通过政府、高校、企业多种渠道,全市共建设保障性住房769万m^2,解决城市低收入住房困难家庭10万余户的住房问题。其中,市区先后建设经济适用住房120万m^2(其中市政府组织建设四期70万m^2,部省属单位建设50万m^2),解决低收入住房困难家庭13000余户;建设廉租住房908套;累计发放廉租住房租赁补贴2462户、530余万元;每年减免困难家庭公有住房租金1200余户;共计使1.7万余户低保(特困)、低收入家庭的住房问题得以解决。市区累计实施棚户区改造项目55个、408.8万m^2,建设和购买定销安置房400多万m^2,使6万余户棚户区居民搬进了新居。

6.6.2 "十二五"期间建设状况

"十二五"期间,徐州市区保障性住房建设规划目标任务为:自2011年开始五年内计划建设保障性住房14842套,建筑面积101.76万m^2,其中:经济适用住房6932套,建筑面积50.51万m^2;廉租住房1210套,建筑面积6.05万m^2;公共租赁住房6700套,建筑面积45.2万m^2。截至2015年底,"十二五"规划期内保障性住房总计建成20425套,建筑面积147.25万m^2,完成目标任务的137.62%,其中:经济适用住房6633套,建筑面积56.98万m^2;廉租住房1401套,建筑面积5.46万m^2(注:自2013年开始,廉租住房建设任务不再单列,并入公共租赁住房);公共租赁住房12391套,建筑面积84.81万m^2。

图6-12 徐州市第五期经济适用住房九里新苑

目前,徐州市已建立起了公共租赁住房、经济适用住房、廉租住房,发放廉租住房租赁补贴,公有住房租金减免和棚户区改造等多形式的保障方式,住房保障体系基本健全。保障性安居工程惠及范围实现城区低保特困家庭、中低收入家庭、新就业和外来务工人员全覆盖,以住房保障重点"保基本"为原则,实现了城市低保、特困、低收入无房家庭申请廉租住房保障"应保尽保",保障对象家庭住房困难问题得到一定程度的缓解,促进了住房保障基本公共服务均等化,维护了社会公平,促进了社会和谐稳定。城市新增人口的住房困难得到缓解,有力巩固和推动了城市化进程。保障性安居工程建设的不断推进,在维护社会公平、保障和改善民生、推进城市化进程,促进社会和谐和经济又好又快发展等方面发挥了重要的作用。徐州市第五期经济适用住房九里新苑,见图6-12。

7 创新完善城市建设机制

城市建设的快速发展离不开有效的机制创新。徐州在城市建设实践中摸索出的资金运作、项目推进和工程代建等机制创新,犹如强大的引擎,推动徐州在城市建设的快速轨道上实现了一次次后发超越。

7.1 城建资金的市场化运作

城市建设需要大量的资金投入,仅靠财政不现实,依靠贷款也不是长远之计,钱从哪里来?这是一个急需破解的难题。徐州市在充分利用财政自有资金的基础上,解放思想,敢于创新,灵活运用现代金融手段,以市场化的运作方式,通过银行融资、城市经营、社会融资等多种措施,广开财路,有效解决了城建资金筹集这一重大难题。

近十年来,全市筹措资金2360亿元,实施城建重点工程1140项,实施棚户区改造3200多万m^2。特别是近五年来,加大资金筹措力度,投入资金约1700亿元,累计安排实施城建重点工程项目809项,重点实施了老城区改造、新城区建设、高铁商务区建设等城市组团建设,建成了彭城壹号、中央百大、金鹰国际及中华老字号、徐州老东门、"创意68"产业园等中心商圈、月光经济区,其中彭城壹号、中华老字号、徐州老东门、"创意68"产业园、淮海文博园、淮海文化产业园等项目成了转型发展的典型案例。完成了规划馆、音乐厅、奥体中心等一批公共场馆建设,城市的综合服务功能进一步完善。与此同时,为解决城市交通拥堵问题,以公共交通体系建设和道路建设改造为重点,启动城市轨道交通建设,建成了三环路高架快速路、徐贾快速通道、珠江路快速通道、新104国道等多条区域性道路,拓宽、改造市区主次干道100多条,全面提升了道路通行能力,改善了城市交通状况。

7.1.1 多元化筹措城建重点工程资金

在城市建设过程中,徐州市积极运作,加大对城市重点工程建设资金筹措力度,拓宽融资渠道,助推项目建设,顺利完成各项重点工程建设任务。城建重点工程资金筹措措施得力,成效显著。

一是加大财政资金筹措力度。由市建设局、财政局通过完善建设项目开发配套费、城建专项基金征收措施提高财政专项收入。二是发挥各区和部门的作用。市政府采取按比例出资、以奖代补和专项补助等形式，充分调动各区和部门的积极性，变"一家建"为"大家建"，有效地发挥了资金的集聚效应。对于一些水利、交通工程则由水利局、交通局负责实施，由其立项向上争取部分经费支持。三是积极盘活土地资源。把通过土地使用权转让筹集资金作为重要的建设资金来源。2001年建立了"土地储备制度"，成立了"徐州市土地储备中心"，实行了"一个渠道进水，一个池子蓄水，一个龙头放水"的土地供应制度，对所有经营用地一律实行招标、拍卖方式供地。同时，成立徐州新田投资发展有限责任公司，进一步强化土地收储能力，积极筹集资金对拟收储地块周边破旧建筑一并收储、拆迁，提升土地出让价值。四是充分发挥融资平台作用。相继实施了新城区建设、高铁站区建设、棚户区改造等重大项目，为保障建设资金供应，分别成立了徐州市新城区国有资产经营有限责任公司、徐州高速铁路投资有限公司、徐州市新盛建设发展投资有限公司、徐州市新水国有资产经营有限责任公司等融资平台，加强与金融机构的沟通和衔接，积极争取项目贷款，较好地保障项目的顺利实施。五是积极进行招商引资。加强对拟出让地块项目的招商工作，制定优惠政策吸引外地资本和民间资本参与城市建设，提高招商的成功率。同时加快转变融资方式，拓宽筹资渠道，以政府与社会资本合作模式（PPP模式）为突破口，鼓励社会资本参与城市基础设施、公共服务项目的建设和经营，建设桥梁、道路、轨道交通以及污水处理厂等公共基础设施。同步做好企业债、专项债等债券发行工作，理顺融资机制，强化资金保障。

7.1.2 多渠道创新融资机制和服务方式

为加快城建重点工程资金筹集，市政府授权新田公司承担城建工程融资任务，在发挥现有土地运作保障作用的同时，通过创新项目投融资机制和政府购买服务等多渠道做好融资工作，保障城建重点工程资金需求。

徐州新田投资发展有限责任公司（新田公司）为城建重点工程市政府投资项目的融资主体，根据年度城建重点工程市级投资任务确定年度融资规模。将徐州市年度城建重点工程计划项目中的市级政府投资部分作为投资服务项目纳入市级政府购买服务指导性目录。市国土局作为购买主体，实施政府购买服务工作；新田公司作为承接主体，具体承担通过政府采购程序确定的投资服务。市重点办、财政局、国土局会同相关金融机构，按照市政府下达的城建重点工程计划政府投资任务，研究制定年度政府购买投资服务计划及项目清单，向市政府报请审批年度城建重点工程市级政府购买服务计划。市国土局作为购买主体，通过单一来源采购方式确定新田公司为承接主体，双方签订项目政府购买服务协议，约定购买服务内容、期限、质量要求，以及资金结算方式、双方权利义务和违约责任等。提请市人大、市政府、市财政局出具将政府购买投资服务资金纳入政府性基金、土地出让金预算配套文件，承接主体提供政府授权文件、单一来源采购审批书、中标通知书、政府购买服务协议等资料，市重点办负责提供相关项目资料，据此向金融机构申请投资服务项目银行贷款。新田公司与项目责任单位签订委托代建协议，由委托责任单位负责项目实施。市财政局、重点办、国土局、新田公司签署《资金监管协议》，按照城建重点工程资金管理办法，加强融资资金监管。新田公司取得融资授信后，根据市重点办出具的城建重点工程资金使用计划提款，按照市政府批准的重点工程资金使用计划办理资金拨款，接受市财政局、重点办、国土局资金监管。

7.1.3 全方位实践城建重点工程PPP模式

政府与社会资本合作（Public Private Partnership，简称"PPP"）模式，是近年来国家大力推广的一种新型投融资模式，不仅可以缓解政府资金压力，也有利于提升供给质量、激发市场活力。为加快推广运用PPP模式，鼓励和吸引社会资本参与基础设施建设和运营，徐州市政府专门下发了《关于推进政府与社会资本合作（PPP）模式的实施意见（试行）》（徐政发〔2015〕19号）和《市政府关于加快推进市级PPP项目实施运作的会议纪要》（2015年第10号市长办公会议纪要）。市重点办认真贯彻落实市政府文件及会议精神，健全机构，建立制度，完善机制，分类指导，全方位实践城建重点工程PPP模式。

一是健全机构，扎口管理。经市政府批准，成立了徐州市城建重点工程PPP项目领导小组，组长由分管副市长担任，分管副秘书长、重点办主任及城建重点工程项目责任单位主要负责人、项目属地区政府负责人任副组长。市城建重点工程PPP项目领导小组下设办公室（以下简称领导小组办公室），办公室设在市重点办。

二是建立制度，完善机制。领导小组办公室对重点工程PPP项目实行扎口管理，统一整合各方资源、发挥集体智慧优势，统筹协调各责任单位，建立和完善PPP项目实施工作制度、机制。经市城建重点工程PPP项目领导小组批准，领导小组办公室制定、印发了《徐州市城建重点工程PPP项目限制性边界条件》和《2016年度城建重点工程PPP项目实施工作方案》，明确政策、工作流程及单位职责。

三是分类指导，加快推进。领导小组办公室在江苏省PPP项目专业咨询机构库中，经考核筛选，择优选取了国信招标、毕马威、上海济邦、江苏现代等十家专业咨询机构，成立了徐州市城建重点工程PPP项目专业咨询机构库。徐州市城建重点工程PPP项目的咨询机构原则上由项目责任单位在该专业咨询机构库中经过比选确定，报领导小组批准，咨询服务费用在项目资金中安排。根据市委、市政府批准的《徐州市2016年度城建重点工程计划》，2016年城建重点工程实施PPP方案的项目共计11项，具体为：泉润公园、卧牛山体公园、五山公园、迎宾大道高架快速路、城东高架快速路、徐沛快速通道、外环公路东南环、新淮海西路综合管廊、二环北路西延、餐厨废弃物处理厂、第二垃圾焚烧厂，总投资136.9亿元。城建重点工程项目责任单位为各PPP项目的实施机构。

领导小组办公室在对现阶段社会投融资环境及工程施工招投标情况进行调研、分析基础上，拟定了三大类工程（园林绿化类工程、道路及桥梁类工程、公共设施类工程）的PPP项目资格条件及限制性边界条件：包含合作周期、项目运作模式、招标下浮率、项目管养条件、投资回报来源等内容。

园林绿化类工程运作模式为：政府和招标的社会资本方共同组成项目公司，融资由项目公司负责，项目社会资本金投资回报率按同期基准贷款利率上浮10%，政府持股不计息不分红。融资利率不超过银行同期基准贷款利率上浮10%（与银行基准利率同步调整），若项目公司融资成本高于政府融资成本，由社会资本方出具承诺函，由政府对项目公司融资起主导作用。

道路、桥梁类工程运作模式为：政府和招标的社会资本方共同组成项目公司，政府持股比例为30%，上级补助资金作为项目公司政府注册资本金，融资由项目公司负责。项目社会资本金投资回报率按同期基准贷款利率上浮10%，政府持股不计息不分红。融资利率不超过银行同期基准贷款利率上浮10%（与银行基准利率同步调整），若项目公司融资成本高于政府融资成本，由社会资本方出具承诺函，由政府对项目公司融资起主导作用。

公共设施类工程运作模式为：政府和招标的社会资本方共同组成项目公司，项目公司注册资本必须符合特许经营权行业规定。招标内部收益率上限为7%。融资由项目公司负责，融资利率不超过银行同期基准贷款利率上浮10%（与银行基准利率同步调整）。政府持股参与分红，资产到期无偿移交。

作为新型投融资模式，PPP模式在徐州城建重点工程实施中已广泛应用，项目推进顺利。2015年7月20日，餐厨废弃物处理厂项目在省政府采购平台公开招标社会资本，徐州鼎和、中联重科联合体中标，成为省级示范项目中严格按照标准化模式运作的第一单。该项目公司已组建完成，即将开工建设。五山公园绿化工程已完成项目摸底及边界条件的制定工作，正在编制PPP项目的实施方案。徐沛快速通道及外环公路东南环等两项工程已完成工可批复的工作，正在编制实施方案。迎宾大道高架快速路、城东高架快速路等PPP项目正在进行规划审批、方案设计等前期工作。

7.1.4 城建资金市场化运作案例

1. 棚户区与城中村改造资金筹措

为破解棚户区与城中村改造资金筹措难题，徐州市政府于2008年底授权新盛公司作为徐州市区棚户区改造项目投融资主体，具体承担市区范围内棚户区改造项目投融资，以及配套安置房筹建等任务。近年来，在市委、市政府的正确领导下，新盛公司紧跟政策导向，抢抓机遇，本着"借得来钱、花得好钱、还得了钱"的原则，全面开展融资工作，实行"间接融资与直接融资双轮驱动"，一方面与国开行等金融机构紧密合作，争取优质贷款资金，另一方面充分利用直接融资工具，拓展融资渠道。截至2016年6月底，新盛公司累计获得融资授信595.25亿元，其中由国开行牵头组建了徐州市振兴老工业基地棚户区改造一期、二期、三期、四期项目及市级2013～2017年棚改二期工程项目银团贷款，总授信规模285.55亿元，获得国开行专项建设基金20.7亿元，通过国家发展改革委、证监会、交易商协会获批直接融资工具规模91亿元，其他融资渠道获批授信198亿元，有力保障了全市棚户区改造各个阶段工作的顺利开展。

棚改第一阶段（2009～2010年）。根据省委、省政府振兴徐州老工业基地战略部署，徐州市自加压力，于2008年提出了"三年任务，两年完成"的目标，即利用2009、2010两年时间完成307万m^2棚改任务。在市委、市政府正确指挥部署下，新盛公司紧紧依靠国家开发银行，与其建立亲密的合作关系，邀请国家开发银行积极参与徐州棚户区改造融资工作。在运作过程中，充分发挥开发性金融理念，整体布局、统筹运作、全面介入，利用其成熟的项目运作经验结合徐州市棚户区实际运作情况，量身打造融资运作模式。在国开行的指导帮助下，创新提出"拆建合一"的运作模式，即在贷款项目中，把拆迁项目与安置房建设项目有机结合，将国家规定的棚改拆迁贷款两年还贷期限延长至10年以上，这一模式成为国开行推广的首创范例。在此模式下，国开行成功组建振兴徐州老工业基地棚改一期、二期项目银团贷款，给予了43.8亿元政策性贷款支持。此项贷款期限长、利率低，为棚改第一阶段工程的顺利实施打下坚实基础。到2010年底，市区完成棚户区改造项目55个、408.8万m^2，超额完成棚改任务，建设和购买定销安置房400多万m^2，使6万余户棚户区居民搬进了新居，棚户区居民住房条件得到极大改善。

棚改第二阶段（2011～2012年）。徐州市根据城市建设规划和棚户区的实际情况，坚持尊重民意、量力而行的原则，继续加大棚改工作力度，启动了棚户区改造第二阶段工程。在此期间，新盛公司与国开行进一步合作，由国开行牵头组建徐州棚改三期项目银团贷款，提供了28亿元政策性贷款支持。同时，新盛公司于2012年首次试水直融工具，与信达证券合作，以棚户区改造项目成功发行企业债15亿元，确保全市在2011年、2012年分别完成了91万、151万m²的市区棚户区改造任务，使群众居住条件、城市环境面貌得到进一步改善。

棚改第三阶段（2013年至今）。市委、市政府积极抢抓新型城镇化、深入推进棚户区改造的新机遇，乘势而上，掀起新一轮棚改工作的高潮。针对主城区剩余的2000万m²棚户区、城中村改造任务，按照"先急后缓、分批实施"的原则，计划从2013年到2017年逐年改造完成。2014至2016年初，新盛公司棚改融资工作多措并举、多点开花，达到了高潮阶段，进入了加速发展的快车道。

2014年，国开行牵头组建了徐州棚改四期项目银团贷款，对新盛公司授信97亿元，为当时徐州市棚户区改造单笔融资规模历史之最。同时，为全方位支持徐州市棚户区改造工作，国开行江苏分行与省政府合作，运作设立了江苏省城乡建设投资有限公司，并以该公司作为省内棚改项目统借统还主体专项承接国开行棚改政策性贷款。按照国开行贷款安排，新盛公司棚户区改造四期项目贷款调整纳入省城投公司棚改项目统贷范围，充分享受了国开行棚改项目贷款优惠政策。同年11月，新盛公司与中信证券合作，成功发行全国首单保障房资产证券化20亿元，在深交所顺利挂牌。

2015年，国务院发布《关于进一步做好城镇棚户区和城乡危房改造及配套基础设施建设有关工作的意见》（国发〔2015〕37号），提出要创新融资体制机制，推动政府购买棚改服务，推广政府与社会资本合作模式。随后国开行出台相关政策，支持棚改项目按照政府购买服务模式开展融资工作。市委、市政府高度重视，多次与国开行高层对接，全力推进棚改政府采购工作。由市建设局作为购买主体，通过单一来源招标方式确定新盛公司下属保障房公司作为承接主体，汇总新盛公司、新田公司、新城区国资公司、开发区国资公司等在内的15个棚户区改造项目及3个安置房建设项目，对接国开行申请政府购买服务贷款，经过努力，新盛保障房公司于2015年底成功获得国开行政府购买服务棚户区改造项目贷款授信116.75亿元，期限25年，为徐州市首笔、江苏省第二笔获批的棚改项目政府购买服务贷款。

2．轨道交通建设资金筹措

徐州市轨道交通近期建设规划于2013年2月经国务院批准正式取得国家发展改革委批复，批准建设1、2、3号线一期工程，全长67km，总投资443.28亿元，其中资本金占比40%。

市委、市政府从经济社会发展全局出发，决定按照"政府主导、社会参与、分段合作、规范运作、多方共赢"的原则，"十三五"末完成3条线建设并统一并网运行。为此，专门成立了市轨道交通项目融资建设谈判工作领导小组，于2014年3月由市重点办牵头组织论证1、2号线合作模式和谈判比选合作方工作，并与中建、中铁建、中铁工、中交、葛洲坝、中煤等6家央企进行了多轮磋商，形成了"资本金投资+施工总承包"的合作模式，经市委、市政府研究，明确1号线合作意向单位为中建，2号线合作意向单位为中铁建，并分别签署了合作备忘录。2014年9月国家推广政府与社会资本合作模式（PPP）后，又组织开展了PPP规范改造等相关工作，目前正在紧张推进3号线及三条线组合运营PPP合作相关准备工作。

从总体上看，轨道交通融资建设运作顺利。2015年11月，市政府批准了以PPP模式合作为主线的徐州市轨道交通项目总体运作方案，以及1、2、3号线一期工程PPP合作及组合运营的4个实施方案。总体方案结合国家发展改革委"网运分离"的政策导向进行了PPP合作机制创新设计，提出"轨道建设运营分段运作、区域物业分层反哺"的分段分层、模式组合框架，将轨道项目分为设计建设、运营维护、土地开发和上盖物业4个模式进行相应专业化运作，其中，土地开发和上盖物业模块采取以政府主导市场化的运作方式；建设和运营模块引入"持续经营、融资延续"创新理念形成了PPP实施方案，通过创设股权设备动态置换、补贴税收扎口筹划等运作安排，强化了社会投资与质量效率的关联机制，并有效缓解了近期财政支付压力。

在1号线一期工程融资方面，初设批复总投资162亿元，全长21.967km，技术经济指标7.41亿元/正线公里。合作模式主要内容为轨道公司与社会资本组建项目公司，以注册资金方式筹集项目资本金；项目公司作为设计建设阶段项目业主，由轨道公司承担项目建设管理主责；基础设施部分由中建股份负责施工总承包，机车、主变电系统等不纳入总承包范围，但属于项目公司投资范围；中建在建设期4年承担45亿元资本金出资责任，并于后4年分期由轨道公司回购。

2014年9月28日，通过公开招标确定中建为中标合作方，10月份开工建设，年底完成了全部合作协议签署和项目公司设立工作，投资合作及总承包施工等较为顺利。由于2014年9月以来财政部密集出台PPP相关政策，且1号线纳入财政部首批30个PPP合作示范项目名单，需按市政府批准的轨道交通PPP总体实施方案进行改造，补充签署PPP合作协议。目前已就PPP规范改造等与中建进行了洽商。

在2号线一期工程融资方面，初设批复总投资169.79亿元，全长24.15km，技术经济指标7.03亿元/正线公里。2014年8月26日，与中铁建签署合作备忘录，确定的"资本金投资+施工总承包"合作模式主要内容与中建合作模式基本一致。2015年8月，轨道交通2、3号线纳入江苏省PPP试点项目范围。为规范推进2号线PPP合作，根据市政府批准的2号线PPP合作实施方案，结合原备忘录确立的合作原则，与中铁建进行了多轮合作模式改造谈判，合作模式优化调整为"合作投资+建设养护绩效传导"并进行适当包装。2015年12月30日，通过江苏省政府采购中心公开招标确定中铁建股份为项目社会资本方。目前，正在按照PPP规范程序进行项目公司改组设立、签署PPP合作协议等工作，工程已于2016年2月22日正式开工建设。

在3号线一期工程融资方面，工可报告已上报省发展改革委待批，总投资130.98亿元，线路全长18.3km，技术经济指标7.16亿元/正线公里。根据PPP政策规范，按照市政府批准的总体方案和实施方案，设计建设阶段PPP合作为"合作投资+建设养护绩效传导"的"BLMT"（建设—租赁—养护—移交）模式。2015年底，根据实施方案拟定了预磋商提纲并启动了二轮预磋商谈判。2016年8月29日，工程正式开工建设。

7.2 重点工程推进机制的创新

城建重点工程是徐州市"三重一大"（重大基础设施、重大产业项目、城建重点工程、事关全市改革发展稳定的大事）的重要组成部分。近年来，全市坚持以城建重点工程为抓手，通过每年实施一批城建重点工程，大力推进城市基础设施建设，不断完善城市综合服务功能，提升城市的集聚力、承载力，城市建设步伐全面加快，城市面貌、生态环境发生了较大变化，为推动徐州经济社会转型发展提供了良好的基础环境。

在城建重点工程实施过程中，全市紧紧围绕建设现代化特大城市和徐州都市圈核心城市的目标定位，针对城建重点工程建设面广量大的特点，加强组织领导和部门联动，强化项目方案管理、协调管理、制度管理，规范资金管理，完善目标管理和内部管理制度，城建重点工程推进机制不断创新。

7.2.1 加强组织领导，发挥管理职能

为适应市政重点工程数量不断增多、市政工程建设管理任务不断加大的需要，强化对全市市政重点工程的组织领导和建设管理，徐州市委、市政府于2000年专门成立了由市委、市政府主要领导亲自挂帅、各相关职能部门主要负责人参与的市政重点工程建设领导小组。领导小组下设徐州市市政重点工程建设办公室（简称市政重点办）。市政重点办由市政府分管秘书长为主任，以市建设局、规划局、国土局、财政局、城管局、园林局等部门分管局长为副主任，并从上述部门抽调精干力量作为办公室工作人员，集中办公，负责全市市政重点工程的建设管理工作。同时，按照"市区联动、条块结合、分级管理、整体推进"的原则，市政重点办具体统筹负责全市市政重点工程计划编制、项目协调推进、工程进度调度、目标考核、市管重点项目的建设管理、区管项目的方案审批、预算评审、项目验收、督查考核等工作。区级政府也同步建立相应的组织管理机构，对照目标任务，抓措施落实，切实组织区管理项目的组织实施，确保各项工程顺利推进。

2006年，全市重点工程的建设范围从单纯市政类工程扩展到包括交通、商贸、文化、教育等城市建设基础设施多方面的工程。为适应新形势，强化全市重点工程的统一协调、管理、检查、考核工作，市委、市政府重新调整组建了重点工程领导机构，并将原有市政重点工程建设办公室调整为市城建重点工程办公室（简称市城建重点办）。

市城建重点办主要负责全市城建重点工程的组织、协调、调度、督查、考核等工作。具体承担全市城建重点工程的计划编制、任务分解、前期手续协调、方案预审、预算评审、征迁费用初审、工程进度调度、现场协调推进、工程量复核、进度资金复核、验收移交复核、督查考核等工作。市城建重点办内设综合处、规划设计处、征地拆迁处、工程一处、工程二处、财务审计处、督查处等七个处室，相关工作人员从市各有关部门单位抽调，集中办公，专职参与城建重点工程办公室工作。承担较多重点工程建设任务的区、局也相应设立了重点工程办公室或重点工程指挥部，负责本辖区和本单位承担的重点工程推进工作。

7.2.2 加强部门联动，提高服务效率

市重点办注重加强部门联动，积极采取集中会办、集中报批的方式，加快前期手续办理，抢抓项目开工时间，提高了服务效率。

市政府下达年度城建重点工程计划后，市城建重点办积极联系协调市发展改革委，由市发展改革委牵头，对年度计划中市投中小型城建项目进行梳理，符合条件的，由市城建重点办集中申请，市发展改革委集中分批办理"项目建议书"审批手续，或采取直接审批"项目可行性研究报告"（代项目建议书）方式办理。同时，积极联系协调规划、国土、城管、园林等部门，通过大力推行会办、联办等制度，集中提出选址方案向市政府进行报批，同时简化审批手续，缩短办事时限，提高办事效率。

为加快前期手续中相关报告的编制，降低相关费用，市重点办对市投城建重点工程的可研、环评等报告的编制实行同等选优、集中委托、费用优惠、统一支付的方式，集中委托具备资质的编制

单位、审查单位从简从快编制。所需费用在市重点办及市财政局核定后,由市财政统一与收费单位结算。在其他阶段办理手续时,享受政府投资项目行政性收费全免、事业性收费减半收取的政策。在前期手续推进过程中,项目责任单位及市有关部门紧密配合,及时协调解决前期推进中的问题,争取项目尽快具备开工建设条件。尤其是对景观绿化工程抢抓绿化季节,早启动、早实施,保证在每年的5月底前基本完成。

7.2.3　强化方案管理,提高设计水平

为加快启动实施年度城建重点工程,确保新建项目如期开工,在市委市政府基本确定年度实施项目后,市城建重点办立即将年度计划项目的方案设计任务进行分解,各项目方案设计的委托单位按照任务分解表要求,通过招投标或委托设计后采用多方案比选的方式确定设计单位,开展方案设计工作。

在规划设计环节,注意抓好两方面的工作。一是提前组织开展拆迁调查、规划选址、用地初审、可行性论证等前期工作。二是要求组织高水平规划设计单位编制3套以上比选方案,努力提高重点工程规划设计水平。对部分具备条件的项目及计划次年"五一"前竣工的项目,要求在12月底前完成设计并按程序上报进行初审。力争年底前绿化项目和部分道路项目完成方案设计,部分项目完成拆迁手续,启动动迁。其他项目根据节点计划安排设计并按程序报审。

在项目方案报审环节,坚持执行下列程序和规定:园林绿化类项目报送市园林局,并由市园林局组织初审,修改完善后由市园林局按程序报市政府审批。建筑类项目报送市规划局,并由市规划局组织初审,修改完善后由市规划局按程序报市政府审批。其他道路、管线、亮化、整治、环卫等项目由市重点办会同市城管局或相关单位组织进行初审,并按程序报市政府审批。特殊项目方案的初审单位按一事一议的原则研究确定。负责初审的单位应及时对项目单位报送的设计方案进行初审,方案成熟后立即上报市政府审查,重要项目方案及时提交市规划委员会研究。

7.2.4　强化协调管理,推进工程建设

每当市政府将年度城建重点工程计划作为1号文下达后,市城建重点办都立即与各工程责任单位进行充分对接,科学制定工程实施计划,分解落实目标任务,确保各项工程的顺利推进。项目责任单位按照年度形象进度要求,倒排工期,明确节点,加快推进工程立项、征地拆迁、规划设计、施工招标等各项前期工作,确保项目如期开工。市政府及相关部门采取重点包挂等措施,对诸如三环路高架、轨道交通工程等关键项目成立现场指挥部,由市政府分管领导、建设单位分管负责人及部门负责人、重点办有关领导及处室负责人,以及相关协作单位分管负责人共同参与、积极推进,确保工程圆满完成。及时协调解决重点工程推进过程中出现的问题,对发现的问题,全程跟进、及时协调、一抓到底,有效推动了项目实施。

在项目实施过程中,项目实施单位严抓工程建设质量,严格执行工程质量检测、材料采购、施工监理、安全管理等规章制度,确保建设精品工程。

7.2.5　规范资金管理,完善筹拨机制

城建重点工程政府资金主要来源于财政预算资金、土地出让金、专项资金等。在重点工程政府

资金管理方面，一是严把预算审核关，做好资金源头管理。在项目责任单位申报资金预算评审时，严格审核重点工程预算报审材料，防止工程送审虚列多报现象，结合决算评审，严格控制决算超合同、合同超预算、预算超概算、概算超计划的"四超"现象，实现资金管理前置。从源头上大大提高了财政在资源配置和运作程序方面的预算控制能力，充分发挥政府资金的使用效益。二是严格审核拨付关，按程序拨付资金。资金拨付时，各项目实施单位每双月底以书面形式（填写重点工程项目资金拨付审批表）向市城建重点办提出资金申请，重点办对该次资金申请的所有项目全面进行现场检查、对照复核。经梳理审核后，对符合要求的项目，编制资金申请汇总表，报请市政府批准。市财政根据批准的资金逐项进行拨付。三是严把使用监督关，规范资金使用。为加强城建重点工程资金的管理，市财政不断加强资金调度和监管，采取定期检查、不定期检查及选取一些项目专项检查的形式，组织人员通过查阅原始档案、现场核对工程进度和资金实际拨款情况等方式，对各建设单位的城建重点工程资金使用情况进行检查，通过检查找出问题，提出解决问题建议，并及时印发检查通报，限期整改，确保了财政资金的规范使用。

7.2.6　强化制度管理，确保工程质量

各项目责任单位在工程建设过程中，严格执行工程招投标、建材采购、施工组织、监理控制等规章制度，建立健全规范、透明、高效的工程管理体制。市、区城建重点工程管理机构加强调度，坚持每周现场检查制度，及时发现和整改工程建设中的问题，确保建成质量一流的精品工程。

城建重点工程竣工后，由建设单位按建设部规定的验收要求、程序组织进行工程竣工验收。工程竣工验收合格后，建设单位及时向接管单位办理移交手续。施工单位在工程质量保修期内履行保修义务；质量保修期满后，施工单位向建设单位提出保修期满确认申请，由建设单位组织验收确认。建设单位在市建设局办理竣工验收备案手续后，进行结算评审。

7.2.7　完善目标管理，提高工作效率

为提高工作效率，城建重点工程不断完善目标管理。在各单位申报、市重点办充分调研的基础上，科学排定开工及"五一"、"十一"、年底前完成等项目计划，并严格按节点计划抓好督促落实。建设单位按月及时向市城建重点办报送工程进度及投资完成情况。市城建重点办严格按照全市机关绩效考核及科学发展考核的规定，联合市委、市政府督查室，落实月调度、季督查、年考核的督查考核制度，按市下达的工作计划及工程节点进度计划，对建设单位工作进度及时进行调度并对计划完成情况进行督促、检查、考核，并通过简报、通报的形式，表扬先进，鞭策落后。以严格的监督管理、严密的督查考核，促进全市重点工程目标任务的全面完成。对在重点工程建设过程中作出突出贡献的参建人员，市政府每年都发文给予表彰奖励。

在不断完善目标管理的同时，市城建重点办注重优化内部管理机制，进一步提高工作效率。一是根据人员变动及时对市城建重点办内设机构、人员进行进一步调整完善，进一步明确处室分工和人员职责。二是制订重点办内部文件加快办理的相关规定，对内部文件收发、阅办、回复提出时间和质量要求，使办公室文件办理工作更加规范化、制度化和科学化。进一步梳理完善例会制度、考核制度和工作流程等运行机制，转变工作作风，提高了工作效率。

7.3 工程建设项目代建制的实施

推行工程建设项目代建制，是对政府及国有资金投资项目建设组织实施方式进行改革、加强政府及国有资金项目建设管理的重要举措。自2010年2月起，徐州市在认真调研的基础上，大胆创新，推行代建制，出台了相关法规、规章及规范性文件。2010年2月24日成立徐州市政府投资项目代建中心，2012年12月12日成立徐州市建设工程代建有限公司，分别从事政府投资项目及政府指令性项目的代建工作。实施项目代建制度，改变了原有项目建设管理中"投资、建设、管理、使用"四位一体的模式，按照专业的事由专业的人去做的理念，充分发挥代建单位的专业优势和管理经验，极大地提高项目的管理水平和工作效率，保证项目的工程质量，提高公共投资效益；促进了政府职能转变，加强了政府监管力度；对防止超规模、超标准、超概算的"三超"问题、防御建设项目中暗箱操作和腐败交易起到了积极的作用。

7.3.1 创新建设体制，突破传统建设模式

在实施项目代建制以前，项目工程建设基本上采用工程指挥部型或基建处型管理模式。这一时期建设项目管理机构人员从有关部门抽调人员组成，既不是部门，也不是法人单位，也就谈不上责任主体。管理机构在不承担任何风险的情况下，听从使用单位意见，任意改变建设内容、规模、概算，造成资金使用混乱，"三超"现象严重，很大程度上造成政府投资浪费，影响项目建设的有序进行。实行"代建制"管理，将内部委托代理关系转化为外部委托代理关系，充分发挥市场竞争的作用，从机制上确保防止发生"三超"行为，实现了项目管理队伍的专业化。工程项目管理公司由工程咨询各方专家组成，有效地提高了项目管理水平。"代建制"规范了政府投资项目建设实施管理行为，增强了项目使用单位的责任意识，从机制上隔离行政权力与市场资本，压缩政府权力寻租空间，对加快实现政府职能转变，防范权力寻租和公务人员腐败，保证政府管理职能部门及其人员的清正廉洁，起到了促进作用。为加强代建制管理，市城乡建设局会同市法制办组织相关部门，在多次考察调研的基础上，结合徐州实际，研究制定了《徐州市政府投资项目代建管理暂行规定》，明确了使用单位和代建单位的权利、义务、资金拨付、管理与监督等内容，从而使徐州的代建工作有了法规依据及指导性文件，进一步走上了规范化的道路。同时，组织编写了内部管理、工程项目管理等36项制度，并汇编成册下发执行，使规范化、制度化管理有据可依。该管理文件汇编受到市委、市政府领导的肯定。

7.3.2 创新管理方式，提前介入建设环节

代建人员从项目的规划设计阶段就提前介入，参与施工图设计与审查。通过与业主之间的较早交流，确保项目的各项使用功能更加合理化、更具实用性，避免在施工中出现重大变更，也便于在施工过程中进行技术把关，保障工程进度、工期。专业人士肩负着控制投资、工期、质量、安全、文明施工等职责，在施工中结合实际，敢于合理调整甚至适当变更设计，使其更符合使用单位的意图，有利于项目的造价控制及管理。如：在奥体中心"一场三馆"建设中，在经过了现场试验和专家论证后，在不影响建筑立面效果的情况下，体育场取消了屋面铝合金装饰板，节约工期约40天，节省造价约1620万元，取消地下商业扶梯12部，节约造价约600万元。"三馆"优化了钢格栅彩膜幕

墙及钢格栅幕墙，节约工期约60天，节省造价约3934万元。施工中同步推进甲控材料、设备采购和询价，为工程快速推进赢得了宝贵的时间。为加快代建工程进度，避免因材料设备采购不及时出现停工待料，保证各专业工程齐头并进，市城乡建设局注重制定《工程甲控材料设备清单》，按照用量大小、专业性的强弱、投资的大小、功能的重要性及造价信息中是否明确等特征，分门别类地明确了确定品牌和价格的操作模式。保证了工程管理的规范化、程序化。同时，组织经验丰富的专业人士对原材料特别是进口材料进行比价、比质、比效果、选材，在保证质量、效果的前提下，节约了大量资金。工程项目部实行"七牌、三图、一手册"标准化管理（项目管理组织机构网络图、项目部职责、项目负责人岗位职责、专业工程师岗位职责、造价工程师岗位职责、文秘资料人员岗位职责、安全文明施工工地管理制度等七牌，总平面图、效果图、工程建设计划进度图等三图，项目管理手册），并坚持例会及议事制度，坚持月简报、季专报，将中心工程完成情况、计划情况及存在的问题及时上报，协调解决。

7.3.3 创新施工方法，科学组织交叉施工

因代建任务时间紧、任务重，代建单位在施工中始终坚持以建筑技术为支撑，以规范化、制度化、程序化管理为保障，科学安排，交叉施工，合理组织施工队伍，安排施工场地，优化塔吊、机械的使用，在安全的前提下确保工期。如：在音乐厅的施工中，为抢进度，同时安排40多家施工队伍进场施工，由于精心安排，未出现任何不安全问题，大大提高了施工效率，确保了工期，受到市领导及市民的一致好评；在奥体中心建设中，科学调整工序，对传统桩基施工进行了突破。在反复研究、多次试验的基础上，在一系列技术保障条件下，在不挖土的情况下直接将桩送到地面以下10m，大大提高了桩基施工速度，赶回了因雨季影响所滞后的工期。

从代建制在徐州市推行以来，奥体中心、音乐厅工程、云龙湖步行街二期、艺术馆、名人馆、徐州博物馆改扩建（四合一）项目等代建项目收获了良好评价。在市委、市政府"政府主导、市场运作、打造精品、争创一流"建设理念的主导下，通过精心组织、攻坚克难，打造出了徐州一个又一个精致、精品工程，较好地完成了市委、市政府交办的各项任务，向广大市民献上了一份满意的答卷，受到了市领导及市民的一致好评，为推进全市经济社会又好又快发展、为全市"三重一大"中心工作，做出了积极的贡献。推行代建制，专业的事由专业人员做，既保证了工程手续完备，保证了质量、进度、安全、节约，又有效防止了腐败。"精心、精细、精致、精品"的代建模式，得到了中央领导刘云山同志的肯定。

7.3.4 创建分级实施模式，全力抓好代建工程

近年来，为更好地做好区级政府投资项目的建设工作，徐州市鼓楼区、泉山区、云龙区等分别成立了区级政府投资项目代建办公室，受建设主体委托具体负责辖区内政府投资项目及部分市级政府投资项目的代建工作，并根据需要设立若干工程建设工作组，分别负责不同工程建设任务。区代建办以高度的责任感，始终贯彻"科学施工，科学管理"的工作路线，以"重质量、抓安全、保进度、铸精品"为建设目标，全力以赴组织工程建设。在工程建设管理中坚持以人为本，把安全工作贯穿于施工的各个环节，以饱满的热情、顽强的作风，不断创新进取，努力工作，一步一个脚印，一步一个台阶，将工作做得更好，圆满完成了定销商品房、小学校园、文体中心、街坊中心、派出

所、消防站等近百项政府投资重点工程的项目建设任务。

7.3.5 代建工程案例

1. 徐州市第二中学迁建项目

由徐州市政府投资项目代建中心代建的徐州二中迁建项目位于马场湖北侧、中山北路西侧、奔腾大道南侧、徐州绿健乳业有限责任公司东侧，项目规划总用地面积65673m²，总建筑面积为57857m²，其中，地上建筑面积50116m²，地下面积7741m²，工程总投资2亿元（图7-1）。项目建成后可容纳教职工300人，学生2700人。整个校区分为三大部分：教学区、生活区、体育区。包括3栋6层教学楼、1栋6层实验楼、1栋6层电教网络楼与图书馆连体楼、1栋4层行政楼、1栋2层音体楼、1栋2层礼堂、1栋2层食堂及2栋5层宿舍楼。另外还建设配套的绿化、道路、地面及地下停车场。新二中教学设施完备，按60个班配备，除常规教室、实验室外，还有现代化图书馆、艺术教育中心以及适应新课改的特色实验室、创新实验室等。运动区由游泳馆、400m标准跑道、风雨操场以及室内体育馆、篮球场、乒羽球馆组成。生活区由可容纳3000人就餐的食堂、大型浴室和男女学生宿舍楼构成。

2. 市监管中心（四所合一）工程

徐州市监管中心（四所合一）工程为徐州市2013年度重点工程，位于徐州市铜山区三堡镇206国道东侧，铜山区看守所南侧，交通便利，地理位置十分优越。项目建筑总用地面积为175824m²，由看守所、收教所、拘留所、戒毒所、中心服务楼及配套用房等组成，层数1至4层，总投资5.6亿元（图7-2）。

工程于2013年5月25日开工，2014年10月16日全面竣工，由徐州市政府投资项目代建中心代建，江苏集慧建设集团有限公司（一标段）、江苏九鼎环球建设科技集团有限公司（二标段）施工。项目位于半坡山地，地形十分复杂，涉及山体爆破30余万m³，考虑到对岩体的保护，市代建中心精心研究施工方案，精细进行施工管理，使爆破工作取得圆满成功。由于单体建筑充分利用地形高差，分别布置在不同的台地上，既满足了个体的功能需求，又节约了工程造价，整个建筑有机融入了自然背景之中。项目采用多款弱点新型设备，为监狱今后的管理工作提供了更有效的手段。工程获市级、省级文明工地称号，其中戒毒所获"古彭杯"、"扬子杯"。

图7-1 徐州二中迁建工程效果图

图7-2 徐州市监管中心工程

市监管中心于2014年12月1日启用以来正常运营，监管场所条件得到极大改善，在押人员生活质量明显提高，成为全省乃至国内一流的现代化监管场所，发挥出巨大的社会效益。

3. 徐州动漫文化产业园

徐州动漫文化产业园项目是2012年市重点工程，位于泉山区文化城北、泰山路西，规划总用地面积27.45亩，建筑面积39367m²，其中地上建筑面积27330m²，地下建筑面积12037m²，地下一层，主体四层，框架结构该项目由泉山区代建办代建，于2013年7月18日正式开工，2013年12月31日全面封顶，2015年12月交付使用（图7-3）。

图 7-3　徐州动漫文化产业园效果图

徐州动漫文化产业园在功能设计上，既突出产业集聚和教育培训的功能又兼顾互动消费和展示会议的功能。在业态定位上，以动漫为符号，以创意文化为先导，以创意体验为核心，以研发设计、制作发行、展示培训、交流交易、主题餐饮、艺术酒吧、特色书吧、艺术家工作室、旅游休闲等为主要业态，融合创意与生活、创意与文化、创意与消费，打造集购物、餐饮、娱乐、动漫体验于一体充满活力的综合商业休闲街区。

4. 龟山民博文化园

龟山民博文化园项目规划面积约27万m²，分为民间博物馆区（图7-4）、文化创意产业园区两部分。民间博物馆区在实施建设中分为博物馆主馆和博物馆B-3区（含游客服务中心）。文化创业产业园区在设施建设中分为：产业园A区、B区、C区I组团、C区II组团。该项目由鼓楼区代建办代建，其中博物馆主馆于2014年10月1日开馆。博物馆B3区、产业园A区、产业园C区I组团均已竣工。产业园B区已开工建设。

5. 云龙区文体活动中心

云龙区文体活动中心（图7-5），位于云龙区民富大道北侧，项目占地9969平方米，总建筑面积29425m²，容积率2.25，绿地率23.5%。近3万m²的建筑面积中，体育活动中心建筑面积5050m²，文化活动中心15600m²，社区服务中心1800m²。文体中心将设置机动车停车位167个，非机动车停车位385个。该项目预计2016年年底竣工。作为城东片区首个以文化、体育商业为主体的商业中心，云龙区文体活动中心集购物、休闲、娱乐、餐饮等为一体，必将用前所未有的精彩体验，带来与众不同的尊贵享受。

图 7-4　徐州龟山民博馆　　　　　　　图 7-5　云龙区文体活动中心效果图

8 健全行业监管与改善行政服务

坚持监管与服务并重,全面加强行业管理,大力改善行政服务,是徐州市建设行业不懈追求的工作目标。在过去的十年中,徐州市建设系统与时俱进,积极探索,不断强化建筑行业监管,认真协调监管与服务,努力推进行政审批制度改革,全面实施百姓办事"零障碍"工程,对促进企业主体责任落实、推进建筑业快速发展、规范行政权力运行以及提高行政服务效能起到了积极的推动作用,极大地提升了行业监管与行政服务水平。

8.1 完善建筑行业监管

近年来,为规范建筑市场行为,加强工程质量建设,确保建筑施工安全生产工作平稳有序,徐州市在建筑行业监管方面开展了卓有成效的工作,切实加强了建筑市场和招投标市场的行为监管、工程质量监管和安全生产监管。

8.1.1 "两场"联动,促进中标企业规范履约

"十一五"初期,徐州建筑市场运行机制初步建立,建筑业规模不断扩大,但是建筑市场仍然存在着一些突出问题,尤其是市场各方主体行为不规范,影响了建筑业的健康发展。为加强建筑市场监管,强化招标投标市场(有形市场)与工程现场(无形市场)"两场"联动,保证施工企业在招投标时的承诺与在工程现场的实际表现相互一致,徐州市出台了招标投标市场与工程现场"两场"联动管理办法,初步建立了徐州市建筑市场信用体系,搭建了"徐州市建筑市场信用信息库"。

2009年4月以前,徐州市建筑市场存在围标、串标、出借资质、违法转包、拖欠农民工工资、拖延工期、不接受监管等问题。特别是经常出现一级企业中标、二级企业进场、三级企业管理、包工头干活的状况,致使发生了一些较大的质量安全事故和农民工工资拖欠事件。建筑市场中存在的这些问题,均和招投标市场与施工管理现场信息沟通不畅,监管各自为政、相互脱节,未能实现联动、形成合力有很大关系。解决这些问题,仅靠一两个部门的力量是难以奏效的,必须在"两场"联动的机制下,整合招投标管理、质量监督、安全监督、造价管理、市场执法监察等各部门的力量。

"两场"联动首先是信息的共享与联动,即将企业信用信息、招标投标信息、质量与安全监督信息、竣工备案信息进行整合,形成建设工程统一信息平台。其次,要求所有拟在徐州参加投标的企业,必须加入"在徐州投标企业信用库"。入库时,须提供以往相关业绩证明和质量、安全管理制度,同时提供企业管理人员、投标建造师、项目部经理及管理、技术人员、劳务人员名单、身份证号和社保证明。

在每个具体工程建设项目招投标结束后,招投标监管部门及时将中标单位的项目经理及项目部主要组成人员、施工机械配置、工程质量、安全、进展等投标内容通报给质量监督、安全监督、市场执法监察等单位,便于他们对施工现场的实际情况进行对照检查。而这些现场监督、执法部门对现场发现的问题,除要求整改外,还把施工单位的履约情况及时反馈给招投标监管部门,作为今后参与投标加分或减分的依据。

同时,对中标后不按合同履约且整改不力的投标人,由招标人提出并经核实后,坚决予以清退出场,并作为不良行为记录在网上公告。对帮助投标人弄虚作假、对社会不负责任的投标代理公司,经核实后,也将清出徐州市招投标代理市场。

为了使"两场"联动工作机制落到实处,徐州市形成了"两场"既互为依托、又相互制约的工作格局。质量监督部门在评定工程质量等级、市场处在核发《信用手册》、安监部门在认定安全文明工地时,均要征得招投标监管部门的同意;招投标监管部门在制定评标奖罚分值时,也需征得现场监管、执法部门的认可。

此外,徐州市还认真做好"两场"联动上下游的各项工作。一是加强对招标公告的监管,要求招标人在发布招标公告时,必须把资格预审的合格条件、评分标准在公告中注明;对资格预审不合格的原因要进行公示。二是强化投标单位资格预审工作,在注重投标单位的资质等级要求的同时,更加注重对投标单位及项目经理业绩的考核,其业绩必须能在网上查到,否则不予认可。三是做好投标保证金的收缴管理,要求投标保证金必须从投标人基本账户转出。四是明确必须由企业法人委托建造师(项目经理)作为受委托人进行投标。五是对初次来徐州投标的施工企业、必须提供项目部主要成员的用工合同和养老保险凭证、身份证等相关证明。六是由招投标监管机构安排专人开展现场监督。

在"两场"联动机制的强力作用下,以往常见和多发的围标、串标、违法转包、拖延工期等严重违约行为得到有效遏制。

8.1.2 规范秩序,推进建筑市场信用体系建设

"十一五"时期是我国房地产业发展的高峰阶段,但建筑市场中各方主体信用缺失的情况比较普遍。一些建设单位不按工程建设程序办事,强行要求垫资承包、肢解发包、明招暗定、拖欠工程款;一些承包企业层层转包工程,施工中偷工减料,导致质量和安全问题;一些监理、招标代理、造价咨询等中介机构中介不中。这些问题不但是造成工程质量问题、质量事故、安全生产事故发生的重要原因,而且容易产生腐败问题。建筑市场存在较多不规范行为的原因很多,其中一个重要原因是建筑市场各方主体的诚信意识比较薄弱,建筑市场各管理环节没有建立信用信息共享机制,市场管理和现场管理缺乏联动,市场各方主体违法违规行为不能得到及时有效处理,违法违规的失信成本比较低。建筑市场信用体系是社会诚信体系的重要组成部分,是完善社会主义市场经济体制的重要

环节，是关系到我国建筑业健康发展的一项重要任务。因此，加快推进建筑市场信用体系建设显得十分迫切和必要。

徐州市坚持把信用信息管理系统建设作为规范建筑市场秩序的重点，作为解决工程建设领域突出问题、提升建筑市场监管水平的突破口，加大组织领导和统筹协调力度，在人力、物力和财力上给予倾斜，及时研究解决遇到的困难和问题，保证各项工作顺利推进。2011年5月，从源头上加强诚信管理，建立"在徐投标企业信用库"的要求首度提出。所有拟在徐参加投标的勘察、设计、招标代理、工程造价、施工、监理、材料检测等企业信息据实录入"在徐投标企业信用库"，方可在徐承揽业务。同时对所有参加投标的作业人员进行实名制管理，凡未入库的单位和人员，不得进入徐州招投标市场和建筑市场。

2012年6月30日，全市统一的建筑市场信息信用管理项目库、企业库、人员库三大库初步建成，在对社会进行公示后，与电子化招投标并网运行。同时，对建筑市场主体开展信用评价和应用，对失信主体实行联合惩戒。截至2016年5月，已有94家勘察单位、140家设计单位、6940家施工企业、208家监理单位、128家招标代理机构、551家材料供应企业等单位的基本信息和116870名各类建造师、监理工程师及主要技术人员、企业业绩、获奖等信用信息在徐州市建筑市场监管与诚信一体化工作平台信息（信用）库中备案。

为不断加强社会诚信体系建设，徐州市试点推行工程建设领域守信激励和失信惩戒制度，对建设、勘察、设计、施工、监理等企业开展专项检查，对存在安全质量管理问题、拖欠农民工工资引发群体性事件的企业通报批评，核减信用评价分值，并将建筑市场信用评价结果运用到建设工程发承包中，全市所有的工程项目在招投标中均将企业信用分参与评标。

8.1.3 与时俱进，创新招标投标监管工作

十年来，徐州市房屋建筑和市政基础设施工程招标投标监管工作坚持遵循《中华人民共和国招标投标法》、《中华人民共和国招标投标法实施条例》等一系列法律、法规、规章，以市场为导向，立足甲方实施，进一步加强依法监管、探寻规律、与时俱进、改革方式，大力拓展电子化招投标，招标投标监管工作呈现出良性发展的局面。

1. 规范招投标文件范本

统一规范的招投标文件模板、综合素质过硬的评标专家队伍以及业务素养较高招标代理机构都是保障招投标工作公开、公平、公正实施，落实《招标投标法》的重要基础。近十年来，徐州市招投标工作始终围绕这三个方面狠抓好基础。依据相关规范，徐州市制订了适合全市招投标工作的规范性招投标文件范本，并在试行、不断实践中修改完善，实现了招标文件规范化、个性化、合理化。同时，规范了招标代理工作，加强了代理机构承接业务范围、双方权利义务和责任、服务费计取等内容的监管。着眼评标专家管理，徐州市全面实施招标代理和评标专家网上考核，对招标代理实施动态和静态考评，对每个招投标环节、程序出现的错误由系统自动扣分，对企业失信行为及时考评，考评成绩进行外网公示；对评委参评率、是否按时到达、评审过程中公平公正性实行考核，做到"一标一考"，全程监督。

2. 严厉打击围标串标

为切实落实好住建部工程质量治理两年行动方案，徐州市严厉打击围标串标行为，重点对设置

不合理的招标条件、资格审查、疑似围标串标和哄抬报价行为三个方面严格把关，特别是采取技术暗标横向评审的方式，隐藏了投标企业单位名称，把原有的技术标以项目内容为单位区分成10个部分，由专家逐一对每个部分进行评审，打破了以投标单位为序列的评审方式，有效避免了评标专家评主观分、印象分和人情分的现象。同时实行投标人法定代表人面谈制度，对国有资金投资的大型房屋建筑和市政工程项目施工招标，招标人可以要求投标人的法定代表人必须在开标之前与招标人面谈，这一系列举措有效打击了围标串标的行为。

3. 实行资格后审

除大型且技术复杂或有特殊专业技术要求的工程外，一律实行资格后审，保证在开标前对投标人的数量、名称、项目部组成人员均保密，审查与评标同时进行，保密性较强，在实施中严格按照"编制招标文件、发布招标公告、发售招标文件、编制和递交投标文件、对投标人的资格实行审查"五个环节抓好审查落实。

4. 远程异地评标

徐州市对采用综合评估法且对施工组织设计或者施工方案进行评分的国有资金工程项目，全部采用远程评标方式对技术标部分进行评审，同时采用技术暗标和横向评审。评委归属地、姓名及联系方式都是保密的，同时所抽取的异地评委对于需评审项目的归属地及项目名称在评标前也是保密的，该举措可有效预防招标人或投标人串通或影响评委，从而提高评标公平性和公正性。

5. 电子化招投标

电子化招投标工作推广以来，徐州市建设工程招投标活动全过程已实行标书电子化、流程网络化、监察实时化、计算机辅助评标、远程异地评标等。2015年，徐州市对电子化招投标活动中的一些具体环节作出优化和完善。借助互联网络，徐州市建设工程招投标实现全流程电子化，构筑了制度屏障，避免了人为干预。2015年度，徐州市监理项目电子化招投标完成率100%，位列全省第一，施工项目电子化招投标完成率98%，位列全省第二，远程异地评标使用率走在全省前列，受到了江苏省住建厅通报表扬。

6. 激活市场内在活力

徐州招投标工作本着特事特办、急事急办、难事巧办的工作思路，充分借鉴其他城市先进经验，经过研究和多方论证，对非国有资金投资工程项目发包监管方式进行了大胆改革突破，于2009年7月制订出台了《徐州市非国有资金投资工程建设项目直接发包监督管理办法（试行）》，并印发了《徐州市非国有资金投资工程项目招标控制价编制办法》配套文件，同年8月1日在市区范围内实施。在实施阶段建立了新的监管制度，即对非国有投资工程建设项目发包实行事前审核、事后备案制度，改变过去重程序、重形式为重实质、重效果。招投标监督机构对发包人的营业执照、立项批复、用地、规划手续、资金证明、施工图审查及技术资料、发包控制价进行审查；对承包人的资质条件进行审核，符合直接发包条件的进行备案；备案后，及时将相关资料通报市建设工程质量、安全监督部门，由其进行市场监管，保护了公众利益。通过几年的实践，非国有资金投资项目招标直接发包这种形式受到了广大非公企业的一致好评，大大节省了社会成本。首先，体现在发包人可以根据需要自行选择直接发包、邀请发包、公开发包中的任何一种方式，能够更加真实体现发包人的意愿。其次，缩短了时间，节省了资金，改善了投资环境。据测算，改为直接发包后，每个标段，可省去招标代理、招标、投标等费用支出少则几万元，多则上百万元，直接缩短发包时间20～30

天，其他准备时间60余天。招标时间由原来的每个标段30余天，间接时间60余天变为现场办理，大大提高了办事效率。再次，行政监管更加有力。从注重对发包、承包程序、形式上的监督，改为对保护公众利益实质性的监督。非国有资金投资工程项目发包监管模式调整后，建设行政主管部门更加便于集中人力、物力，把监督的重点放在对建设单位的资金落实、施工企业资质、项目经理资质和主要施工人员配备、施工期间的工程质量、安全监督上，切实集中人力解决公众关注的切身利益的问题。同时最大限度减少腐败和"潜规则"滋生的空间，破解了管理上的难题，净化了社会环境，开创了用制度管人、用制度管事的新局面。

8.1.4 强化过程控制，提高工程质量监管效能

"百年大计、质量第一"。徐州市扎实开展建筑工程质量监督管理工作，严格落实质量责任，强化质量过程控制，监管效能不断提高。

1. 坚持依法依规监管，确保监管内容无死角

一是执行法律法规和工程建设强制性标准。通过履行政府监督职能，加强对检测机构的监管力度，加强建筑外墙渗漏的治理，开展住宅轻质砌块填充墙开裂的治理，加强建筑给水排水、建筑电气、通风与空调工程监管等途径，确保工程结构安全和重要使用功能的发挥。二是强化日常质量监督，抽查涉及工程主体结构安全和主要使用功能的工程实体质量。坚持对工程质量责任主体和质量检测等单位的工程质量行为、工程实体质量进行抽查、抽测。抽查、抽测影响结构安全和重要使用功能的实体质量。

2. 规范监督工作程序，形成监督新常态

徐州市建筑工程质量监督部门从改进作风、提升效能入手，优化监督资源配置，简化监督流程，进一步规范监督工作程序。对日常巡查抽查和竣前检查，严格执行层级管理，使质监员手中的监督职权在受监督的环境下运作，杜绝人情关和工作失误。日常监督工作制度化、程序化、科学化，形成了监督再监督新常态。一是充分利用"质量监督管理系统"，突出对工作质量和工作效率进行管理，突出对实时上传的监督记录特别是对主体验收、竣工验收两个关键节点进行实时跟踪，远程核查、纠正工作人员在施工现场的不当监管，规范行政执法行为，减少滥用自由裁量权现象，确保监管行为合法、合理、适当。同时，在施工现场也进一步规范参与建设各方责任主体法定的质量行为。二是各环节工作内容经实时数字化记录，避免了工作人员责任不清、相互推诿现象。三是实行隐蔽工程检查网上通知制度，及时掌握工程施工进度，加强对关键部位检查验收。四是实现检测机构利用互联网上报不合格建材试验报告，便于实时监控，及时做出不合格建材处理意见。

3. 开展专项整治，控制混凝土施工质量

现浇板厚度不足的"楼薄薄"事件曾一度成为媒体报道的热点，徐州也曾有数起针对现浇混凝土板底开裂的工程质量投诉，部分业主提出巨额索赔，甚至采取过激行为，产生不良的社会影响。为治理混凝土结构工程施工质量通病，自2015年4月以来，徐州市对市区工程开展了混凝土施工质量整治行动，并形成混凝土施工质量控制的新常态。监督人员根据网上隐蔽验收通知系统，及时到达混凝土施工现场进行监督抽查，对浇筑混凝土时监理旁站情况、施工单位工程质量通病防治措施落实情况进行监督检查，重点核查钢筋绑扎及其成品保护情况、混凝土浇筑操作面的通病防治措施的落实情况及混凝土浇筑质量（图8-1）。通过监督抽查，发现违规行为严肃查处，始终保持高压态势

和保持一定的威慑力。通过持续整治行动，混凝土施工质量明显提高，钢筋绑扎成型、定位质量进步显著，大幅度减少了跳扣绑扎、定位件数量少等现象；加强了各方对混凝土坍落度、离析情况的检查力度，规范了混凝土进场的验收工作，混凝土输送、施工过程中的加水、罐车停转等现象得到有效控制；施工现场搭设人员专用通道、设置浇筑作业平台及加强泵管支撑等措施，有效防止结构钢筋位移变形，钢筋成品得到有效保护；浇筑混凝土时严格板厚控制措施，现浇板的厚度得到保证（图8-2）。

4．治理质量通病，减少质量投诉

外墙渗水是质量常见问题之一，分析近几年工程质量投诉情况，外墙渗漏是投诉中的较突出问题，所占比例较大。2014年，徐州市质监站受理工程质量问题投诉共163项，其中渗漏问题87项，占53.4%，而外墙渗漏49项，占渗漏问题类投诉的56.32%（图8-3）。为了解决好这一突出问题，徐州开展了住宅工程外墙渗水问题防治行动，有效减少外墙渗水现象。

图8-1　浇筑混凝土时钢筋工跟班做好成品保护

图8-2　防治踩踏钢筋的措施

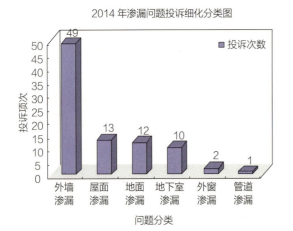

图8-3　工程质量问题投诉情况分析

外墙渗漏问题不仅在投诉问题中占据较大比例，且渗漏源难以确定，维修时间一般较长、维修难度大，易出现维修效果不尽人意而可能出现再次投诉现象，容易成为矛盾冲突的焦点。为此，徐州建筑工程质量监督部门从设计文件深化、外墙防水材料的使用、重要节点隐蔽验收等方面做出具体规定，增加了外墙防水层工序验收时淋水检验、分户验收时淋水检验，在竣工验收时随时抽取外墙淋水检验（图8-4），从多个环节防治外墙渗水，住宅工程外墙防水质量得到明显提高，外墙渗水问题综合治理取得了显著效果。

5. 研发智慧监管与服务系统，提高工程监督质量

为了准确、全面、及时掌握工程项目的质量检测信息，加大对工程各责任主体和工程质量检测机构质量行为的监管力度，基于移动互联网应用的建设工程智慧监管与服务系统成为政府监管的必要手段。为了解决取样时无法确定见证人是否在工地现场见证、无法确定见证人见证记录的真实性、送检见证人员身份无法识别、无法确定取样时取样场所的地理位置信息、对送检样品的取样送样的现场或过程无法溯源等问题，徐州建设了一套融合移动互联网、物联网应用的监管系统，创新了监管模式，并提供了基于互联网应用的监管和服务信息系统——"智慧监管与服务系统"，开展了网上预约，为建设方提供互联网服务；为材料取样见证人员提供基于移动终端应用的见证取样管理系统；为取样人员提供取样标识应用系统，会同见证人员在取样现场依次建立实物样品唯一性标识并封样，封样后提供取样位置信息环境图片、动作图片、现场视频信息等；对取样信息即时自动分发至检测机构信息系统；利用摄像头或指纹机，依托脸谱比对或指纹比对核实见证人员身份。通过以上举措，把涉及建设工程材料样品见证取样、位置服务、取样过程、见证溯源等方方面面监管与服务整合起来，实现了监管与服务的创新。

"智慧监管与服务系统"的应用取得了明显成效：一是实现了分散检测与集中监管的结合，较好地将检测、监管、服务、控制进行整合，通过一个平台实现对监管方、建设方、检测方、施工方集约化管理。二是提升了相关单位的工作效率，该系统自试运行以来，已完成近10万次工程检测智慧监管业务，节约日常采集和监管人力成本，提高了监测监管工作效率。三是创新服务模式，实现检

图8-4 外墙淋水检验

测项目网上预约,既减少建设单位到检测单位窗口的等待时间,也提高了检测单位工作效率。四是实现了与监管联动的脸谱及指纹识别、采集位置和图片信息、对样品全程溯源,提高了见证取样送样的真实性。五是规范了过程监管,委托方、见证方、检测方互相监督,最大程度遏制虚假报告,使日常监督工作真正成为新常态下的高效监督。

6. 升级改造"监管系统",提高数字化管理水平

为了与徐州市城乡建设局信息平台、徐州市各检测机构信息平台进行数据交换,实现市区工程质量监督数字化管理、工程质量相关责任主体和执业人员信息共享、数据统计自动化,进一步规范监督人员日常工作行为,提高质量监管工作的透明度和效率,2014年3月,徐州建筑工程质量监督部门决定升级改造"建设工程质量监督管理系统",利用计算机软件及网络技术,建立市区工程质量监督管理平台(图8-5)。

研发升级管理系统工作,主要依据法律法规规定和市质监站工作程序,改变原来由人工操作的质量监督各环节管理工作,从而减少了工程监督过程中的人为因素。系统共设计了业务受理、日常检查、验收监督、质量检测、查询统计、系统维护6个子系统,对隐蔽工程、监督抽查、整改通知及完成情况、停(复)工审批、不良记录、立案处罚、竣前检查、竣工验收、监督报告审批和签发、验收记录汇总、监督报告汇总等主要工作流程和重要工作节点进行实时全覆盖管理。

实施监管工作数字化管理取得了明显成效:一是对实时上传的监督记录特别是对主体验收、竣工验收两个关键节点进行实时跟踪,远程核查、纠正工作人员在施工现场的不当监管,进一步规范行政执法行为,进一步减少滥用自由裁量权现象,确保监管行为合法、合理、适当,也进一步规范了参建各方责任主体质量行为。二是各环节工作内容经实时数字化记录,避免了工作人员责任不清、相互推诿现象。三是实行隐蔽工程检查网上通知制度,及时掌握工程施工进度,加强对关键部位检查验收。四是实现检测机构利用互联网上报不合格建材试验报告。五是实现各类统计查询、汇总、上报自动化。

图8-5 建设工程质量监管系统

7. 执行分户验收制度，控制住宅工程质量水平

2008年，江苏省《分户验收规则》发布实施，徐州市积极开展宣贯工作。2009年起，严格落实分户验收制度，加强分户验收监督工作。在分户验收前（至少提前三日）对住宅工程分户验收进行网上公示，建设单位通知业主参与验收，通知率要确保达到100%。结合住宅工程质量通病的防治，全面开展主体阶段外墙淋水试验，治理外墙渗漏。在验收当日或者验收完成后，抽查验收的实际效果，查看业主问题记录表、抽查淋水、蓄水记录等，确保分户验收工作落到实处。在住宅工程的分户验收中，还重点检查分户验收的组织形式，对不符合分户验收规程要求的，采取网上曝光等方式督促责任单位整改，并重新组织分户验收，确保分户验收不流于形式、不走过场，确保验收结果真实、公正、透明，扩大广大业主的知情权、参与权，确保群众合法利益。《徐州日报》、《经济日报》曾在显著版面予以报道并配发评论文章《多些"首创"的精气神》。

8.1.5 重视检测，做好工程质量技术保证

工程质量检测工作是工程质量监督管理的重要内容，也是做好工程质量的技术保证。作为建筑行业的一个组成部分，建设工程检测随着全民质量意识的提高不断被人重视。

1. 工程质量检测机构快速发展

1957年，徐州市基本建设局成立建材实验室，作为徐州市首家建筑工程类的实验室开创了徐州工程建设之先河。1979年，在实验室基础上成立了建筑工程研究所，1998年在研究所的基础上，正式成立徐州市建设工程检测中心，徐州建设工程质量检测机构由此进入科研化、集成化、规范化的高速发展之路。

2000年，国务院颁布实施了《中华人民共和国建筑法》的第一部配套行政法规：《建设工程质量管理条例》。对工程建设中建设、勘察、设计、施工、监理五方责任主体的质量责任和各级行政主管部门的管理职责进一步明确，并确立了一系列工程质量管理制度。2005年，建设部发布的《建设工程质量检测管理办法》明确了检测机构的责任主体地位和应承担的法律责任，建设工程质量检测行业正式步入规范化的管理轨道。

自2006年起，以徐州市建设工程检测中心为首的检测机构迅速发展，徐州市区从事材料检测的机构达10所，沛县2所，邳州市1所，睢宁县2所，丰县1所，铜山区1所，贾汪区1所，新沂市1所，建工类检测机构已然覆盖所有县（市）区，其中民营类检测机构6所，政府所管辖的检测机构13所。徐州市建设工程检测中心作为本地区唯一的建设工程法定检测仲裁机构，不但负责苏北地区检测机构上岗培训也为各区县检测机构提供专业的业务管理和指导，促进了各县（市）区检测机构的紧密合作，且为本地区检测标准的高度一致作出巨大贡献。检测中心目前具备中国合格评定国家认可委员会认可的项目为十八类共210个参数；获江苏省质量技术监督局资质认定的项目为九大类共1137个参数；获江苏省住建厅资质核准范围为见证取样检测（8类）、地基基础工程、主体结构工程、钢结构工程、建筑节能工程专项检测资质；备案项目为室内环境、市政工程、建筑水电、建筑墙体、饰面材料、防水材料、门窗、化学分析、基坑检测、粘钢、碳纤维加固、既有幕墙、木结构共计13项。

徐州检测机构在掌控专业技术人才竞争力主动权的同时，大力改善办公环境、仪器设备。2008年7月18日总投资近千万元的检测中心金山桥实验室举行了开业典礼，并正式对外开展检测业务。金

山桥检测实验室拥有检测试验用房2000多平方米、办公生活用房800多平方米。该实验室配备了万能试验机、门窗检测仪等先进检测仪器设备。混凝土结构材料（混凝土、建筑钢材、水泥、砂石、外加剂、掺合物等）；地基基础；混凝土结构；钢结构及材料；砌体结构；木结构及材料；建筑节能工程、材料及能效测评；建筑安装工程及材料；市政、道路、桥梁、隧道工程及材料；墙体屋面材料；防水材料、装饰装修材料；门窗与幕墙；建筑室内有害物；建筑材料化学分析；建筑材料燃烧性能；建筑安全、建筑施工机具等。它的建成为徐州新城区、金山桥开发区建设提供了更加便捷、快捷、优质的服务。从当年纺织东路一所实验室现已发展成为有四处检测办公场所的专业建筑检测机构，截至2016年5月，徐州检测中心的建筑办公用房已达一万多平方米，恒温恒湿面积400多平方米，已具有1200多台套国内外先进检测设备仪器，为保障建筑工程检测的准确性、科学性夯实了基础。

2．工程质量检测行业成就瞩目

十年来，徐州工程质量检测行业取得令人瞩目的成就。与2006年相比，发生了翻天覆地的变化。其中建设工程检测中心2015年出具的检测报告就比2006年增长约10万份，总体收入为2006年的5倍。从业人员则从2006年的110人（其中高工15人、中级工程师28人）发展至243人（其中研究员级高级工程师1人，高级工程师32人，获得相应职称人员98人，各类专业技术人员占员工总数比例达80%以上）。徐州检测机构不但完成了本地区绝大部分建筑工程的检测，而且完成了奥体中心、美术馆、三环高架等标志性建筑和道路的检测任务，为徐州市"三重一大"项目的顺利实施提供了工程质量技术保证！

8.1.6　完善体系，强化施工安全监督管理

随着我国改革开放的深入，建筑业进入了一个新的快速增长时期。然而，在建筑业呈现一片繁荣景象的同时，安全生产形势却不容乐观，一些地方和建筑工地安全伤亡事故频繁发生。为此，建筑施工安全监督管理作为国家安全生产的重要内容之一，受到广泛关注。近年来，徐州市不断完善监管体系，落实安全生产主体责任，认真开展建筑施工安全生产工作，施工安全监管取得明显成效。

1．完善体系建设，落实主体责任

根据建设工程安全生产的特点，全市逐步建立起超前预防、源头查堵、全程监控、全员参与的工作机制，构建起了政府依法监管、企业全面负责、中介参与服务、社会舆论监督的建设工程安全生产的监管体系。建立健全了"党政同责、一岗双责、齐抓共管"的安全生产责任体系，认真开展"企业安全生产主体责任落实年"活动，积极推进建筑施工企业试行安全总监制度。督促企业履行安全生产法定义务，健全事故隐患排查治理制度，实现事故隐患自查、自报、自改的闭环管理。强化重大事故隐患挂牌督办，建立隐患整改不落实责任追究制度。落实参建各方安全生产的法定义务，建立健全施工安全应急救援体系，加强应急救援演练，提高全员应对突发事件的能力，推进建筑业工伤预防机制建设，不断完善安全生产保障措施。

2．开展专项整治，规范安全管理

为保障建筑施工安全，全市积极开展建筑安全生产专项整治活动。开展以"防坍塌、防坠落、防火灾"为重点的各项隐患排查整治活动，有效防范和遏制了建筑安全生产事故。开展建筑施工安全生产"打非治违"行动，集中打击了建筑施工生产中的各类非法违法行为。坚持按季度落实节后

复工安全检查和扬尘整治、深基坑和高支模整治、建筑起重机械和脚手架整治、施工消防整治和事故预防机制等专项整治工作。在积极开展专项整治活动的同时，全市不断加强施工现场标准化管理，推行企业标准化。加大力度推动建筑施工项目安全生产标准化考评全面实施，推广使用《江苏省建筑工程安全文明标准化图集》，指导施工企业开展标准化文明示范工地创建工作，积极探索制定标准施工的量化考核标准，引导施工企业落实主体责任、完善施工安全保证体系。积极开展建筑施工标准化观摩活动，组织示范工地经验交流，出版经验汇编。根据住建部、省住建厅工作部署，逐步推行企业标准化。结合施工现场标准化管理，大力推行"绿色施工"。进一步督促各项措施的落实，切实改善建筑工地民工生活环境，认真执行工伤保险制度，维护民工合法权益。

3. 推进标准化施工，提高安全生产水平

为进一步提高建筑施工安全管理水平，提高施工现场文明施工程度，改善从业人员的工作、生活环境，自2006年起，建筑行业开始推行建筑施工文明工地创建工作。随着省、市级文明工地的不断创建，全市建筑施工现场安全文明程度明显提高。原来搭建宿舍、办公区的石棉瓦、木模板，逐步由夹芯防火彩钢板代替，甚至被拼装式防火彩钢板代替，既省时、又省力，标准化程度也相应提高。施工现场安全防护逐渐趋于标准化、定型化、厂区道路硬化、进出厂区车辆冲洗等施工现场文明施工要求已基本达到。

2013年以后，徐州市强化市级标准化示范工地创建基础工作，对市级文明工地（后改为徐州市市级标准化示范工地）内容进行了大幅调整，增加了扬尘治理、绿色施工、环境卫生、建筑施工消防等内容，对安全防护等做出了明确规定，将安全网不合格等十项指标作为市级标准化示范项目评审的否定项进行一票否决。2014年，结合扬尘治理、绿色施工，省住建厅将文明施工内容进行了大幅调整，充实了烟尘治理、生活区环境、安全防护标准化、定型化的相关要求，明确了否定项，将《江苏省省级建筑施工文明工地》改为《江苏省建筑施工标准化文明示范工地》，为认真做好标准化工地创建工作，提高安全管理水平，徐州市采取了组织省、市级观摩，实行动态核查等方式，使全市标准化文明示范工作创建走上新台阶。在日常安全监管工作中，将标准化创建工作落实贯穿于整个安全生产动态监管过程中。施工项目在办理安全监督备案手续时，要求将该项目创建纳入计划，安监机构在日常监督过程中进行督查和核查，督查情况作为标准化工地考核的主要依据，做到创建工作常态化，避免创建工作一阵风，确保创建工作取得明显实效。

4. 强化信息化建设应用，提升安全监管效能

随着信息化社会的飞速发展，将信息化技术应用到建设工程的安全监督管理中，从而达到预防事故发生的效果，保证建设工程的安全生产势在必行。2009年10月，徐州市城乡建设局作为LBS（location based service，无线定位服务）系统研发测试单位，在全省先行开展试点工作。LBS系统利用网络信息技术，依托手机载体，对施工现场主要管理人员进行工地现场区域无线定位，自动采集和统计分析其在岗和离岗信息，从而实行安全动态考核。2012年5月4日，江苏省文明工地观摩会暨施工现场管理人员定位系统使用推进会在徐州风尚米兰工地召开。在徐州成功试点LBS系统的基础上，江苏省各市建设主管部门在会上与系统提供商签约，江苏省在全国范围内率先应用该系统。

随着科技安全监管的手段不断提高，信息化建设的不断加强，资源共享不断扩展，"两场联动"形成监管合力，安全生产水平不断提升。全市安监机构加快信息化建设，提高利用科学化监管手段的运用水平，受监工地全部使用施工现场监督管理系统软件。及时把握企业和工程项目安全生产

运行状况,将企业和从业人员违反建筑市场安全生产法律法规的行为,列入日常监督检查的重要内容。对建筑施工企业、监理企业、施工企业负责人、监理企业负责人、项目经理、项目总监理工程师、专职安全员的现场安全生产管理情况进行量化打分,将打分情况与招标投标等建筑市场活动相联动。通过"两场联动",实施施工现场安全生产的动态监管,逐步建立健全了包括监管地区、相关责任主体和施工现场的安全生产基本情况、重大危险源监控、重大安全生产隐患等主要业务基础资源数据库,提高了科学管理能力,提升了安全监管水平。

5. 加强防护用品进场检测,防止不合格安全网流入

为防止不合格的密目式安全网流入建筑市场,自2012年起,徐州市对市区在建工程使用密目式安全网问题作了规定:必须使用B级以上阻燃的密目式安全网,且应符合《安全网》GB5725-2009要求。施工单位采购安全网进场后,在张挂前监理随机抽样送检。对于送检不合格的安全网,不得张挂。建筑工程张挂的安全网在监理见证取样送检合格的基础上,采取每栋楼实体随机监督抽查检验的强硬监管手段,监督施工现场使用的安全网情况。从2006年,安全网检测80%不合格,到2015年达到90%合格,徐州建筑施工安全生产又增加了一层保障。标准化文明工地统计表,见表8-1。

标准化文明工地统计表　　　　　　　　　　表8-1

年份	标准化文明示范工地		
	AAA级(项)	省级(项)	市级(项)
2006		58	183
2007		42	189
2008		94	176
2009		108	221
2010		141	191
2011	1	58	219
2012	3	72	205
2013	1	74	167
2014	1	64	189
2015	2	88	140

8.2 推进建筑业快速崛起

建筑业是徐州经济发展的支柱产业,产业关联度高,就业容量大,对财税贡献大,而且富民,无污染,不占土地指标,加快发展建筑业,对于加快徐州工业化和城市化进程,提升地区综合实力,增加农民收入,全面建成小康社会具有重要意义。近十年,是徐州建筑业又好又快科学发展的重要时期。徐州建筑业以建设建筑大市为目标,以深化改革和科学创新为动力,加快产业结构调整,加大市场开拓力度,发挥整体优势,取得了显著成绩。徐州建筑业的持续健康快速发展,也有

力地促进了徐州经济发展和社会进步。

8.2.1 建筑业发展概况

2006年，徐州共有建筑业企业582家，建筑业总产值269亿元，在外省完成施工总产值102亿元，境外完成营业额41.8万美元，建筑业增加值78亿元，企业增加值59亿元，房屋建筑面积2990万m^2，工程结算收入232.4亿元，利润总额10亿元，利税总额12亿元。

2015年，全市建筑业总产值达1807亿元。2015年1月，住房和城乡建设部批准江苏九鼎环球建设科技集团有限公司（现更名为江苏万融工程科技有限公司）晋升房屋建筑总承包特级资质，并同时获得建筑行业甲级设计资质，实现了徐州本地特级资质企业零的突破。

十年来，全市建筑业取得了辉煌成绩：各项经济指标持续增长；企业规模不断扩大；外埠市场开拓成绩显著；各地建筑业呈现较好的发展势头。

"十二五"期间，徐州建筑业完成总产值6700多亿元，是"十一五"末的3倍（"十一五"末为2226亿元）。2010年、2015年的徐州建筑业总产值分别为680亿元、1807亿元，建筑业总产值年增长率均在26%以上。

通过引导、帮扶、促动，积极支持、鼓励企业资质升级，建筑企业总数由"十一五"末的881家（其中特级企业1家〈央企〉，一级企业52家，二级企业193家）上升到1420家（其中特级企业2家〈央企、九鼎〉、一级资质企业139家、二级企业402家、三级686家），增长61%，建筑企业结构逐步完善，实现了徐州本地特级资质企业零的突破。"十二五"期间，建筑业总产值超过10亿元的由8家增加到27家，60亿元以上的发展为8家。

徐州110多家企业先后在北京、上海、西南、新疆、东北、山东等地设有办事机构或分公司50余个。2015年，全市出省施工产值达670亿元，占全市建筑业产值40.6%，出省施工产值与2010年（266亿元）相比增长了251.9%，外埠市场呈现较好的发展势头。徐州在安徽、山东、新疆、辽宁、山西、内蒙古、青海、陕西等地市场继续保持较好的发展势头，其中，安徽、山东、新疆、辽宁、内蒙古、陕西市场年增幅均在20%左右。见图8-6。

图8-6　由徐州建筑装饰集团有限公司承建的海安行政中心装饰工程

2015年，徐州区域建筑经济发展较快。铜山区2015年度建筑业总产值308.64亿元，企业总数213家，施工总承包企业103家（其中一级13家）、专业承包企业71家。沛县2015年度建筑业总产值288.26亿元，建筑业企业总数146家，施工总承包企业82家（其中一级13家）、专业承包企业38家。新沂市2015年度建筑业总产值174.56亿元，建筑业企业总数105家，施工总承包企业50家（其中一级2家）、专业承包企业35家。丰县2015年度建筑业总产值162.03亿元，建筑业企业总数71家，施工总承包企业37家（其中一级3家）、专业承包企业28家。睢宁县2015年度建筑业总产值158.01亿元，建筑业企业总数61家，施工总承包企业31家（其中一级1家）、专业承包企业21家。邳州市2015年度建筑业总产值96.04亿元，建筑业企业总数95家，施工总承包企业55家（其中一级1家）、专业承包企业32家。贾汪区2015年度建筑业总产值14.69亿元，建筑业企业总数33家，施工总承包企业14家（其中一级1家）、专业承包企业15家。五年间，铜山、沛县建筑业总产值等指标均实现翻番，建筑业总量在徐州县域中保持领先地位。丰县建筑业近年有一定发展，2015年产值已达162亿元，有重夺"建筑之乡"的潜力。铜、沛、丰三县（区）建筑业总产值占全市总量的41.9%。由于历史原因，新沂市、睢宁县、邳州市、贾汪区四县（市）区建筑业规模相对较小，但从近年发展情况看，已基本具备加快发展的基础，正努力从洼地中崛起。

8.2.2 建筑业快速崛起的主要经验

十年来，面对宏观经济领域种种不确定因素，全市建筑业企业深入贯彻落实科学发展观，坚决贯彻落实市委、市政府的重大决策部署，积极适应新形势、新任务、新要求，妥善应对新挑战，努力抢抓新机遇，转变思想观念，创新工作思路，完善政策制度，创新管理模式，加强校企、银企合作，团结拼搏，攻坚克难，全面完成各项目标任务。

图 8-7　由江苏集慧集团承建的 2015 年"扬子杯"优质工程奖项目
——铜山科教集聚区农村教师培训中心工程

1. 转变思想观念，创新工作思路

"十五"期间，徐州建筑业从20世纪70～80年代曾经的辉煌下降到全省倒数第三，其原因固然很多，但与业内长时期思想不够解放、思路不够开阔有很大关系。在新一轮产权制度改革、经营方式变革中，徐州建筑企业明显滞后，被苏中、苏南等建筑企业远远甩在了后面，由于企业资质等级偏低，在市场上长期与各类大工程、大奖项几乎无缘，全市建筑业总产值多年徘徊在300亿元左右。2008年以来，本着"发展是硬道理"的基本思想，徐州建筑企业以科学发展观为指导，以内涵式增长和外延式扩张为突破口，以加快企业转型升级为手段，以目标管理和优质服务为保障，构建以总承包企业为龙头、以专业承包和劳务分包企业为依托的建筑业结构体系，促进了建筑业持续跨越式发展。建筑业总产值在2008年首次突破400亿元基础上，2009、2010年接连超过500、600亿元，2011年突破800亿元大关，实现了"三年三大步，三年翻一番"的重大跨越。

在2011年全市建筑业大会上，徐州确定了今后一段时期的三项主要目标：一是用3年时间实现建筑业总产值超千亿元的目标，使建筑业继装备制造业、商贸物流旅游业、食品及农副产品加工业和能源产业之后，成为徐州第五大千亿元产业。二是大力培育高资质建筑企业。到2015年底，建筑企业总数发展到1300家以上（2006年582家），其中特级企业2家，一级企业100家以上，二级企业400家以上。三是用三至五年时间实现建筑业总产值翻番；全市建筑业从业人员发展到40万人以上，总产值、增加值年均增长18%以上，建筑业对全市GDP的贡献率达7%以上；徐州在省内大市排名中再前进一至二位，力争进入前六名。主要突破口是：提高产业集中度，新增总产值达50亿元以上的大型建筑企业8家以上。

2. 完善政策制度，创新工作机制

2012年，徐州建筑业总产值超过千亿元，虽然成绩显著但也存在"产业层次不高、增长方式粗放、结构性矛盾突出"等问题。如何完善政策、制度，构建创新型发展机制，推进徐州建筑业持续快速健康发展，成为创新实践的重大课题。为此，徐州市城乡建设局在充分总结发展经验的基础上，再一次提请市政府修订建筑业发展意见。《徐州市人民政府关于推进建筑业加快发展的意见》（徐政规〔2013〕3号）于2013年5月2日出台，自2013年6月3日起实施。《意见》的出台，有力地促进了徐州建筑业的全面发展。

一是建立健全组织协调机制。市政府成立促进建筑业发展领导小组，专门负责全市建筑业规划的制订和修编，协调解决建筑业发展中的重大问题。领导小组办公室设在市城乡建设局，负责建筑业年度发展目标制订、落实，组织实施加快建筑业发展的具体措施，及时协调解决相关问题。

二是建立健全扶持机制。建立领导包挂联系企业制度，对重点培育对象进行动态帮扶；会同金融部门加大金融扶持力度，优先支持冲刺特级资质企业；选择南方尤其是南通优秀企业与徐州建筑企业帮扶挂钩，学习他们的先进管理经验；鼓励企业争先创优，每年评比一次建筑业优秀企业，由市政府通报表彰，有效地促进了徐州建筑企业的健康发展。

三是建立健全发展激励机制。市财政设立专项资金，各地政府制定相应政策措施。对晋升为特级企业、对总产值达到一定规模的大企业、晋升特殊专业的高资质企业实行一次性奖励；对主创"鲁班奖"、行业最高奖、"扬子杯"奖的给予奖励等。各项奖励、补贴资金按现行财政体制，由受益财政兑现和承担。

四是建立健全科技创新机制。推进建筑业科技进步是一个系统工程，对企业研究"四新"成果所产生的技术开发费实行优惠措施。对成立研发中心的企业，按相关奖励政策予以扶持。对获得国家级科技进步奖、国家级工法的企业给予一次性额定奖励。同时，市有关部门通过召开专题研讨会、现场会、发布会、展览会等多种形式，引导社会各方力量参与建设领域的科研攻关和"四新"成果的推广应用。

3. 改善服务方式，创新管理模式

一是开辟绿色通道，寓服务于管理。市建设局积极响应市委、市政府号召，成立"零障碍"办公室，集中办公，限时办理，把方便让给服务对象，把麻烦留给自己。同时，在建设局办公楼内为重点扶持企业专设接待室，对上年产值超过50亿元、申报特级资质、准备上市且资信良好的行业排头兵企业实行"保姆式"服务。

二是牵线搭桥，做企业"红娘"。为破解企业发展资金瓶颈问题，由建设局牵头，通过召开银企合作座谈、邀请银行专家讲解建筑业金融产品等形式进行多渠道沟通，向银行推荐徐州优秀建筑企业，为企业与银行搭起了合作共赢的平台。为提高企业的管理能力和创新能力，积极为企业牵线搭桥，寻求与南方资质高、管理理念先进的企业与本地企业建立合作关系，带动本地企业提高管理能力。已建立起10对南北企业挂钩帮扶对子，寻求互补、利益共赢，并组织相关企业到南通与挂钩企业进行交流，学习南方建筑企业管理新理念、新思路，提升了本地企业竞争力。

三是改进工作作风，服务向纵深延伸。在平时的工作中，建设局领导亲自带头，带领相关处室走出办公室，深入企业、深入一线，走出徐州，到外省、市帮企业开拓市场。在企业资质升级的过程中变审查、审核为辅导、指导，帮助企业分析自身发展特点和优势，制定升级规划，有的放矢地做好升级准备工作，有力地促进了徐州企业的升级、转型，高资质企业数量显著增加。

4. 加强校企银企合作，助推企业做大做强

一是加强校企联合。坚持促进企业产业结构、产品结构调整，技术进步，引进与消化先进技术，提高经营管理水平，技术改造，科技攻关，为企业发展提供人才智力培训方面的支持。引导企业积极探索校企合作，提升企业创新能力，徐州市政建设集团有限责任公司、江苏大汉建设实业集团有限责任公司、徐州九鼎建设集团有限公司、徐州中煤钢结构建设有限公司等企业与同济大学、哈尔滨工业大学、中国矿业大学、江苏建筑职业技术学院等高校合作，借助高校科研、技术及人才优势，结合企业特点积极开展科技创新，提高企业的科技创新能力。

二是搭建银企合作平台。建立长期稳定的银企沟通合作机制，由市建设局建筑业处组织召开银企合作联协会，实现金融资本与企业需求的有效对接，不断提高企业与金融的融合度，不断拓展授信领域，优化授信结构，扩大授信规模，更好地发挥金融对经济的拉动作用。通过银企座谈、银行产品说明会、优秀企业推荐会等形式，积极协调市各金融机构支持建筑业发展，与建筑企业建立利益共享、风险共担的合作机制，不断提高对建筑企业的综合授信额度和全面服务水平，帮助企业在发展过程的资金瓶颈，提高企业的经营能力，与中国银行、建设银行、工商银行、江苏银行建立了良好的合作关系，其中中国银行一次性与近20家企业签订银行授信协议，授信额达50多亿元。

三是助推企业开拓外埠市场。积极组织建筑企业与开发企业合作、南北帮扶挂钩、校企合作共建以及参加江苏省住建厅组织的外埠市场推介会，引导企业拓展外埠市场。组织相关部门到各地政府及主管部门进行专项拜会，加强与外地政府的沟通，帮助解决有关问题和困难，率队考察在外施工企业，协助在外企业强化与当地主管部门的联系。努力为企业拓展业务空间，提高企业信誉度，

为他们搭建合作共赢的合作平台。

8.2.3 建筑产业的现代化建设

近年来，在市委、市政府的正确领导下，徐州建筑产业持续快速发展，通过积极推动建筑企业转型升级，基本形成以总承包企业为龙头，以专业承包和劳务分包企业为依托、比例合理的建筑业结构体系。2015年建筑业总产值达1807亿元，但是，徐州建筑产业现代化建设发展缓慢，只有在钢结构装配化施工方面有部分企业正在研究实施，并取得了一定的成果，而在大量的土建项目中混凝土预制构件只有楼梯、阳台和内隔断有少量应用，还没有真正意义上的PC生产线。建筑业施工存在建设周期较长、资源能源消耗较高及生产效率、科技含量、标准化程度偏低等问题。见图8-8。

图 8-8 徐州建筑总部经济园

"十三五"期间，加快推进以"标准化设计、工厂化生产、装配化施工、成品化装修、信息化管理"为特征的建筑产业现代化，提高劳动生产率、降低资源能源消耗、提升建筑品质和改善人居环境质量，是建筑业发展的新趋势新方向。必须进一步加大对建筑产业现代化的扶持力度，以期顺利完成省政府确定的目标任务。

1. 优化调整产业结构

扶持实力强、信誉好的建筑龙头企业，鼓励有实力的施工和设计企业兼并重组，培育集投资、设计、施工、生产为一体的工程总承包企业，打造建筑航母企业。引导中小施工总承包企业向专业化企业发展，扶持竞争力强、特色明显的装饰装修、钢结构、智能化、机电安装、隧道等专业化企业，促进不同类型企业差别化发展，形成布局合理、特色鲜明、优势互补的发展格局。引导企业积极参与基础设施工程建设，在城市轨道交通、公路、水利、港航以及高大精尖的房建工程领域的设计和施工领域打造徐州建筑业品牌。鼓励企业适应新形势，积极采用工程总承包模式，围绕新常态下固定资产投资方向，与资本市场、建筑产品开发等有机结合，形成新的业务发展模式，提升产业层次，拉长建筑产业链条。大力实施"走出去"战略，引导企业积极融入"一带一路"经济建设圈，以资本经营带动生产经营，使资本向产业链上下游转移。

2. 加强行业队伍建设

指导企业提高经营和战略规划能力，增强风险防范意识，规范市场行为，重视人才队伍培养。鼓励企业充实金融、投资、风险管控方面的人才，发展壮大专业技术人员队伍。壮大执业注册人员队伍，引导企业培养和鼓励技术骨干取得建设类执业注册资格。加强企业培养自有施工队伍能力，夯实建筑劳务队伍，提高一线操作人员安全生产意识和操作技能水平。探索支持具备条件的建筑企业对接专业院校实行订单式培养，实现"产、学、研"人才培养模式。健全完善从业资格人员继续教育培训管理平台，增强教育培训的针对性和实效性。围绕建筑业企业技术工人培训考核和新资质就位需要，组织从业人员参加各类技术工人培训考核。

3．推进行业技术进步

坚持实施创新驱动发展战略，健全建筑业技术政策体系，加大"建筑业10项新技术"和BIM技术推广力度，提高工程科技含量。鼓励企业依靠科技进步和管理创新，加大科技投入，培育和引进高端管理人才，开展关键技术和工艺的研发，创新研发技术含量大、应用价值高的专有技术、工法和标准。落实"互联网+"在建筑业的融合发展，利用互联网思维改造升级传统建筑业，实现建筑业标准化、信息化、精细化管理"三化融合"，促进企业管理升级。大力推进BIM技术、智能化技术、虚拟仿真技术、信息统筹技术在建筑业的研发、应用和推广中运用。充分发挥全社会建筑施工机械装备资源，提高劳动生产率。

4．推进建筑产业现代化试点

注重在工程建设实践中加强生态文明建设，强化"创新、协调、绿色、开放、共享"发展理念，推进绿色发展创新，倡导绿色理念，坚持绿色设计，推进绿色施工，使用绿色材料，增强绿色科技发展能力。加快推进建造方式革命，大力推行建筑产业现代化试点，研究符合市情的建筑结构体系、监管措施、扶持政策，激发各方主体参与积极性，以点带面，将试点成果逐步向全市推广应用。加大建筑产业现代化成果宣传，在全社会营造良好的建筑产业现代化发展环境。

5．健全建筑市场保障体系

进一步提升依法行政水平，构建统一、公平、公正、公开的建筑市场环境。采取有效措施减轻企业负担，进一步规范行业各类保证金制度，健全农民工工资防欠清欠等长效机制，建立工程款结算约束机制。全面推进诚信体系建设，对建筑市场各方主体及执业注册人员进行全覆盖评价，并与业务承接、动态监管、扶优扶强挂钩，构建诚信激励、失信惩戒的市场竞争机制。充分发挥诚信评价体制作用，动态记录工程项目各方主体市场和现场行为，有效实现建筑市场和现场的两场联动。支持优秀诚信企业优先承接业务，坚决遏制围标串标行为。

6．推行工程施工标准化管理

全面推行工程施工标准化管理，落实分部分项工程标准化施工样板制度，实现管理行为标准化、设计要求标准化、工地建设标准化、施工工艺标准化、过程控制标准化、施工机具设备和模板标准化，建立完善标准化管理体系和考核办法；完善工程质量创优激励机制，加强创优过程的施工现场指导，提高创优成效和工程质量水平。

7．强化行业协会职能作用

在政府职能转换中，进一步提高协会引领行业发展的效力，发挥协会自律功能，建立健全行业自律和交易活动的规章制度，引导行业健康发展，督促会员依法从事建筑市场活动。鼓励行业协会研究制定非政府投资工程咨询服务类收费行业参考价，抵制恶意低价、不合理低价竞争行为，维护行业发展利益。

8.3　深化行政审批制度改革

建设系统行政审批涉及城市建设、建筑业、房地产业等方面，与人民群众的生产生活息息相关，与地区经济增长密切相关，历来为社会所高度关注。因此，无论是构建和谐社会，还是建设服务型政府，都要求建设系统建立高效、公正、廉洁、透明、便民、低成本的行政审批体系。近年来，徐州市全面推进建设系统行政审批制度改革新模式，积极探索建设系统行政审批制度改革新思路，行政审批制度改革取得明显成绩。

8.3.1 全面推进建设系统行政审批制度改革新模式

2014年8月，根据市政府部署，由徐州市城乡建设局牵头，联合市政府法制办公室、市发展和改革委员会、市国土资源局、市规划局等部门，成立了市建设项目行政审批优化改革工作小组。工作小组针对当时的建设项目行政审批工作进行了全面、细致、深入的研究，对全市建设项目行政审批的内容、申办程序、审批方式、前置要件、设立依据、办理时限等进行了系统的梳理和统计，多次召集以房地产从业人员为主的建设项目行政审批管理相对人，以座谈会、研讨会等形式，听取他们对现行建设项目行政审批工作的意见和建议。在上述工作的基础上抽调相关部门骨干力量，合力起草、层层商讨、多轮修订徐州市建设项目行政审批优化方案，终于使方案如期出台。2015年5月25日，《市政府关于印发徐州市建设项目行政审批优化实施方案（试行）的通知》（徐政发〔2015〕35号文）正式印发实施，开启了建设系统行政审批制度改革新模式。

该方案秉持"突出主干、融合支干"的主导思想，将徐州市建设项目行政审批工作划分成立项、供地、规划、施工、竣工验收五大环节，分别由市发展和改革委员会、市国土资源局、市规划局和市城乡建设局牵头负责，其他各有关部门联合办理，形成有核心、有层次的新型建设项目并联审批机制。在此基础上，方案以精简既有建设项目行政审批事项及其前置要件、转变建设项目行政审批工作流程、压缩建设项目行政审批办理时限为主要目标，重点做了两项变革：一是删除了缺乏法律、法规及文件依据的建设行政审批事项及其前置要件；二是以新型的建设项目行政审批要件在不同部门之间、部门内部不同处室和单位之间流转的新型模式，取代了由建设项目行政审批申请人奔波于不同部门、部门内部不同处室和单位收发建设项目行政审批要件的传统模式。上述两项变革，把徐州建设项目行政审批过程中应由申请人提交的前置要件由232项大幅压缩至120项，其办理时限也随之明显缩短，一方面极大地减轻了申请人的负担，提高了行政审批的效能，确保"把方便留给群众，把困难留给自己"；另一方面，该方案减少了申请人与行政主管部门工作人员直接接触的机会，有效压缩了权力寻租的空间，符合徐州市行政审批廉政作风建设的精神。同时，本着"方案一步到位、实施分步进行"的原则，该方案还分阶段地对统一行政审批受理窗口、建立网上行政审批信息共享平台、规范第三方服务等工作提出了一系列具体要求。

2015年5月30日，时任徐州市市长朱民召开了全市建设项目行政审批优化推动会议，要求全市建设项目行政审批工作相关部门认清当前形势，切实增强深化建设项目行政审批优化的责任感和紧迫感，深入推进徐州建设项目行政审批优化改革，把改革的各项工作落到实处。

8.3.2 积极探索建设系统行政审批制度改革新思路

在徐州市建设项目行政审批优化实施方案的基础上，按照《省政府办公厅关于推进企业投资建设项目并联审批规范中介服务的意见》（苏政办发〔2015〕15号）、《市政府办公室关于印发2015年徐州市推进简政放权放管结合转变政府职能工作要点的通知》（徐政办发〔2015〕117号）等文件精神，为了深化全市建设项目行政审批优化改革工作，在原有的成果上实现新的突破，在市政府的指导下，市发展和改革委员会、市国土资源局、市规划局和市城乡建设局分别针对立项、供地、规划、施工、竣工验收等五个建设项目行政审批环节，进行了更深层次和更为大胆的探索，力求进一步打破建设项目行政审批传统模式，构建更为高效、规范和廉洁的建设项目行政审批新型模式。此次改革的重点包括固定资产投资项目"多评合一"工作、建设项目"多规合一"工作、建设工程施工图设计联合审查工作、建设项目"联合测试、联合勘探、联合竣工验收"工作等。

2015年10月，市政府同意了上述各项工作实施方案，并于27日印发了《市政府办公室关于印发徐州市建设项目"多规合一"规划行政审批实施方案（试行）、徐州市建设工程施工图设计联合审查实施方案（试行）、徐州市建设项目"联合测试、联合勘探、联合竣工验收"工作实施方案（试行）、徐州市建设项目施工环节行政审批优化方案（试行）、徐州市建设项目竣工验收备案环节行政审批优化方案（试行）、徐州市建设项目供地环节行政审批实施方案（试行）、徐州市建设项目立项环节并联审批实施方案（试行）、徐州市固定资产投资项目"多评合一"的实施方案（试行）的通知》（徐政办发〔2015〕157号），徐州建设项目行政审批改革工作由此迈上新台阶。

8.3.3 实施简政放权，规范权力行使

近年来，徐州市城乡建设局深入贯彻省委、省政府和市委、市政府对简政放权的要求，积极转变行政管理观念，增强创新意识和服务意识，优化管理手段，狠抓提质增效，为加快实现权力精简和放管结合的目标打下了良好基础。

1. 创新执法体制，推进权力下放

徐州建设系统不仅在内部建立执法联动机制，实行"两场联动"，还在系统外部积极探索城建管理难题，研究调整执法体制。按照重心下移、提升服务效能、方便群众办事的总体要求，加大简政放权的力度，对开发区、新城区和其他工业园区进行更全面的权限下放。与徐州经济技术开发区管委会和徐州市新城区管委会签订了《行政执法（管理）委托书》，将建筑工程施工许可、质量安全监督、竣工验收备案、房地产开发项目交付使用、装饰装修、燃气监管等相关方面的行政审批、监管与行政处罚权以签订行政管理执法委托书的形式下放至两区行使。依照"能放则放、便民高效"的原则，2014年，完成了对县（市）、铜山区、贾汪区的权力下放，将国有投资竣工结算备案、建设工程造价员从业资格变更、继续教育、资格验证、省外勘察、设计承包人进入本省承包单项工程项目资格（资质）的核验、已取得城市房屋拆迁资格的延续和变更等10项政审批项目分级下放至县（市）、铜山区和贾汪区行使。下放后，及时做好放权后的法律法规和专业培训，加强对县（市）和区级政府建设主管部门的监督指导，达到线上线下无缝对接，确保工作的连续性，防止出现管理脱节和工作"盲区"。这次权力下放工作不走形式，贴合县（市）、区的实际情况，注重内容和可操作性，提高了审批效率，促进了基层单位的建设发展。

2. 深化体制改革，推进两级管理

在城市建设方面，加强城乡建设统筹力度，进一步向区级建设行政主管部门下放行政管理权限和对应的行政处罚权。按市委市政府要求，于2013年7月将主城区三辖区（鼓楼、云龙、泉山）内省级示范路沿线外的既有建筑装饰装修管理权（共35项），以及各区政府投资的建设工程和非国有资金投资的商品房建设工程招投标监管权限（共17项），作为首批放权事项，下放给主城区内各区行使。

同时，为做好权力下放后的对接服务，徐州市城乡建设局专门就放权事项对主城区三区开展了业务培训，平时坚持在行政审批、行政处罚、执法文书、日常监管等方面为放权对象提供业务指导和全方位服务，有力地推进了主城区的建设发展。

3．转变监管方式，编制权力清单

按照市政府的要求，徐州建设主管部门对行政审批事项进行了细致梳理，编制了部门权力清单和权力事项责任清单，先后取消了8项不合理、法律依据不充分的审批事项，包括房地产开发企业设立时的前置审查、竣工结算价备案、安全文明施工措施费核定、房屋拆迁许可证的延期审批、既有建筑装饰装修工程的设计方案审查等；对一些不宜取消又不适合作为独立的审批事项予以合并取消，共合并取消建筑节能方案审查、建筑企业实验室审核等4项内容。对取消的审批事项，在管理上主动转变管理方式，加强日常监管，采取日常巡查、专项整治、加强事中事后监管、危险隐患排查、信用管理等方式加大监管力度，保证了简政放权工作的有序推进和成果落实。

8.4 实施百姓办事"零障碍"工程

百姓办事"零障碍"工程是一项民心工程。根据省、市委关于党建工程创新和加强机关作风建设的战略部署，徐州市在全省率先开展了此项工程。

8.4.1 工程实施背景

多年来，徐州市委、市政府高度重视、坚持不懈加强机关作风和效能建设，取得积极成效。但随着形势的发展和任务的变化，机关作风和工作效能还有很多不尽如人意的地方。少数机关工作人员服务意识、大局观念不强，"中梗阻"、"底层板结"等不作为、慢作为、乱作为现象未能根本遏制，公权部门化、利益化和机关职能缺位、错位以及审批环节繁琐、工作效率低下的现象还不同程度地存在，企业、基层和群众对机关办事难、办事慢的反映仍然比较突出。

为了破除一切影响、制约机关作风改进和服务效能提升的障碍，争创竞争发展新优势，克服百姓办事难、办事环节多、办事要求人的状况，努力提高老百姓的幸福指数，使老百姓过得更有尊严，从2012年初开始，徐州市委、市政府以实施百姓办事"零障碍"工程为有效载体，从解决和群众息息相关的衣食住行、生老病死等实事入手，举全市之力向群众办事难、办事慢、办事成本高等问题开战，通过采取广泛发动群众、精准设计制度、"销号"清障整改、严管党员干部等一系列积极有益的措施和手段，在全社会大力培育和弘扬以"忠于职守"为核心价值理念的现代行政文化，要求党员干部该做的做到极致，不该做的丝毫不为，按照习近平总书记提出的"衡量干部好与差就看能不能干实事"评价标准，工作绩效由百姓评判，干部选任请群众定夺，让干好的干部硬气得褒奖、干差的干部服气受鞭策，忠于职守日渐成为党员干部的自觉追求和从政标尺。全市各地各部门认真贯彻落实市委、市政府部署要求，强力破除制约服务效能的办事障碍，切实解决群众反映强烈的民生难题，机关作风、服务水平、干部素质都有了较大的提升，赢得了老百姓的广泛好评和赞誉，得到了上级领导和权威媒体的关注和认可。

8.4.2 工程实施举措

百姓办事"零障碍"工程启动实施以来，徐州建设主管部门牢牢把握"服务优先、百姓至上"原则，紧紧围绕实现"两快两带三先"提高执行力，牢固树立"好中求快、又好又快"的鲜明导向，突破定式，创新实践，简化环节，主动服务，推动效能建设大提速，用更先进的服务理念、更简便的服务程序、更快捷的服务方式，积极打造"零障碍"的服务品牌，开创了"集中会办、上门协办、特事特办"的"零障碍"服务新模式，有力推进了徐州城乡建设和"三重一大"的健康发展。

1. 落实协办制度，提高服务效率

按照"零障碍"服务全程协办制要求，设立协办员岗位，由专人为前来办事的人员提供接待受理、咨询答疑、全程引导、主动协办、办结回复等"一条龙"服务，实现对外无障碍服务，对内无缝隙对接。工作人员严格落实协办制度，认真开展主动服务、超前服务，办事人员办理项目路径更加清晰，办事效率明显提高，每天办理项目多达100余件，做到了把方便让给服务对象，把困难留给自己，缩短了服务对象与工作人员间的距离。同时，加强对窗口单位和协办中心的管理，严格落实"零障碍"工程十条禁令和各项服务制度。将三月作为"作风纪律整顿月"，成立4个作风检查组，不定期对全局劳动纪律和工作作风抽查暗访，窗口单位坚持每天不少于2次自查，对乱作为严肃查处、对不作为、慢作为严肃问责，坚决杜绝"庸、懒、散、拖"现象。完善服务制度，实行离岗提示制，要求在窗口人员因故暂离岗位时要放置提示牌，告知去向。完善便民服务措施，主动接受社会各界和市作风办监督，聘请行政相对人为行风监督员，畅通信访渠道，严格落实局领导信访接待日制度，通过群众来信来访和"阳光信访"系统、"12345"政府热线、数字化城管、百姓办事"零障碍"群众投诉处理系统、徐州论坛、一把手网络服务厅、政务微博、局长信箱、短信投诉平台等渠道了解群众呼声，处置反映的问题，形成了投诉点、监督点、受理点"三点一线"的受理、处置、反馈的工作模式，有效防止矛盾积累、激化，较好地维护了群众的合法权益。

2. 打破协办定式，发挥集中优势

徐州市城乡建设局勇于打破协办定式，变协办员引导分头办理为集中办理，在局二楼交易大厅成立了"零障碍"协办服务中心，建立了班子，投资十万元购置办公设备，把建筑企业信用手册年检、建造师注册审核、安全员培训报名等凡是服务对象提供要件齐全，能够即时办理的项目全部下放协办中心，各处室选拔一名处室骨干集中办公，配齐队伍，实施"一站式"服务，"一条龙"办理，使前来办事的群众减少来回奔波的麻烦。办事人员来到市城乡建设局，醒目的引导牌会指引其顺利达到协办中心，中心协办员会主动上前服务。局领导轮流在"零障碍"协办服务中心带班，各处室主要负责人轮流到协办服务中心担任值班长。为对各岗位工作情况进行实时监督，在协办中心安装了视频监控设备，主动接受服务对象和全局人员的监督。为避免服务对象楼上楼下往返奔波，主要业务处室派出工作人员携带业务公章，进驻协办服务中心，集中办理，显著提高了办事效率，过去办理一件事以小时计算，现在则以分钟计算。协办中心定期对工作人员进行培训，每月进行考评，并安装了服务评价器，由服务对象实时点评。在做好前台优质服务的同时，严把办件质量关、风险关，坚持前台高效办事，后台严格把关，严禁"带病"项目办件，提升办件政策水平，业务水平和防范风险水平。

3. 实施无缝对接，拓展服务空间

在"零障碍"服务过程中，徐州市城乡建设局的工作人员不是坐等群众上门，而是主动作为，让群众少跑腿，把该办的事办好，能办的事办成。尤其是在服务"三重一大"项目上，坚持做到主动上门、无缝对接，提前介入、超前服务。如：主动深入基层，提供基建程序和依法建设方案。派出专人全程跟踪项目建设并提供服务，使建设方熟悉基本建设程序，方便群众办理各项建设手续。同时，积极想方设法，简化项目手续，缩短办理时间。对市重点工程项目发包方式备案要件审核后，中标通知书发放，合同备案等后续审批不再重复审核，直接办理相关手续。针对项目实际，敢于打破常规，允许部分项目先行发包。对技术含量高、时间紧的项目，采取并联办理，部分项目允许先行发包。根据工程进度帮助制定时间节点，分析各种困难，制定克服措施。为缩短施工时间，桩基工程和主体工程分开发放施工许可证，克服不利天气对工程质量的制约。强化施工协调，做好工程衔接为企业赢得时间效益。允许施工图纸分段审查，基坑支护方案提前审查，招标公告提前发布，协助办理设计，施工，监理单位备案。

4. 支持企业发展，突破藩篱束缚

徐州市城乡建设局大力支持建筑企业加快发展，主动做好协调工作，使优秀建筑企业在企业施工资质范围内不受招标方设置的其他招标条件的限制。扶持本市建筑企业的经营，积极解决建筑企业急需资金的难题，做到你办事我跑腿，协调银企合作，为企业发展破解资金瓶颈。扩大直接发包范围，房地产项目计划由原来的住宅楼直接发包，扩大为住宅和写字楼均可直接发包，给予建设方更大的自主权。自加压力提升工作效率，企业所进行的项目审批在网上公示期满，分管局长、有关处室未在规定公示时间签发意见，即视为同意，主管处室可直接办理相关事项，而后报告。

5. 深化服务内容，规范交易市场

徐州市招投标交易市场管理中心作为徐州市城乡建设局的重要窗口单位，围绕"服务零障碍、沟通零距离"的工作要求，制定和落实便民服务措施，深化服务内容，加强招投标服务的软、硬件建设，组织开展了多项专题活动，努力提高为招投标各方服务的水平，荣获了徐州市作风办评定的金牌服务岗（图8-9）。交易中心致力建设一流的交易场所，突出服务的科学化和智能化，经反复调研论证，在交易场所配备了先进的电子化、智能化的招投标服务设备，安装了数字监控，使交易服务和办公区监督无盲区。为方便交易管理和服务，2867m^2的交易中心共设置了交易服务大厅、开标区、全封闭的评标区、监察监控区、控制机房、评标专家抽取室等专门功能区域，将交易大厅划分为报名区、信息发布区、商务服务区、休闲等待区等4个区域，并安排专人负责管理，营造良好有序的交易环境。为加强疏导和秩序管理，在大厅设置了排队语音叫号系统、触摸屏查询系统、10个液晶显示屏、1个LED显示大屏。休闲区可提供免费茶水和上网接口服务。商务中心可提供代发招标文件等资料和免费复印服务。为营造公开、有序、规范的开标评标秩序，设置了5间开标室，5间评标室（全部具备远程评标功能）、4个评标答疑室、评委抽取室、监察监督室、中心控制机房及办公区等一批业务配套场所。在多媒体开标室每个座位旁都配备了网络接口，满足了设计标、投标方案展示、方案论证等特殊开标的需要。评标区内可为评标专家提供就餐、住宿、储物等服务。

按照"公开公平、依法监管、有机联动、奖优罚劣"的原则，实施招投标市场和工程施工现场"两场联动"，建立信息互动和信息共享平台，倡导招投标各方主体坚持诚实守信的经营方式，营造了诚实守信的市场环境。同时，为了便于接受监督，专门设置了监察监控区，监察监管人员可以及

图 8-9 规范高效的"零障碍"招投标服务

时观察招投标各现场情况,并可通过监控系统回放现场录像,实施有效监管。为增进招投标透明度,做到服务公开、规范、透明,交易中心依托"徐州建设工程交易网",向社会开通了网络视频直播,让社会各界足不出户就可了解开标和交易实况,有力促进了服务质量的提高。同时,还开通了监察监管部门远程监管视频,研发了"三色预警系统",对招投标活动重点环节实施"三色"预警提示,及时进行廉政提醒,最大限度地堵塞了漏洞。

9 全力构筑城建精品工程

城市,因优秀的建筑而灵动。徐州市在城市建设过程中,通过科学规划,合理布局,凸显城市文化,塑造城市特色,不断增强城市的影响力、集聚力和带动力,走出了一条具有徐州特色的精品城市发展之路,十年来全力构筑的一项项城建精品工程,记录着城市走过的不平凡历程,一张张靓丽的城市名片组成了徐州建设的时代华章。

9.1 徐州奥体中心

徐州奥体中心位于徐州新城区汉源大道东侧,奠基于2010年12月,竣工于2014年4月底。奥体中心工程已获"扬子杯",正在申报"鲁班奖"。

9.1.1 项目概况

奥体中心占地709亩,总建筑面积24万m^2,总投资约20亿元。其主体建筑包括一场三馆:"一场"是指3.5万座(位)的体育场、"三馆"即2087座(位)的综合训练馆、2287座(位)的游泳跳水馆、3.6万m^2的球类馆(内设7片网球场、48片羽毛球场、72片乒乓球场)。其地下商业区利用三个下沉景观广场作为主要出入口,布置了商铺、大型超市(净使用面积约10000m^2)、体育产业用房和文化娱乐用房。另外,还有体育宾馆以及车库、体校等建筑设施。该项目由徐州市政府投资项目代建中心代建,北京建工集团ＢＴ建设。从2011年6月27日打下第一根桩基,到2014年4月30日正式竣工,历经1000多个日日夜夜,凝聚了5000多人的汗水,累计完成总长度30万m的桩基14899套、土方工程100多万m^3、钢筋5万t、混凝土30万m^3、钢材2万t、各种铝板石材20万m^3、玻璃幕墙4万m^2的施工任务。作为2014年十八届省运会的主场馆,除南京奥体外,徐州奥体中心规模在省内同级城市中位列第一。

9.1.2 设计理念

徐州奥体中心以"美丽的城市会客厅"为理念,采取山环水抱、山水相依的规划格局,以象征交通枢纽、极具速度感的中央景观统帅全局，以"玉"和"帛"为构思源泉，将古玉和丝绸的气质融入建筑造型中，体现昔日兵家必争之地、今朝"化干戈为玉帛"的和平主题，表达盛世之年祈祷和平、远离战争、以和为贵，和谐发展的美好愿景。其精致简练的造型、标志性的建筑形象与徐州和谐宽容的城市气质相契合，具有震撼人心的视觉冲击力与意味深长的文化内涵。其中体育场的构思源于徐州出土的汉代"古玉"，造型古朴典雅，刚柔并济。三馆的构思源于"帛"，毗邻布置成气势宏大的建筑群，连绵起伏的屋面恰如飘逸的绸缎，高低错落，同内部空间相吻合，立面以简洁的玻璃和石材幕墙形成虚实对比关系，与流畅的屋面造型形成和谐的整体。该设计已获全国优秀科技进步奖。

9.1.3 建筑特色

奥体中心为类椭圆形的环形空间结构，造型美观、设计轻巧。其外侧为网壳结构，内侧为索承结构。因采用多种结构形式和全国首创的索承网壳结构体系，工程精确度要求到毫米级，导致施工难度相当大。先后经过上百次的计算论证，还邀请全国顶级钢结构专家坐镇指导，最终在多方努力下，采用二氧化碳保护焊等建筑界领先的钢结构焊接技术，这个"巨无霸"实现了无缝连接。整个结构体系体型轻盈，造型美观，技术水平达到世界先进行列，为工程节省钢材约1万t。

在绿色能源应用方面，奥体中心各场馆屋面设计数百套光导照明系统，将日光导入室内解决白天照明，同时在室外道路、广场、绿化上采用光伏太阳能照明灯具，可大幅度节约日常用电；所有建筑的水暖系统均由独立热源中心提供，可有效节约日常运营成本；游泳馆内的恒温泳池、地暖设施提高了人体舒适度，保证一年四季全天候开放；在智能化方面，所有建筑均设置智能弱电系统，确保中心拥有高效、舒适、安全、便利的室内外环境。

徐州奥体中心以其深厚的文化底蕴、典雅的建筑形象、丰富的科技含量，成为徐州的标志性建筑，成为新世纪城市大发展的助推器（图9-1）。

图9-1 徐州奥体中心全景

9.2 徐州新城区行政中心

徐州新城区行政中心位于徐州市云龙区昆仑大道南侧、汉源大道西侧，包括5栋大型建筑，是徐州市党政开展日常工作的中心。该工程于2005年4月开工，2006年1月竣工，获得2009年度江苏省"扬子杯"优质工程奖、2009年度中国建筑优秀项目管理奖（中建杯）等多个荣誉。

9.2.1 项目概况

徐州新城区行政中心共分A、B、C、D、E五区，其中A区为党群口办公楼，B区为市委市人大办公楼，C区为会议中心，D区为市政府市政协办公楼，E区为政府综合办公楼（图9-2），总建筑面积180000m^2，A、B、C、D、E五区自东向西依次排列，占地总长670m（东西向），总宽117.1m（南北向）。

图9-2　E区立面图

9.2.2 设计理念

行政中心建筑群为6～9层框架结构，以C区中轴为对称轴左右基本对称，错落有致，外立面以玻璃及石材幕墙为主，设计风格简洁明快。建筑中大量采用保温墙面、屋面及楼地面，体现出了节能建筑的设计理念，同时，该组建筑群绿地率达32%，建筑密度仅为12%，为名副其实的绿色建筑，体现了以人为本的和谐设计理念。

9.2.3 建筑特色

行政中心建筑群是新城区最重要的大型公共建筑群，是新城区集行政、文化、市民活动展览等功能为一体的新型城市空间。从布局上看，有一个中心、两个序列、三条绿带、四条轴线、五大广场和市民中心立体布局等特点。

一个中心：四大班子行政主楼环抱的市民中心广场，是整个建筑群体的中心，也是行政楼的中心广场。行政中心南侧立面图，见图9-3。

两个序列：沿中轴线上，南北两个方向各有一个序列。南面：从城市带状公园的水面到大面积公

图 9-3 新城区行政中心南侧立面图

共绿地。通过细长的矩形广场,到达行政前广场,由台阶上到中心市民广场。北面:从图书展览中心穿过公园绿地进入后广场。通过市民会议大厅的两侧大台阶上到中心市民广场。两个序列沿中轴线两方向布置增加了中轴线进深感。强调了主轴线的重要性。

三条绿带:行政中心四大班子楼与市民会议厅围合出两个花园。大面积草坡为休憩场所,也是北面景观的亮点。加上北边的防护绿带和南面的前广场景观绿带,形成了三条绿带。这三条绿带沿东西方向,在轴线上依次排开,组成了行政中心主要的绿色骨架,成为全局景观的基础。无论从净化空气方面,供人休息方面,还是景观视觉方面都有积极的作用,是该区域的绿肺、后花园和门面。

四条轴线:以市民中心广场为中心,十字交叉的中轴线和横轴线是整个设计的骨架。中轴线组织主楼建筑形成空间序列。横轴线使主楼、辅楼等三个建筑组团相并联,贯通一体。另两侧辅楼的入口扇形广场的中心轴线与中轴线相交,其交点便是市民标志性雕塑。即以这些雕塑为圆点画圆即可把主楼、辅楼各建筑群体统一在一起,从而形成强烈的向心感。此圆心(即市民标志性雕塑)之所以放置在前方矩形广场中,用意是让行政中心的灵魂延伸到深远的前序列,进而延伸到南边的水系,从而使行政中心成为统领整个主地块的控制性建筑群。

五大广场:中心广场、前广场、后广场前后相连,形成中心广场群。两侧扇形广场在左右两翼。五大广场各自独立又联系方便,成为行政中心各种活动、仪式以及与市民共同交流、共创美好徐州未来的场所。会议中心立体布局:会议中心由一层(即大台阶下)和后面的市民会议厅共同组成。会议中心的小空间全部放在大台阶下面,组成了层层上升的大面积台基,也方便了市民从一层直接进入会议中心。而把市民会议厅这样的大空间放在后面作为中轴线的对景,并与四大班子行政主楼紧密相连,既可作为市民参与政府管理、咨询以及展示、陈列的场所,也是重要的会议场所。这样,根据不同的功能、空间和体量大小而陈列,使会议中心呈现灵活的、多层次的立体布局。市民中心广场与会议中心两者联系的部分采用市民大厅作为交通枢纽,上下采用大型公共扶梯相连接,方便快捷、气派非凡。同时,市民广场上的采光井方便广场上下的视线相通,营造出市民活动的动人景象。

9.3 苏宁广场

徐州苏宁广场位于徐州彭城广场核心地段于2010年3月18日奠基,2015年4月30日广场B、C、

D、E塔楼封顶，2015年12月29日266米主塔楼封顶。在建过程中，徐州苏宁广场项目获得全国建筑安全最高奖——AAA级安全文明标准化工地称号。

9.3.1 项目概况

徐州苏宁广场项目总投资达60亿元，总建筑面积50万m^2，融合了超五星凯悦酒店、国际5A写字楼、SOHO办公、空中商铺、国际豪宅及国际购物中心等多元高端物业。由5栋塔楼及一个5层商业裙楼组成：最高的266米A塔楼共59层，其中7~24层为国际5A甲级写字楼，26~40层为SOHO办公，42~59层为凯悦酒店；C、D、E为3栋住宅，定位城市中心豪宅；B塔为苏宁首创的空中立体商铺。

9.3.2 设计理念

依托苏宁集团对全球高端资源的整合能力，徐州苏宁广场汇聚了世界一流开发建设团队，旨在打造徐州第一国际平台。苏宁广场建筑设计由世界第二大建筑事务所英国凯达环球担当，设计方案以祥云为概念，新颖、超现代，建筑主体与裙房采用流线型设计，一气呵成，整体性强。

9.3.3 建筑特色

苏宁广场的土建施工、机电安装由中国第一高楼深圳平安金融中心的原班建筑团队——中建一局、中建三局全程施工；建筑外立面采用全落地LOW-E玻璃幕墙，由担任北京水立方外立面施工的远大幕墙全程施工；购物中心内装由设计过上海环贸IAPM商场的英国贝诺建筑设计公司完成。为了保证业主良好的办公和生活环境，项目采用了人性化设计，将塔楼与商业裙楼完全分开，互不影响。整个徐州苏宁广场共有多部垂直客梯和手扶梯。同时与地铁无缝对接，建成之后势必成为城市中心标志性的大型艺术建筑（图9-4、图9-5）。

9.4 回龙窝街区

回龙窝街区位于奎河以北、青年路以南、公明巷以东、解放路以西，紧邻徐州市最繁华的商业中心地段。该工程于2016年4月20日开工建设，计划2016年12月竣工，是徐州市2016年城建重点工程。

图9-4 苏宁广场效果图（一）

图9-5 苏宁广场效果图（二）

9.4.1 项目概况

回龙窝是一竖两横三条总长不足400m的居民胡同，已有300多年历史，是清代延续至今的居民点，虽几经变迁，但仍保存了灰砖青瓦的老面貌。回龙窝是徐州仅存的少数能代表和展现徐州历史文化丰富性和多样性的历史街区，市委、市政府将该项目作为徐州历史文化片区建设的"重头戏"，专门成立了建设指挥部负责项目的建设管理，由徐州新盛建设发展投资有限公司负责投资。项目旨在通过整治保护和恢复重建的形式，着力打造以商务、休闲、娱乐为一体的街区。项目总用地约2.8万m^2，建设规模约2.3万m^2，建设总投资约2亿元。共设计23个古建院落，至2016年6月已落成20个古建院落。

9.4.2 设计理念

由于原回龙窝内保留了徐州传统的建筑特征及元素，具有极大的历史价值，作为"老徐州"的缩影，在设计上以"原位复建历史建筑和街巷"为基本原则，通过对老字号、历史人物、节庆习俗、民间艺术等的重新塑造力求恢复原有环境（图9-6）。为体现原汁原味的老徐州韵味、古朴的历史、传统的建筑，达到修旧如旧的视觉效果，街区全部采用旧的青砖、黛瓦和老木料等古旧建筑材料施工。同时，以"外表历史沧桑，内部现代时尚"为基本目标，确保历史街区与周边的建筑风貌协调统一（图9-7）。

9.4.3 建筑布局

回龙窝街区布局成5种业态：美食小吃区、民俗文化区、精致餐饮区、时尚连锁区和休闲生活区。民俗文化区容纳一批地方老字号，还有城墙博物馆、古民居博物馆，以及国学堂、书画院，非遗展示零售，休闲生活区有商业街和住宿客栈等（图9-8）。

图9-6 回龙窝街区效果图

图9-7 回龙窝街区局部（一）

图9-8 回龙窝街区局部（二）

9.5 潘安古镇

潘安古镇位于徐州贾汪区潘安湖湿地公园中心区一座小岛上，北靠园区主干道，南望潘安湖，于2013年9月15日开工建设，2014年主体工程竣工。该工程是徐州市2013年至2014年城建重点工程（图9-9）。

图9-9 潘安古镇（一）

9.5.1 项目概况

潘安古镇作为潘安湖风景区内一个重要景点，总建筑面积3.1万m^2，总用地面积约10.4万m^2，主要包括3个部分：潘安古镇岛、水神庙岛和停车场，建筑总占地面积2.3万m^2，绿化及水系面积4.9万m^2，总铺装硬化面积为3.2万m^2。古镇建筑风格为徐州明清古建筑形式，其中商业内街面积1.3万m^2为全木结构，分12个区，设有潘安祠堂、古戏台等；外围布置28栋四合院建筑，建筑面积1.8万m^2；主体建筑为一二层错落搭配。潘安古镇项目土建工程主要包括3.1万m^2的单体建筑、11座桥梁、1200m长的混凝土挡墙和水神庙的修复。

9.5.2 设计理念

潘安古镇旨在打造逸静、雅致的田园生活。规划设计借鉴了中国传统古村落的规划布局形式，营造舒适的田园尺度。建筑形象借鉴中国传统民居形式，结合现代建筑功能需求，打造功能合理的休闲度假聚落。建筑单体形态区别于北方传统官式建筑，多采用民居形式，使建筑与环境能够有机融合，营造出亲自然的休闲度假空间。中国传统城市格局中的院落、水系、广场及庙堂等空间元素也被重组于规划设计中。古镇将这些空间元素以类似的组合模式，结合现代步行商业街的构成理念，形成蕴含传统韵味的现代休闲度假聚落。

9.5.3 建筑风格

潘安古镇建筑以再现传统徐州建筑风格为目标，塑造地道的徐州传统街区形式（图9-10）。借鉴了南方滨水建筑的空间关系，与自然紧密结合，力求营造一种近乎自然生长的肌理。形成建筑错

图9-10 潘安古镇（二）

图9-11 潘安古镇（三）

落有致，街道蜿蜒曲折，空间有开有合的聚落（图9-11）。建筑单体的材质选用以就地取材为原则，主要采用旧青砖、旧青石等老材料，结构采用徐州本地的木构抬梁形式，青砖灰瓦，建筑立面通过木作的广泛使用而通透灵动，整体风格朴素秀气，塑造隐逸古村的印象（图9-12）。

项目中充分利用回收的青砖、青石、黑瓦等老旧建筑材料，不仅使建筑材料重复利用，同时又可以充分体现历史沧桑感（图9-13）。

图9-12　充分利用回收建材凸显潘安古镇的历史沧桑　　　　图9-13　充满沧桑感的潘安古镇建筑

潘安古镇作为湿地公园中心区，为潘安湖和各个岛屿形成景观中心，将各景观资源有效连接，并最大化景观价值，成为湿地公园中绝佳的休闲度假场所。潘安古镇的建设完善了潘安湖风景区的综合配套功能，提高了服务硬件标准，以生态环境修复、湿地景观开发的一体化目标，全面提升了潘安湖和地方的整体环境，对地方长远发展具有重大意义。建成后的潘安古镇将成为一个具有典型北方古建筑特色的并将具有一定历史传承价值的古镇，与徐州回龙窝历史街区、云龙书院一并成为徐州古建筑群的典范，成为一颗扮靓潘安湖的璀璨明珠。

9.6　云龙书院

云龙书院位于云龙山首节西麓，始建于清康熙六十年（1721年）。于2012年原址重建，2014年工程完工。

9.6.1　项目概况

据清《徐州府志》记载：云龙书院前身是清康熙六十年徐淮同知孙国瑜（渝）、徐州知州姜焯创办的义学，雍正十三年间徐州知府李根云改建为书院，乾隆年间淮徐道康基田扩建，范围从云龙山的东坡石床北直抵大士岩半山亭畔。光绪二十九年废书院改称徐州中学堂。光绪三十二年改称铜山县高等小学堂。辛亥革命后书院为战争破坏殆尽，共存182年（图9-14）。

云龙书院工程依据《徐州府志》记载的布局、样式原址重建，占地面积约11.35亩，建筑面积2208.3m^2，建筑结构为砖木。

9.6.2　建筑风格

重建的云龙书院保留了清代的建筑格局。共有七进院落，坐南朝北，中轴线依次建有门头、大门、二门、穿堂、讲堂、文昌阁、宜福堂，基本还原了云龙书院的清代宫式建筑。略有不同的是，散布于院落、穿廊等处的，由书法家写下的笔力健劲的楹联。

该项目按照古建传统规制、工艺，利用旧石材、旧砖瓦等建筑材料，尊重历史修旧如故，房屋外立面、侧塘石、台阶、内部陈列装饰和器具摆件样式等都尽可能维持原清式书院的布局和风格。书院内的讲堂作为授课场所，可达60人集中听课的规模（图9-15、图9-16）；书院的厢房集中展示着与书院历史相关的文字、图片、音像、字画和人物雕像（孔子、三官、四贤）等内容，彰显了云龙书院的深厚底蕴。

图 9-14　云龙书院全景图

图 9-15　云龙书院的讲堂（外）

图 9-16　云龙书院的讲堂（内）

云龙书院是传统文化大讲堂、国学会演和青少年成人礼等活动的重要场所，也会成为弘扬统文化和徐州优秀传统文化的科普平台，成为传统典籍、课艺、地方志、地方文献、捐赠、收藏与展示中心，同时也是徐州云龙湖风景名胜景区文化旅游的一个核心景点。

9.7　徐州音乐厅

徐州音乐厅位于美丽的云龙湖北岸滨湖公园内的都市休闲区，于2008年4月开工，2011年6月竣工，2011年6月23日正式启用，是2008年徐州市重点工程。徐州音乐厅钢结构工程获得第九届"中国钢结构金奖"（国家优质工程）。

9.7.1 项目概况

徐州音乐厅是政府投资的公益性文化项目。工程选址于云龙湖北岸八一大堤南侧堤下,伸入云龙湖内,填湖形成平台并修正堤岸,三面环湖,并与周边云龙山、珠山、沙月岛、水上世界、小南湖等多处景点互相呼应,互相映衬,总占地面积69500m²(其中主体占地面积3300m²,水面积5540m²,绿化面积15560m²,铺装面积45100m²)。工程由徐州市政府投资项目代建中心代建,北京城建集团总承包,钢结构部分由江苏恒久钢构有限公司承建,该项目2011年获得了"中国钢结构金奖"(图9-17)。

徐州音乐厅由音乐厅主建筑及周边、音乐厅入口广场、室外演出广场及售票厅四部分组成。音乐厅主建筑建筑面积10530m²,地上五层,包含观众厅、化妆间、衣帽间、贵宾室、咖啡厅以及演播室,地下三层,包含舞台控制、台仓及配电机房,总建筑高度28.9m,观众座席总量约1200座。完全按照国际一流的专业化标准建设,兼具剧场、音乐厅、演播室等多种功能(图9-18)。

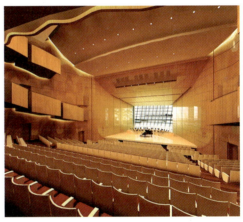

图9-17 徐州音乐厅钢结构工程获"中国钢结构金奖"　　　　图9-18 徐州音乐厅内景

位于音乐厅主建筑东侧的室外演出广场及看台,总占地面积约10000m²,整体形状呈扇形,花岗石折线铺装。广场中心设有椭圆形木质舞台,占地1050m²。演出广场北侧为看台,可容纳游客4000人。现为徐州市最美丽的室外大型演出场所。看台上部架设钢桁架膜结构,总长度160米,膜材展开面积超过2800m²,外形以徐州市树——银杏为原型,设置五片形如树叶,并用钢构做出叶脉效果,与音乐厅的紫薇造型交相呼应。膜结构膜材采用德国进口杜肯膜,自洁性较强,可抗8级以上的大风。

9.7.2 设计理念

徐州音乐厅外形以徐州市花——紫薇为创作原型,设置八片形如花瓣的玻璃幕墙,象征着徐州市文化艺术百花绽放。建筑形态婀娜轻盈,宛若镶嵌在湖中的一朵瑰丽奇葩。

建筑对"紫薇花"的表达没有简单地模仿紫薇花的具体形态,而是用抽象的建筑手法展现花朵柔美的姿态。建筑八片玻璃幕墙以曲面的表皮包裹,层层相叠,到入口处,曲线逐渐展开,自然形成建筑的入口。曲面表皮以曲线分隔出透明的玻璃部分和不透明的金属部分,这些变化的曲线、曲面，摹写出紫薇花富于变化、层次丰富的意向。设计更多地表达出公众对自然美的一种朴素概念：形态婀娜、体态优雅，让建筑表现出跟地域文化、大众审美更为贴近的形态。

9.7.3 建筑特色

音乐厅八片花瓣的骨架采用钢构密实焊接，每片花瓣使用的钢构重量超过130t。钢构外侧使用二次桁架与玻璃和铝板连接，玻璃使用3层超白夹芯玻璃，一般厚度达到4.5cm以上，单片最重接近1t，共计2187片。铝板使用双面双曲的蜂窝夹芯板，共计1750张。因花瓣弧形曲度较大，工程施工难度尤为复杂，安装难度超乎一般。

主建筑内为通高观众厅，围绕观众厅设置三层观景平台，舞台采用通透式，充分利用云龙山、湖的景色，将室外自然景观延伸至室内，建筑物与周边环境互为图底，相互借景，室内建筑空间丰富多彩，通过椭圆形观众厅、室内折线大楼梯、折线形观景平台等多种空间设计手法，营造出优美的空间形象，在力求遵循音乐厅建筑设计的原则的同时，精心设计了观众流线、后勤流线、演员流线、景物流线和功能分区，体现了现代化音乐厅的特点。

徐州音乐厅的建成，对于徐州市加大文化建设力度，加快形成与现代经济相适应的文化设施格局，增强作为历史文化名城的综合实力和影响力，完善城市功能、提升城市发展质量具有积极意义。徐州音乐厅作为集音乐戏剧演出、艺术交流、娱乐休闲、旅游服务等多功能于一体的艺术建筑，满足了徐州市人民群众日益提高的文化生活需求，为社会提供了更多更好的文化娱乐产品和服务，为大众构建了一个亲近艺术的平台，是徐州市文化活动的品牌、服务人民群众的品牌、城市形象的品牌、精神文明建设的品牌（图9-19）。

图9-19 徐州音乐厅

9.8 徐州美术馆

徐州美术馆位于风景秀丽的云龙湖畔，东依云龙山，南傍云龙湖，置身市民广场的核心部位，与滨湖都市休闲区连为一体，是徐州展示城市文化艺术形象的标志性工程，于2008年4月开工，2009年10月竣工。该项目被评为2011年江苏省精品建筑示范项目。

9.8.1 项目概况

徐州美术馆总用地面积18720m²，总建筑面积23114m²，总投资4亿多元，由市政府投资项目代建中心建设、徐州报业传媒集团负责市场化运营管理。

徐州美术馆地面建筑为四层，下沉式广场一层。其中，一楼设有两个常展厅、三个临展厅以及多功能厅、贵宾接待厅等，主要承担艺术展示、学术交流的功能；二楼为开放式的"城市客厅"，可供市民小憩，饱览湖光山色；三楼为民间收藏艺术品展示和销售区，主要展示"三硬一软"，即青铜器、陶瓷、玉器奇石和书画等，同时兼有展品交易功能；四楼和地下一层主要承载艺术教育、艺术品交易、公众休闲等。整体造型简洁大方，气势恢宏，极具现代感。

9.8.2 设计理念

徐州美术馆建筑设计从普通市民的理解性、参与性角度出发，在城市历史、资源、环境、民俗脉络中梳理出让普通公众能够领悟感触的线索，将建筑融合进市民生活之中，尊重市民生活情趣，关注那些人们对城市历经时间推移却值得回味的美好记忆，让城市回归普通人的情感认同。

9.8.3 展馆特色

徐州美术馆为徐州的文化窗口、艺术中心和学术平台，是书画徐州建设的重要载体和发展文化产业的重要基地。担负着开展公民素质教育及对外文化交流，推动文化艺术发展的责任和使命，具有交流、教育、收藏、研究、展览、服务各项功能。在展厅之间的连接空间，结合垂直交通核心的处理，成为休息片段，在端头部分与观景效果最佳的观景厅相结合，形成一条畅通、富有节奏变化的展线。在展厅外侧还有一条贯通的观景长廊，让参观者在欣赏艺术作品同时还可以观赏自然和城市景观（图9-20）。

图9-20 徐州美术馆全景

9.9 徐州名人馆

徐州名人馆位于云龙山旁，坐落在改建后的彭祖园的西北角，置身于不老湖中，四周青山绿水环绕，于2010年3月开工，2011年9月竣工，2011年10月正式对外免费开放。

9.9.1 项目概况

徐州名人馆是"十二五"期间徐州的重点工程之一，由徐州市政府投资项目代建中心承建，建筑面积约3000m^2，布展面积约2700m^2，其主体建筑由形象大厅、序厅、古代史厅、近现代史厅、多媒体体验馆（多媒体影视厅）、行政办公区及VIP接待室等多个部分组成。根据主题内容，展厅又被分为形象大厅、概述厅、汉前、汉王朝厅及汉后厅、（近）现代展厅和一个主题展厅——帝王厅，以及多媒体体验馆等六个部分。

9.9.2 设计理念

徐州名人馆是中共徐州市委、徐州市人民政府建设的展示名人业绩、彰显名人精神的文化宣传窗口，也是徐州人文旅游的新标志性景观。整个展馆建筑依山就势，风格古朴庄重，传承千年历史文明，具有鲜明的地域特征和本土风格，广大观众会从中"感受历史、感悟文化、感知徐州、感染心灵"，并对未来充满美好期许，得到创新奋进的精神鼓励。

9.9.3 展馆特色

徐州名人馆科技含量较高，先进的多媒体技术，有效地配合图片、文字等传统的陈展形式，生动地展示了80余位徐州籍名人名士的事迹成就，充分挖掘了他们的精神文化内涵，深度表现了徐州的人文特点（图9-21）。徐州名人馆荟萃了大量艺术精品，有国家工艺师、当代艺术家根据徐州特色创作的雕塑等作品，其无论是形式设计还是表现手段，在国内同主题展馆中，均堪称一流水准。开馆至今，已接待游客118万人次。

图9-21　徐州名人馆全景

9.10　徐州城市规划馆

徐州城市规划馆位于徐州市新城区市行政办公中心西南侧，西侧紧邻城区景观大道，东侧为市民下沉广场，南侧为徐州市科技馆，于2008年4月开始建设，2009年8月竣工，同年12月31日对外开放。该工程为徐州市2009年城建重点工程。

9.10.1　项目概况

徐州城市规划馆占地21.8亩，总建筑面积2.6224万m^2，陈展面积1.8万m^2。展馆共五层，其中地上四层，地下一层。一层为序厅、历史厅；二层为成就厅；三层四层为规划厅；地下一层为停车场。

9.10.2 设计理念

规划馆充满艺术感的外形,远远望去,像一座艺术城堡。模型上部覆以钢化玻璃地面,参观者可走进模型上方,近距离观察,加上圆馆外部的铝板幕墙,展现了徐州市的交通干线,将城市规划展示的理念进行了充分的诠释。

9.10.3 展馆特色

徐州城市规划馆分为方馆和圆馆两个部分。圆馆主要用做历史展厅、环幕多媒体展厅及现代城市模型现代展厅等;方馆则主要包括临时展厅、现代展厅、六县五区展厅、报告厅、休息厅、设备用房等建设内容(图9-22)。

展馆内较有特色的厅是历史厅和多媒体展厅。历史厅在我国的城市规划展厅中尚属先例;多媒体中的声、光、电部分采用最新的手段和表现方式,四周以环形幕布形成360°环绕的背景屏幕,借助最尖端的影像投影以及多媒体技术手段,可模拟四季景观,展现城市的不同面貌,还可放映360°三维环绕虚拟现实多媒体图像资料,使观众仿佛置身未来的城市空间,体验规划实现后的城市景观。

展馆内的最大亮点是1000m^2的徐州市总体规划大沙盘,借助最先进的影像投影以及多媒体技术手段,使观众仿佛置身未来的城市空间,体验规划实现后的城市景观(图9-23)。

开馆至今,先后接待了党和国家领导人,中央各部、委、办领导,各省、市党政代表团,社会各界名人、中外友人、民主人士及广大市民74万人次。

图9-22 徐州规划馆全景

图 9-23　徐州市总体规划模型

9.11　李可染艺术馆（新馆）

李可染艺术馆由新馆、李可染旧居和新建西跨院组成，现为国家AAA级旅游景区、江苏省文物保护单位、江苏省爱国主义教育基地、江苏省社科普及示范基地、江苏省艺术人才培训中心徐州分中心，徐州市学校德育基地。

李可染艺术馆（新馆）位于李可染旧居南侧，地址为徐州市建国东路广大北巷16号，于2006年12月开工，2007年12月竣工。艺术馆工程设计于2009年12月获中国建筑学会建筑创作大奖（图9-24），艺术馆于2011年1月26日获2010年度江苏省"扬子杯"优质工程奖。

9.11.1　项目概况

李可染艺术馆（新馆）占地面积4810m^2，建筑面积2829m^2。由陈列展示厅、学术报告厅、综合功能厅和室外庭院四个部分组成。新馆一层是两个展厅，用于各种展览活动；二层为"李可染生平事迹陈列厅"和"李可染艺术作品陈列厅"。学术报告厅位于艺术馆三楼，可以开展容纳100人左右的学术研讨会、报告会、艺术讲座等活动。综合功能厅包括多媒体放映厅、接待室、云龙画屋、观众休息厅、艺术创作室、库房、办公室和馆内相关设施等等；室外庭院包括"师牛堂"，观赏性浅水池庭院、园林绿地、停车场和游客中心等。

9.11.2　设计理念

李可染艺术馆（新馆）由清华大学建筑设计院教授，中国建筑环境艺术委员会常务理事祁斌担任艺术馆总体工程设计师。他的设计理念是：将中国山水画艺术与中国传统园林艺术互相渗透融合，交相辉映，以更好地体现李可染中国山水画的意境。通过庭院的造景要素，如石、水、植物等的合理布置，来营造"李家山水"的氛围；通过流水、镜池和瀑布的游移变幻，巨石、奇峰的层叠，体现李可染画作的博大沉雄和逸宕飞动。他努力使建筑设计既具有浓厚的徐州地方传统的建筑风格，又闪现出现代建筑的风格，让艺术馆自然交融，互相协调，实现艺术家生前永远贴近人民的愿

图9-24 工程设计获中国建筑学会建筑创作大奖

图9-25 李可染艺术馆东北角

望（图9-25）。

9.11.3 建筑特色

李可染艺术馆（新馆）设计独特、庄重，外墙镶贴灰色面砖，屋顶盖灰色平瓦。古建筑专家孙统义说，可以用"新颖、现代、独特"来概括艺术新馆的特色。艺术馆整个布局大气、自然、和谐、简洁。它运用独特的建筑符号、色彩、语言，把徐州历史文化底蕴、徐州的时代特征与李可染艺术精神，通过一个平衡点、结合点来设计，取得完美效果。

9.12 徐州市儿童福利院（社会福利院）

徐州市儿童福利院位于徐州市社会福利院东侧。徐州市社会福利院位于徐州市泉山区三环南路，全院占地面积114亩，建筑面积4.7万m²，绿化覆盖率达65%。为了改善儿童和老人的生活环境，2009年3月，徐州市委、市政府新建了儿童福利院，并对老年公寓进行改扩建。

9.12.1 项目概况

徐州市儿童福利院占地54亩，主体建筑总投资6700万元，由东南大学设计，主体采用"弧形 + 圆形"的设计理念，寓意社会张开怀抱温暖孤残儿童的心。整个儿童福利院分为五大区域，包括儿童养育区、康复区、医疗区、教育区和儿童综合活动区，设有600张床位，全部为无障碍设计。

9.12.2 建筑特色

儿童福利院采用非常有特点颜色搭配配置了用房，主要是米黄色的墙面、粉红色的墙底和蓝天白云般的天花板。每个房间都配备了洗漱室、卫生间，并根据学龄前儿童身材比例设计制作了洗漱室的洗手台。道路全部采用无障碍坡道，实现无障碍通行。建有装饰特别的音乐教室，还在室外配套建设符号座椅玩具、童年游戏场、儿童攀岩、几何玩耍步道、红苹果园等30项适合残障儿童玩的游玩设施（图9-26）。

图 9-26 徐州儿童福利院外景

9.13 云龙区养老服务中心

云龙区养老服务中心位于民富大道北，兴云路东，于2013年立项建设（图9-27）。2016年3月，徐州云龙区政府、云盛公司与无锡九如城养老产业投资有限公司就云龙区养老服务中心项目正式签订战略合作协议和养老服务中心投资合作协议，目前已投入使用。

9.13.1 项目概况

云龙区养老服务中心项目占地面积24.8亩，容积率为1.8，建筑密度为30%，总建筑面积为41200m^2，地下建筑面积为11400m^2，地上建筑面积为29800m^2，其中疗养中心为16300m^2，医疗服务中心为4300m^2，康复中心为7700m^2，裙房1500m^2。

9.13.2 功能定位

图 9-27 云龙区养老服务中心效果图

该项目地理位置优越，周边环境优美，交通便利，配套设施齐全，四周包括云龙区行政中心、万达购物广场、三八河景观河、城东休闲公园、徐州市云兴小学、邻里中心（农贸市场）、公交公司停车场，生活便利。项目建设内容涵盖养老服务中心、儿童收养中心、残疾人康复中心以及配套服务的综合型建筑。该项目由徐州云盛建设发展投资有限公司承担建设，项目通过共同开发，以满足老年人、亚健康人群多层次、多样化、全覆盖的养老、康复、疗养、寄宿等服务需求，积极推进老龄化及康复事业和谐稳定健康发展。

9.14 骆马湖水源地及徐庄水厂

骆马湖水源地及徐庄水厂工程于2014年10月开工建设，计划于2016年6月完工，2016年5至7月进行生产准备，2016年8月进行原水、净水系统试运行，2016年9月底正式投产运行。

9.14.1 项目概况

该工程由原水工程、水厂工程、清水工程（水厂配套清水管线一期）三部分组成，概算投资27.1亿元，是徐州水利史上单体投资最大的项目，其中：原水工程20.8亿元、水厂工程4亿元、清水工程2.3亿元。主要建设内容概括为：一厂（第二水厂）、两站（取水泵站、加压泵站）、三管线（取水管线、原水管线、清水管线）。该项目取水口深入骆马湖内2.1km，取水工程一次性建成，规模为140万t/天。近期输送能力为80万t/天，其中供第二地面水厂40万t/天，供刘湾水厂20万t/天，供邳州市及睢宁县各10万t/天。第二地面水厂工程近期建设规模为40万t/天。清水管线工程一期建设规模20万t/天。管线铺设单线总长192km，其中：取水管线4.2km（直径2.6m钢管），原水管线145km（直径1.6～2.0m球墨铸铁管），清水管线42.8km（直径0.8～1.6m球墨铸铁管）。

9.14.2 项目特色

骆马湖水源地及徐庄水厂工程是省、市确定的重大基础设施建设项目，是保障百姓基本需求的民生工程（图9-28）。该工程的建设实施将形成徐州"骆马湖水、微山湖水和地下水"三水源供水安全保障格局，同时兼顾了城乡区域供水，推进了供水市场整合，构筑了城乡供水新格局，可以确保全市人民喝上优质水、放心水。

图9-28　徐州市徐庄水厂取水泵站和加压泵站

后记

《徐州城市建设和管理的实践与探索——建设篇》的编撰出版，得到了徐州市委、市政府的高度重视和市有关部门以及江苏师范大学"一带一路"研究院的大力支持。本书的出版凝结编写组成员和专家学者的智慧和辛劳。

自本书提纲编写到成书出版，徐州市相关领导亲自圈题命题、殷切指导、把关审定，并对编撰工作细致部署、统筹协调、研拟提纲、制定方案、审核修改；江苏师范大学"一带一路"研究院院长沈正平同志给予学术指导；徐州市城乡建设局杨明、苑玉彬、刘浩鹰、鹿丙成、张元岭、朱彭、单春生、赵俊杰、吴桂飞、杨建勇、王少鹏、杨兆峰、高玉梅、赵继东等领导同志和相关处室（单位）工作人员，以及徐州市城建重点工程办公室的领导和有关同志分工协作，收集素材，编撰组稿，为本书的顺利出版做出了积极贡献。在此，一并表示衷心感谢！

在本书即将截稿之际，徐州城市建设再传捷报，徐州市获得2016年度中国人居环境奖。希望本书总结的徐州城乡建设的经验能为各地城乡建设系统下一步的实践与创新提供启发和参考。由于城乡建设涉及领域广阔，本书着重突出了城建重点工程建设对城乡建设发展的带动与影响，受时间和认识水平限制，书中难免存在疏漏、错误和不当之处，敬请广大读者批评指正。